中国创业板市场发展研究

ZHONGGUO
CHUANGYEBAN
SHICHANG FAZHAN YANJIU

刘宏杰 / 著

人民出版社

前　言

　　2004 年我在南开大学读书期间，内心一直有个期盼，就是很想写一篇关于金融方面的论文。由于种种原因，我的学术视角主要集中在能源（石油）国际直接投资领域。2012 年，也就是我博士毕业之后的第五年，我终于有机会在金融领域尝试着写一本书，虽然书中涉及创业板市场的内容较为宽泛，缺乏最前沿理论的深入探讨，但是能够做金融学研究毕竟是一件非常愉快的事情，它不仅满足了我长期保持的求知欲望，也实现了我多年以来艰难求学的最大心愿……

　　就经济学范畴而言，企业、家庭、政府构成了经济运行的基本框架。在市场经济条件下，中小企业在社会就业方面发挥着重要作用，政府则通过一系列制度安排服务于企业生产和家庭生活。中小企业发展壮大了，社会就业状况就相对稳定，人民生活水平才会不断提高。然而，现实中各类中小企业普遍遇到融资难问题，资金瓶颈制约着中小企业的发展，这不仅是中国经济发展所面临的问题，也是一个世界性的难题。创业板市场作为一种新的金融制度安排，在很大程度上解决了中小企业特别是创新型中小企业的融资难问题。

　　与世界经济发展史相比较，创业板市场的形成与发展时间不过几十年。在这短短几十年时间里，创业板市场的发展实现了资本市场资源的有效配置，推动了世界资本市场的结构性变革。其中最具说服力的是美国的纳斯达克市场，以纳斯达克为代表的创业板市场对世界经济发展所产生的影响是难以估量的。可以这样讲，没有纳斯达克的发展，就没有美国20世纪80年代后期的经济繁荣。由此可见，资本市场的完善和发展与经济总量的持续快速增长息息相关。

就中国而言，经历了十年漫长的争论之后，创业板市场终于在2009年10月30日正式运行，36家创新型企业同时走上创业板的舞台。中国之所以选择这样一个开板时间，是因为全球范围内已经历了最严峻的金融危机，世界经济出现了复苏的迹象。新增长理论认为，内生经济增长的源泉在于大量的知识创新活动，作为技术、知识、管理、资本与创新精神相互交融的新型经济发展形态，创新型经济对于制度创新、管理创新、技术创新、产业结构调整和经济增长方式的转变都有重要意义。因此，中国适时推出创业板市场，不仅使构建多层次资本市场的步伐向前迈进了一大步，而且为中国经济的转型并实现长期稳定增长提供了良好机遇。

本书研究的主要内容包括六部分。第一章是导论部分，主要阐述了做创业板市场研究的意义、国内外研究现状及不足等。第二章，突出了创业板市场形成的理论基础、创业板市场的特征和基本功能等，说明创业板市场的形成是经济发展的必然产物。第三章，首先就中国创业板市场的现状进行分析，接下来论述创业板市场的企业发行条件与IPO上市，最后从发行审核、上市交易、市场监管、退市等多角度对创业板市场的现行制度安排与规范进行了深入研究。第四章对创业板市场的运行进行了较为详细的分析，即从企业选择、定价机制、价格分析、风险因素等方面分别进行阐述和定量分析。第五章对中国创业板市场上市公司的竞争力进行了灰色关联分析，并就不同的财务指标对300多家上市公司进行聚类分析。在此基础上，根据深圳证券交易所提供的创业板市场融资数据，利用MATLAB软件对创业板市场融资的经济带动作用进行了量化研究。第六章是对以上研究进行了总结，并对中国创业板市场的发展前景做了展望。

　　中国创业板市场运行至今仅五年的时间，其制度不断规范，对创新型中小企业的融资支持作用不断加强。当然，对于创业板市场运行过程中出现的资金超募、股东寻租、高管辞职套现等市场失灵现象，笔者认为，这些非正常现象都将在政策制定部门、监管部门、上市公司、中介机构等多方博弈的过程中得到有效解决。对于今后中国创业板市场乃至整个资本市场的走向如何，这将取决于中国经济体制改革的广度、深度和力度。我们有理由相信，在不久的将来，一个真正建立在竞争市场条件下的具有优秀企业家精神、制度日益完善、涵盖多层次的资本市场体系将呈现在世人面前。

　　自己多年来的愿望终于实现了，压力也随之而来。毕竟我在大学本科所学专业是水利工程，经济学基础相对弱一些，而且金融学、会计学、证券投资学等学科都是在业余时间自学，唯恐书中的专业表述、财务指标分析、数学计算等有不足之处。加之我长期在开发区一线工作，平时事务繁多，没有太多时间对创业板市场发展过程中深层次的问题进行认真的理论思考。因此，本书只是我对中国创业板市场发展进行的初步研究。对于书中研究内容的疏漏和研究方法的局限，请各位专家批评指正。

目　录

第一章
导　言

第一节　中国创业板市场发展研究的意义

　　2009 年 10 月 30 日，中国创业板市场正式开始运行，36 家创新型企业同时走上创业板的舞台。中国之所以选择这样一个开板时间，是因为全球范围内已经历了最严峻的金融危机，世界经济出现了复苏的迹象。世界经济增长的实践表明，每一次经济危机给世界经济带来沉重打击的同时，也会为各国经济提供新的发展机遇。新增长理论认为，内生经济增长的源泉在于大量的创业活动，作为技术、知识、管理、资本与创新精神相互交融的新型经济发展形态，创业型经济对于制度创新、管理创新、技术创新、产业结构调整和经济增长方式的转变都有重要意义。因此，中国适时推出创业板市场，不仅能够进一步丰富资本市场的结构和层次，而且为中国经济的转型并实现长期稳定增长提供了良好契机。

　　本书从不同角度分析创业板市场的运行现状、制度安排和规范管理，评价创业板上市公司成长性，并展望创业板市场的未来发展前景。

第一，对明确创业板市场的基本功能定位，建立中国多层次资本市场体系具有重要意义。创业板市场的推出，有助于培育和完善市场化的运作机制，创业板的建立和持续发展，将促进创业投资良性循环，形成促使资本、资源和其他创新要素向具有竞争力的企业积聚的长效机制，同时推出创业板市场为投资者提供多样化的投资选择，有助于完善多层次资本市场体系，促进社会资源的合理配置和产业升级。我国创业板设立目标有许多方面，通过本书研究，在总结美国纳斯达克、英国 AIM、加拿大 TSX Venture、韩国 Kosdaq 等市场的发展经验，结合我国创业板发展情况，本书将中国创业板市场最为核心的基本功能定位为高成长性中小企业和高科技企业提供融资渠道。创业板的推出是对资本市场资源的一轮重整，从而构建多层次的资本市场结构体系，本书通过比较创业板市场与主板市场的不同功能定位、不同的管理制度，并对各资本市场运行数据进行定量分析，意在说明创业板的设立是对主板市场有益的补充，其设立能够促进主板市场结构调整和优化，创业板的设立对完善中国资本市场体系，促进整体资本市场的规范管理和风险控制都有重要的意义。

第二，通过对我国创业板市场的运行现状进行分析，认识到我国创业板存在的主要问题和投资风险，对完善创业板市场具有重要意义。本书通过数据分析的方法，对我国创业板市场的运行数据进行系统分析，发现创业板上市公司存在高发行价、高市盈率、高超募率的"三高"现象，超募资金使用混乱、监管难度大、公司治理机制不完善、信息泄漏严重等问题。创业板市场与主板市场相比风险相对要高，首先，创业板市场企业大部分处于成长期，成长性企业多具有业绩不稳定的特点，经营模式和盈利能力还有待于时间的检验，对新技术、新模式的探索还存在不确定性，上市公司面临一定的经营风险，不少企业甚至存在失败和退市的可能。其次，创业板企业的经营模式、运作管理和市场营销方式比较特殊，部分公司股权结构不稳定，公司治理不完善，有的还存在对单一客户技术和专业人员的依赖，经营的持续性和稳定性相对低于主板市场。最后，创业板企业成立时间较短，股本规模较小，抵御市场风险和行业风险能力较弱，面临市场操纵、炒作可能性比较高，对此都应该予以高度的重视和关注。基于创业板市场存在的问题和较高的投资风险，创业板市场如何才能健康有序的发展？因此，本书的研究对完善创业板市场的角度和出发点都具有重要指导意义。

第三，指出创业板市场规范管理的缺陷，有利于创业板市场健康有序的发展。本书以创业板市场风险的产生原因为研究的切入点，并对上市公司及投资者在发行和交易阶段的行为特征进行动态分析，研究认为，创业板推出时间短，其规模总体偏小，市场尚处于成长期，各方面的管理规范都不够完善，从规范管理的时点、方式及具体内容来看，管理具有随意性、临时性。另外，创业板市场监管部门对市场现象的认识滞后、对规范的制定滞后，对规范的实施也滞后，这在一定程度上弱化了规范管理的效果。针对创业板市场规范管理存在的问题，应加强对不同参与主体的全面监管。首先，应完善创业板市场上市制度，对上市规则中不严谨、不明确的地方予以完善，减少打"擦边球"的制度漏洞。其次，应增强制度的执行力度，提高违规操作成本，加强对上市环节的严格审核和管理，把好入市关。最后，应明确证监会监管主体的独立性，注重研究创业板市场不断变化的新情况、新特点，及时制定具有针对性和统筹性的监管法规，加强对上市后的过程监管。如及时对上市公司财务指标进行分析，加强信息披露，对信息造假、违规操作等行为依法依规予以严惩，绝不姑息。

第四，深入分析创业板上市企业的成长性，突出创业板市场对产业结构调整和国民经济的促进作用。本书通过定性与定量分析方法，从上市企业的创新能力、盈利能力、风险控制能力、成长能力、运营能力等方面对企业历史数据进行评价分析，论证了创业板上市公司高成长的决定因素：即企业技术创新和应用能力、企业财务状况、企业经营者和员工素质等。并提出创业板上市公司成长性评价的基本思路和框架。

在创业板上市企业成长性分析的基础上，本书深入分析了创业板市场对三次产业和国民经济快速发展所起到的重要作用。一方面，创业板市场的设立既为中小型高科技企业提供新的融资渠道，打通了中小型高科技企业的融资瓶颈，也为高科技企业转机建制创造了必要的条件，加快了高科技企业技术创新，更为高科技迅速转化成生产力建立了良好的催生机制，对中小企业的发展产生激励示范效应，有助于培养我国自主创新的氛围，从而带动经济结构调整和产业升级，促进国民经济持续、快速、健康发展。另一方面，创业板市场的设立和完善将更好地满足新兴企业特别是高科技企业的融资需要，促进资金融通，带动经济发展。通过定量研究创业板市场和主板市场的融资规模对三次产业和国民经济的直接带动作用，凸显创业板市场在中国经济发展中的重要地位。

第二节　国内外相关研究进展与评述

一、国外研究动态

国外学者关于创业板市场的研究主要集中在对创业板市场本身及创业板市场与中小企业之间关系的研究。

（一）关于创业板上市公司盈利能力的研究

Julian Birkinshaw、Neil Hood 等（2005）通过研究英格兰的 24 家

跨国公司，认为跨国性的子公司作为一种半自治的实体，它存在于一种复杂的竞争环境之中，其内部环境包括其他跨国公司、内部消费者和供应商，外部环境则由消费者、供应商和竞争性公司组成。竞争性环境的相对力量构成了跨国公司的经营特质，公司的管理者必须主动面对其面临的机遇和挑战以确保公司的良好运行。该文重点研究了企业家素质和企业所面临的竞争环境之间的相互作用，得出一个企业特质的形成是这些因素相互作用的结果，并且这些因素最终决定企业的运行。Mosad Zineldin（2005）认为，管理和市场战略形成企业的竞争优势，与竞争性的优惠政策相比，竞争优势能够让消费者对企业给予更高的评价。银行业的传统业务在几十年中一直处于一个相对稳定的环境中，对于银行业竞争的影响包括对金融产品性质的较好理解和对消费者关系的管理两个方面，该文从理论和实践上对此进行了充分的论证。国外学者对上市公司盈利能力研究的相关文献较多，但是研究内容却非常分散。Sylvia Veronica Siregar、Yanivi Bachtiar（2010）利用多重回归方法研究了印度尼西亚企业的规模、外国所有权、利润率、杠杆作用等对法人社会责任产生的影响，以及法人社会责任报告对企业未来经营所产生的影响。结论表明，公司规模对法人社会责任有积极的影响，利润率和杠杆作用则与法人社会责任无明显的作用；法人社会责任对企业未来经营无任何促进作用。Roxana Wright（2010）认为，真正融入当地的环境对于中欧、东欧跨国公司的发展至关重要，该文通过四个跨国公司的实际案例，旨在对罗马尼亚的跨国公司战略进行研究，并设计了社会网络理论框架来分析公司植根于当地环境的程度、结构和特征。结论认为，与建立大量联系的战略规划形成鲜明对比，最有价值的方法是普遍建立各种各样的网络联系以给企业提供适应变化的便捷的信息渠道和快速灵活的反应机制，与政府建立起直接联系对市场进入很重要，对于企业的发展非常关键。Neale G. O'Connor、Sandra C. Vera-Munoz 等（2011）利用调查中国上市公司的当前数据和有关历史资料，研究公司的竞争力与管理控制系统的重要性之间的关系，以及公司的国际市场定位是否适应这种关系。作者调查了五种管理控制系统实践，即正式程序、战略规划、预算目标、已批准程序、员工参与预算，认为国外进入者的威胁与公司管理控制系统之间存在正向相关关系，但是这种相关关系对于国内市场竞争中占主导地位的公司要强于在国际市场上的类似公司。

　　Dilek Cetindamar、Hakan Kilitcioglu（2013）认为政策制定者和管理者非常热衷于竞争，然而，已有文献多是将注意力放在国家竞争力的研究上，而忽略了对企业竞争力的研究。该文利用综合测试模型来研究土耳其的企业竞争力以填补这方面的研究空白，该模型利用公司的各种参数，形成一种回报制度来帮助企业对竞争力进行自我评价。Maggie P. Williams、Dennis W. Taylor（2013）根据2010年度报告和相关金融样本数据，研究了中国上交所、深交所前100家上市公司的基本情况，即研究上市公司利用关系销售来维持其收入水平。该文假定有两个与上市公司有价证券规则相联系的因素会对所有权控制形成市场扭曲，一种因素是ST公司，另一个因素是代表政府的股东所持有的非流通股比例。结果表明，那些公司收入水平较低而不正当销售水平却很高的企业，应作为ST公司来进行认真审查，并且其非流通股比例不断下降。Nixon Kamukama、Kampala、Uganda（2013）利用回归分析方法就乌干达金融行业的智力资本因素对企业竞争优势产生的贡献进行了研究，结论认为，智力资本对企业竞争优势的形成是一个非常强的指标。Song Zhu、Hao Jiao（2013）对6065家中国上市公司的组织结构和经营绩效进行了研究，认为扁平结构在新兴市场中是一种较好的组织形式，因为它对于资本配置、通过减少海外投资而减少无效投资、缓解投资不足等方面是有效的，这样对公司绩效非常有益，无论是长期利润还是短期收益。Yang Liu、Jiang Wei（2013）认为，商业模式创新对于中国公司在全球经济竞争中是一种全新的手段，由于中国具有独一无二的背景，作者力图阐明什么是商业模式、如何设计商业模式、不同设计的商业模式如何影响中国企业的竞争优势等。Mahesh Joshi、Daryll Cahill 等（2013）对澳大利亚 2006—2008 年金融部门的智力资本和其经营绩效之间的关系进行了研究，认为人力资本对金融部门的价值创造能力产生了重要的影响。Qian Long Kweh、Yee Chuann Chan（2013）利用 DEA 分析方法对马来西亚软件业 25 个样本公司的人力资本效率进行了量化研究。此外，Ehsan Elahi（2013）还研究在高风险条件下，企业的风险管理能力如何能够形成企业的竞争优势。

（二）关于创业板市场运行的研究

国外学者主要运用证券市场微观结构理论、交易费用理论、信息不对称理论、博弈论等相关知识，对创业板市场的制度安排、运行效率及交易成本进行分析。Gilley Bruce（1999）认为香港创业板市场的设立是成功的，是为高科技企业设立的，适合处于初创时期的不太知名的大中华地区的科技企业。Xiaoqing Eleanor Xu、Ph. D.（2000）认为创业板市场为成长性企业提供进入资本市场的途径，增加风险资本流动性，并有利于风险资本退市。Bong-Soo Lee、Oliver Meng Rui、Steven Shuye Wang（2004）利用 EGARCH 模型、动态因果检验和 VAR 模型方差分解方法，根据1997 年亚洲金融危机到2001 年的数据来研究 NASDAQ 和亚洲二板市场之间的信息传递和扩散关系。结果表明，二者之间存在着十分显著的相关关系。Pak To Chan、Fariborz Moshirian（2007）利用不同的基准对过去三年香港 GEM 不同部门的市场表现进行了研究，由于 IPO 中至少有 70% 属于技术型企业股票，其价值高估是香港 GEM 表现不佳的主要原因。Dequan Wang（2007）分析认为，创业板市场有助于推动风险资本融资在中国的进一步发展，能增强股票流动性，使其更具吸引力。Tang Yun-shu、Tan Yi（2008）认为创业板中风险投资对 IPO 时间和经营业绩有重要影响，无论是 IPO 前还是 IPO 后，有风险投资的上市公司的运作业绩比无风险投资的上市公司业绩要差，但业绩下滑的幅度会小。

Benjamin M. Bonnie F. Robert A.（2010）通过比较纳斯达克和纽约证券交易所的卖空信息，得出创业板市场的卖空者能获得更多的反向回报，并能更好预测未来的负面回报。Joseph D. Piotroski、Tianyu Zhang（2013）认为，在具有浓厚政治色彩的社会环境下，政治人物能够影响甚至加快 IPO 发行速度。中国的政治人物在资本市场发展的过程中有很高的回报，公司通过政治关系能够与资本接近，并且中国的资本市场中寻租行为蔓延，政府的目标并非是发挥资本市场的最大效用。在一种利好政治事件发生之前，无论是国有企业还是私人企业，符合上市条件的公司 IPO 都会临时性增加。Jaemin Cho、Jaeho Lee（2013）认为，过去 20 年的研究成果，多是利用信息不对称理论和信号理论来尝试证明 IPO 存在低价现象的原因。也就是说，风险投资和研究开发是影响 IPO 低价的最重要的因素。Jaemin Cho、Jaeho Lee 根据韩国 591 家高技术企业的 IPO 数据，找出了研发投资与 IPO 低价现象之间的显著关系，并证明风险投资对此只是适度影响。

此外，Hui Wang、Luojie Xiang、R. B. Pandey（2012）、Kalay A、Portniaguinah E（2001）、Lin J C、Sanger G C、Geoffrey B C（1998）等还利用 MDFA 分析方法对存在股价波动、持续和非持续性状态的中国创业板市场进行了量化研究。Aggarwal Reena、James J、Angel（1999）等对创业板市场的发展条件及经验教训进行了总结和反思。

（三）创业板市场与经济增长方面的研究

国外学者的研究主要集中在金融市场结构、股票市场和经济增长之间的关系等方面。J. Benson Durham（2002）认为，64 个国家 1981—1998 年的数据表明，在高收入国家回归样本中的股票市场自由化对长期经济增长有促进作用。在较高人均 GDP 水平、较低国家信用风险、法制进步的国家，股票市场的发展对经济增长有促进作用。Ali A. Bolbol、Ayten Fatheldin 等（2005）分析了 1974—2002 年埃及的金融结构以及它与全要素生产率（TFP）之间的关系，结果表明，银行指标对全要素生产率有消极影响，除非它与单位资本收入有一定联系，然而一定私人资源流水平的市场指标对全要素生产率有积极的影响。该文强调，包括证券市场在内的金融部门的放宽对埃及的全要素生产率和经济增长是有益的。Pak To Chana、Fariborz Moshirian 等（2007）利用过去三年的几组基准数据，对香港创业板市场 IPO 发行之后的股票收益进行了经验研究。认为技术繁荣和 IPO 效应对香港创业板市场的不良表现有明显的因果关系，这两个非常恰当的标准对于评价新发行股票的业绩非常重要。这种关于交叉部门的分析结果对于香港创业板市场来讲是独一无二的，由于至少 70% 的上市公司 IPO 是技术股票，技术因素比以往不同的研究人员就新上市公司业绩不佳所强调的各种假设显得更加重要。Samy Ben Naceur、Samir Ghazouani 等（2008）利用数学方法对 MENA11 个国家 1979—2005 年的数据进行经验分析，重点研究该地区股票市场自由化对经济增长、投资增加以及金融市场体系发展产生的影响。首先，作者比较了股票市场自由化前后的几个金融市场体系指标，对几个参数进行非参数化处理，得出整个金融体系运行良好的结论。其次，作者研究了股票市场自由化对股票市场发展、私人投资和实体经济增长等方面的影响。经验表明，股票市场自由化看似对股票市场发展有消极作用，但是从长远上看是有积极作用和重要影响的。如果对股票市场自由化加一些前置条件，比如说在股票市场自由化之前，比较少的政府干预、对外贸易并非完全开放的实体经济，那么这种自由化就能对股票市场发展产生积极的影响。Chee-Keong Choong、Ahmad Zubaidi Baharumshah 等（2010）对三种私人资本流怎样促进发达国家和发展中国家经济增长进行了研究，集中讨论股票市场作为一种外国资本流入的渠道能够促进增长，结果表明，无论是外债还是证券投资，它们对经济增长都具有消极作用，而 FDI 对经济增长有促进作用。Joseph D. Piotroski（2013）认为，Gerakos、Lang 和 Maffett 在论文中对英国 AIM 上市公司 IPO 之后的表现提供了可靠的、描述性的依据，结果与私人部门规则失效和 AIM 市场对投资保护不正确的预期相一致。认为不同的规制和市场因素直接导致 AIM 市场明显的系统性低回报，并就此提出了未来的研究方向。

（四）关于创业板市场与中小企业之间关系的研究

从现有的文献资料来看，国外学者关于创业板市场与中小企业之间关系的研究主要体现在以下几方面：

一是对发展中国家中小企业的融资状况进行调查，分析了传统资本市场的作用及局限性，如 Bhatt（1977）、Nan jnudan（1987）、Richard Kitchen（1992）、Wolfgang Gerke（1997）都认为，正是由于中小企业存在着高度的信息不对称性，才导致了传统资本市场的失效。二是从新兴资本市场的建立和发展及其中小企业融资之间的关系等方面进行研究，如 Allen N. Berger、Gregory F. Udell（1998）等，认为在企业融资周期的不同阶段，其对应的融资需求和资本结构均有所不同。进而从合理的资本结构这一角度研究了股权融资对中小企业成长的促进作用，并得出以下结论：创业板市场对中小企业融资特别是中小企业的成长有不可替代的积极作用。三是从宏观的角度来研究资本市场对经济发展和产业成长的促进作用，如 Raymond At jBoyan、Jo-vanovic（1993）、Levine、Zervos（1998）、Kunt、Ross Levine（1998）等人认为资本市场通过流动性支持、风险分散、促进储蓄向投资转化以及对企业的控制与监督等作用机制刺激了经济的增长。四是从创业投资的角度出发，间接地研究创业板市场对中小企业的促进作用，如 Gorman 和 Sahlman（1989）、Sapienza（1992）、Lerner（1994）、Jain 和 Kini（1995）、Compers（1996）和 Sppienza etal（1996）等人证明了创业投资对中小企业的有效性，以及创业资本的参与比例与投资企业的价值存在显著的正相关关系。Kortum、Lernet（2000）以美国20个产业30年来的数据为样本，研究了创业投资对技术创新的影响，研究表明，创业资本对技术创新的贡献大约相当于其他资本的3倍。Hellman、Puri（1999）的研究也表明创业投资对创新型中小企业的潜在作用。Bygrave和Timmons（1992）证明了在同等条件下，IPO是回报最高的退出方式。Wells（2000）、Gompers、Lerner（1999）指出，IPO是推动创业投资的动力，IPO市场的表现更是成为创业投资业的景气指标。Black、Gilson（1998）通过比较美国和德国创业投资的差异，强调了退出方式对促进创业投资发展的重要性，他们还认为，在美国的公开权益市场和创业资本筹集之间应该有一种稳定的联系，即创业投资的发展必须依靠一个活跃的、有别于传统资本市场的创业板市场的存在。这一观点得到了Jeng、Wells（1998）的认同。Ji-Chai Lin、Gary C. Sanger and G. Geoffrey Booth（1998）通过比较纳斯达克和纽约证券交易所的证券买卖价差及价差构成，纳斯达克上市企业的毛利较高，主要因为纳斯达克市场为企业进行信息研究和安全分析，使企业的逆向选择成本降低，实证得出结论，创业板市场设置更有利于提高企业处理逆向信息问题的能力。Park To Chan、Fariborz Moshirian（2007）通过横截面分析结果表明，创业板是个独特的市场，其中70%都是科技股票，科技的因素已经超过以前研究者倡导的各种假说，导致新上市股票表现不佳。Li Hongyu、Liu Meiyue（2012）深入分析了中国中小企业财务状况，并分析了中小企业的融资渠道，认为融资困难是阻碍中国中小企业发展的突出问题，对此提出了改善中小企业融资的建议。Hui Wang、Luo-jie Xiang、R. B. Pandey（2012）利用多重分形趋势分析方法分析中国创业板市场，涉及股价波动的相关性、持久或非持久状态。结果表明，不同上市公司的独有特征、同一行业的不同上市公司等因素都会影响股票价格波动。Naubahar Sharif、Erik Baark（2012）研究发现，尽管没有证据表明香港创新体系建设具有实质性进展，但创新环境的关键作用已展现出，创新资源的有力利用能够推动经济的增长。Wenlin Gu、Xiangzhong Kong（2011）认为，创业板市场为上市公司提供了融资平台，帮助上市公司获取发展所需资金。但创业板上市公司需警惕退市风险，特别是要防止和控制财务风险，只有具备风险意识的上市公司才能走上健康发展之路。Dennis Y. Chung、Karel Hrazdil（2010）通过分析纳斯达克上市公司数据来分析公司短期最低回报的可预见性，以制定市场效率的反向指标。结果证实，资金流动性的增加能提高市场效率，而且这种影响在新信息时代已被放大。

二、国内研究动态

国内学者关于创业板规范与发展的研究包括：创业板市场本身、创业板市场与中小企业之间的关系以及创业板市场上市公司的成长性或经营绩效的评价。

（一）关于创业板上市公司盈利能力的研究

目前，国内学者从真正意义上对创业板市场上市公司盈利能力进而体现竞争力方面进行研究的文献并不是很多。张洪涛、甄贞等（2014）通过四种原则来选取和评估评价指标，按照六个维度来定义评价指标，分别是营销能力、业务创新能力、战略能力、风险管理能力、投资能力、偿付能力，更重要的是利用成对比较矩阵方法确定各个评价指标的权重，再根据各个评价指标的专家打分值，确定保险公司总的竞争能力分值，分值高的显示竞争能力更强。采用成对比较矩阵方法，对于保险公司进行竞争力评价具有理论和现实意义。谢永珍、付增清（2011）通过对 2003—2006 年 3590 个样本的实证分析发现，由于制度约束以及上市公司自发性要求，国有控股与民营控股上市公司普遍重视潜在竞争优势的培育。民营控股上市公司具有较强的潜在竞争优势，但由于控制权的争夺导致了上市公司财务状况不佳。

国有控股上市公司由于其垄断性地位，因此具有较强的财务实力。国有控股上市公司应进一步优化股权结构，而民营控股上市公司大股东则应培育理性的投资意识以及联盟意识。王健、王丽芳（2013）通过三次因子分析，从销售增长能力、规模实力、资产增长能力、盈利能力和偿债能力等五个方面对 16 家上市百货公司的竞争力做了客观性评价。根据三次因子分析后的排名变化，得出影响百货公司竞争力的结论：销售增长能力比资产增长能力更重要；盈利能力与销售增长能力要协调发展；加强上市公司偿债能力，保持其竞争力稳步增长。在此基础上，提出了增强百货公司竞争力的建议。黄世英、徐乾（2009）从财务指标的视角构建辽宁上市公司竞争力评价指标体系，利用模糊隶属度打分，基于 G1 法的权重确定，采用辽宁 40 家公司2000—2006 年数据，给出竞争力的综合排序及评价。慈斌、吕杰等（2012）通过权重条件下和熵权修正后的两种 TOPSIS 法对我国农业23 家上市公司竞争力进行了综合评价，结论显示，上市公司的经营能力指标所占评价权重最高，而偿债能力和盈利能力次之，体现了农业上市公司竞争力应以提升经营能力为主；按行业排名的竞争力最强为渔业，且竞争力水平在 1、2 名之后有巨大滑坡。并且按照三种能力划分的竞争力评价显示不同能力的分布情况非常不均匀。王子敏（2010）选取通信及相关设备制造业上市公司的财务数据为研究对象，利用多元统计分析中的因子分析法，分析了样本企业的竞争力表现，最后根据统计分析结果研究了江苏省四家上市公司的竞争地位和竞争力表现，认为影响通信设备制造类企业间竞争力的因素按照重要程度依次为公司规模、成长性、经营效率三个方面。江苏四家企业中的中天科技在三个方面发展都比较均衡，永鼎股份的公司规模、经营效率较好，新海宜成长性较好，南京熊猫公司规模较大，但其他指标相对落后。潘文斌（2009）在借鉴 Altman 的多元 Z-score 模型的基础上，采用主成分分析的方法，建立一种财务失败的模型——主成分预测模型，将中国上市公司排行榜中在"50 强"内外不断进出的企业定义为"财务失败企业"，随机选择 30 家此类企业与一直处于"50强"内的 30 家企业作为研究样本，对上市公司财务失败的主成分预测模型进行实证检验。此外，李治国、张辉等（2012）、任晖、张慧等（2014）、梁栩凌、聂铁力（2013）、成小平（2013）、董晓晓、李斌（2014）还分别就家电、旅游、农业、乳业、信息技术等行业的竞争力进行了实证研究。

（二）关于创业板上市公司相似性的研究

目前，一些国内学者对创业板市场上市公司的相似性进行了定性和定量分析。苗杰、银建华（2009）在上市公司绩效评价中，通过使用 K-Means 聚类分析方法对众多上市公司股票及其财务数据进行全面、准确分析，将上市公司划分为五类。认为对上市公司进行分门别类是使投资决策简单易行的必要之路，使用聚类分析对上市公司进行分类，有利于投资者借鉴并做出投资决策。周焯华、陈文南、张宗益（2002）将聚类分析方法引入到证券投资分析中，对股票的行业因素、公司因素、收益性、成长性等基本层面进行考察，建立了较为全面的综合评价指标体系，来衡量样本股票的"相似程度"。然后通过聚类分析模型来确定投资范围和投资价值。结果表明，该方法能帮助投资者准确地了解和把握股票的总体特性，预测股票的发展潜力，并通过类的总体价格水平来预测股票价格的变动趋势，选择有利的投资时机。实证研究表明该方法对指导证券投资具有实用性和有效性。徐勇、郑文君、李文芳（2009）基于创业板二级市场投资者的视角，借助聚类分析方法对创业板上市公司回报二级市场投资者的安全性、稳定性和波动性进行了研究，探寻这些公司在实现股权收益过程中对二级市场上投资者投资回报的一般特征。李德荣、何莉敏、李玉（2011）在股票投资中应用聚类分析和因子分析对钢铁行业的上市公司进行了综合分析，把上市公司区分为蓝筹股、绩优股、一般股和劣质股，与公司的实际情况基本相符。文章认为，多元统计方法中的聚类分析和因子分析在股票的综合评价中有着广泛的应用。在对上市公司进行综合评价时，先用聚类分析法进行分析，然后利用因子分析法对多维变量进行降维，降维后变量是原变量的线性组合，能反映原变量绝大部分信息，使信息的损失达到最小，对原变量的综合解释能力强，为股票投资者对上市公司的分类、评估和选择提供了很好的依据。李嵩松、惠晓峰（2011）采用混沌映射聚类算法，根据上市公司的股票价格建立相关映射，并且将该金融时间序列的相关系数与映射之间的耦合强度联系在一起进行分析。在以香港恒生中国内地 25 指数成分中的上市公司为样本的实证研究中，为了通过股票交易价格识别出上市公司的相似状态，运用了两两的聚类分析比较方法。研究结果表明，对混沌映射动力学的模拟可以使数据自然的分割，属于相同产业背景下的公司通常是聚为一类。韩海波、张仲杰（2006）就上市公司的分类方法进行了深入的探讨，面对众多股票及每个公司的众多财务数据，利用多元统计分析中的聚类分析方法，客观、全面、准确地分析并选出了各板块内的绩优龙头股和潜力股。姜鹏飞（2013）选择 A 股中典型的 26 家独立发电类上市公司，包括央企、地方国企和民企等作为分析样本，利用聚类分析方法（类平均法），对样本进行了初步分类，并总结出各类的特征以及各自的优势、劣势，可作为投资者投资股票的一种依据以及作为企业管理者横向对比、提升管理水平的一种参考。朱杰、缪瑞（2005）运用多元统计分析方法对北京市上市公司经营状况进行了分类研究。在因子分析的基础上，确定指标的选择。在聚类分析中使用了两种方法，对其效果进行了比较，而且用判别分析对结论做了验证。刘志强、穆春舟、刘芳（2006）以 2004 年 12 月 31 日以前深圳中小企业板上市的 38 家公司为研究对象，选取 20 个财务指标全面的、多层次的反映企业经营管理状况。借助因子分析从这 20 个初始指标中提炼出六个主因子，并通过因子命名，明确各主因子的经济含义。最后采用回归法计算各主因子得分、综合绩效总得分及排名，并结合实际进行深层次的研究和探讨。再以因子分析得到结论为基础进行聚类分析，将总样本细分，希望可以为投资者构建投资组合提供理论依据。

（三）关于创业板市场促进中小企业发展的研究

刘志杰（2009）、于凯丽（2012）通过对中国的中小企业融资难问题进行分析，认为虽然创业板市场推出能解决部分中小企业资金紧缺问题，拓宽中小企业融资渠道，但在目前对外出口减缓，对内需求不见大幅增长的情况下，中小企业融资难的问题还将持续，创业板市场不能满足所有中小企业的资金需求。吴丽娜（2008）通过对创业板市场及其作用分析，认为创业板市场为处于初创期、规模小但成长性好的中小企业提供融资机会和成长空间。创业板的设立能够完善我国资本市场结构，提高中小型企业融资效率，提高我国科研创新及成果转化能力，促进产业升级，规范企业经营管理，促进企业快速成长。何永良、郭炬（2001）认为设立创业板市场除了基本的融资功能外，还对社会主义市场经济的发展具有积极效应，具体表现为资源配置优化效应、产业结构优化效应、人力资本诱导效应、社会价值取向诱导效应、主板市场监管联动效应、法制环境的优化效应、金融体系结构调整诱导效应。曹麒麟、李十六、唐英凯（2012）以2009—2010年创业板上市的公司为样本，研究创投机构及其性质对IPO抑价的影响，得到当前创业投资机构认证作用有限的结论。总体来说，现阶段的中国创业投资既符合西方资本市场市场发展规律的一般性，也具有基于中国新兴市场基础的特殊性。程德通、林锡斌（2010）认为融资难是限制和约束中小企业发展的瓶颈问题，创业板推出不仅拓展中小企业的融资渠道，增加融资途径，而且对中小企业综合素质的提升，所在地区经济发展均会产生重要影响。李沛、荆伟（2009）强调，创业板市场的推出为广大中小企业开辟了一个新的融资渠道，对缓解各类成长型中小企业特别是高科技企业的融资瓶颈、促进技术进步、提高市场竞争力都具有积极的意义。王国伟（2010）认为创业板市场不仅为创新型企业提供了融资渠道，促使创新型企业建立现代企业制度，提高创新型企业的市场竞争力，还为风险投资提供退出机制，在保障和推动了风险资金的良性循环的同时，促使越来越多的创新型企业不断成长。常红军（2009）通过回顾我国创业板的发展历程，认真总结我国创业板的特点，审视创业板对构建我国多层次资本市场、支持创新型高科技企业发展、推动我国经济结构转型和经济发展等积极作用，认为对我国创业板的健康发展有着十分重要的意义。刘毅（2008）通过中国创业板市场的特征和作用研究，认为创业板市场的设计与运作是一个国家资本市场或证券市场组织结构与功能是否完善的重要标志。有利于优化市场参与主体的结构，改善证券交易价格的发现机制和适应证券市场制度与技术创新的发展需要。有利于在改善市场的流动性和证券市场一体化基础上融入国际证券市场网络市场新格局，能够改善中小企业与高新企业融资的环境，能够在深化国有企业改革的基础上扩大社会再就业和实现国家经济的稳步增长。此外，郭乃幸、杨朝军、吴海燕（2013）从收益性和流动性两方面研究了主板和创业板市场之间的溢出效应。

我国学者通过对创业投资的研究，说明了创业板市场对创业投资和中小企业的促进作用。郭红、孟昊、刘懿（2012）等认为，创业板市场与中小企业之间有互动效应。我国创业板市场成立初期对中小企业之间具有成长效应，而中小企业的壮大对创业板市场的发展也有促进效应。蔺汉杰（2012）认为创业板市场对中小企业科技进步有一定促进作用，但对自主创新的导向机制尚不完备。古文林、孔祥忠（2010）等人认为创业板市场对高科技企业融资具有显著影响，即创业板市场有利于高科技企业的融资能力。曹晓雪、杨阳（2011）认为创业板的设立为科技型中小企业突破融资瓶颈，获得持续发展所需资金提供了平台。胡强英（2011）认为创业板退出可以使那些具有可持续发展能力，而且具有比较高的自主创新水平的优质中小企业获得更好的发展空间，给广大中小企业提供更方便、更快捷的融资渠道，对推动我国经济结构和产业结构调整有重要的促进作用。

（四）关于创业板市场建设的研究

我国学者更加注重于对创业板市场形成条件、推出时机和市场定位的研究，周乃敏（2001）、周煊、常亮（2012）以 NASDAQ、EAS-DAQ、AIM、SESDAQ、香港创业板为对象，重点研究了创业板市场的发展环境，认为创业板市场的共性在于都是出现在中小企业大量涌现并有待发展的时期，因此丰富优质的上市资源是创业板市场发展的基础条件。林毅夫（2002）认为，在建立中国创业板市场的各种要求和条件中，拥有足够的能够持续高速增长的企业资源比其他条件更为紧要，我国现阶段的比较优势是劳动密集型产业，而资本和知识双重密集的创业板市场并不符合我国资源禀赋优势，因此无法充分发挥其促进作用。谢百三、徐岚（2003、2004）认为，我国传统资本市场还不完善，目前尚未具备建设创业板市场的条件。此外，朱和平（2006）认为，在创业板市场发展初期，各国都采取了低门槛、宽界面和高风险的市场容量设计，目的是为了解决中小企业的融资困难，同时解决创业板市场可能出现的流动性不足的问题，这样的后果之一是导致了低质量公司的进入以及市场风险的增加。因此，在发展到一定阶段之后，为稳定市场、控制风险，许多创业板市场都调整了上市标准，向提高门槛、中等界面和适度风险组合转变。汪玲、任少雄（2012）、罗丹、谢群（2007）等人借鉴海外市场的功能定位和发展经验，认为向高成长性的中小企业和创新企业提供筹集资金的渠道，以支持他们进行规模扩张和业务扩展是创业板市场的主要使命。汪玲（2004）通过探讨解决中小企业融资难题的各种方法，得出加快我国创业板市场的建设是目前解决中小企业融资难题最现实、最可行和最具操作性的重要举措。闻岳春、徐晓雯（2012）对创业板市场存在的问题、相对应的政府规制手段及规制效果进行了系统分析，认为随意性、易变性、临时性等特点，削弱了创业板市场政府规制的规制效果。提出加强证监会独立性、强调证监会立法职能和调整证监会工作重点及范围的政策建议。

（五）关于创业板市场上市公司成长性的研究

彭伟、段小燕（2012）根据企业生命周期理论假说，针对企业不同成长阶段分析脆弱性与抗弱度的博弈关系，得出创板上市公司要持续健康发展，减少脆弱性引致的风险，必须通过企业的创新机制，提高应对环境变化的能力。朱和平（2004）论证了企业成长性是发展创业板市场的基础和核心的观念，上市公司的持续和稳定发展，是创业资本市场发展的基础。孙路宁（2010）通过研究中国创业板企业成长性，得出技术创新能力与创业板企业的成长性有着显著的正相关关系。创业板企业成长性在行业间存在明显差异，其中以信息技术产业和生物医药业的成长性最好，传统制造业成长性最差。同一行业不同企业的成长性也存在着巨大差异。胡增芳（2012）通过对创业板市场发展的国际比较，得出在创业板上市的公司大多从事高科技业务，往往成立时间较短，规模较小，业绩也不突出，但其成长空间却很大。赵和玉（2012）从现行我国创业板上市企业的成长性看，可持续高成长的企业占总企业的比例明显偏低，认为我国暂时不能过分依靠企业内涵式成长保障创业板市场高成长，必须适度借助退市制度。张玉明、梁益琳（2011）认为创新型中小企业成长对经济增长、创新国家建设有重要作用，科学评价其成长性有助于为规范和促进它们实现快速发展创造条件，提供依据。阮青松、常乐（2012）通过理论分析构建创业板上市公司成长性评价指标体系，认为上市公司的风险控制能力、盈利能力和成长速度是其成长性的核心体现。梁毕明（2012）从行业角度分析创业板企业成长性的影响因素，强调在追逐高收益的同时，要从自身对风险的承受度出发，真正从投资过程中获得与风险相匹配的收益。叶会、谢诗蕾（2012）对创业板公司的成长性、盈利性与价值创造之间的关系进行了研究，结果表明，创业板公司的成长性带来盈利能力的提升，但并不总是创造价值，处于相对低速增长状态的公司的成长性能够为公司创造价值，而处于相对高速增长状态的公司的成长性不利于公司价值的提升。

三、国内外研究评述

通过上述分析可以发现，国内外学者的研究存在以下几点不足：

（一）**研究视角具有一定的局限性**。国外学者对创业板市场有效融资规模的经济带动效应研究非常少，即使有些国内学者对此进行了一定的分析，但多是从创业板市场融资有效推进资本市场发展的角度进行研究，主要集中在创业板上市公司盈利能力、上市公司相似性和成长性等方面进行理论或实证研究。从创业板市场融资对整个经济层面或是国内不同产业层面的促进作用来看，国内外学者的研究明显具有局限性。

（二）**研究方法上具有趋同性**。无论是国内学者还是国外学者，其研究均集中在理论模型或是高级计量经济学的基础之上。建立在过多假设基础之上的理论模型分析，使创业板市场与经济发展的研究缺乏事实依据，结论自然就缺乏说服力。国内外学者通用的计量经济学方法在更多的情况下是说明创业板市场与主板市场上市公司财务指标的数量关系或变化方向之间存在的某种关联，而真正意义上的资金融通效应则很难通过深奥的经济计量模型得以体现。

（三）**缺少关于创业板市场资金融通效应方面的研究**。中国创业板市场的发展研究，其最终目标就是要为高新技术产业、新兴战略产业进行有效融资，构建多层次的资本市场体系，促进实体经济平稳、快速发展等提供政策依据。国内外学者鲜有关于创业板市场的经济效应分析，且很少有人在动态投入产出模型的框架之下对中国创业板市场的有效资金融通效应从宏观层面进行深入的量化研究。

第三节 创新与发展

本书的创新主要体现以下三个方面：

一是研究内容创新。弥补现有研究对创业板市场运行基础和运行机制缺乏深入探索的不足，利用我国创业板市场第一手数据，进行定量和定性相结合的分析方法对创业板市场进行深刻剖析。从企业选择、IPO 上市、价格分析、风险与控制等各个角度探讨创业板市场运行的内在机制，为中国创业板市场的不断规范提供科学依据，对其资金融通效应等进行计量经济分析，从而对创业板市场的发展前景进行客观判断。

二是研究视角的创新。本书从创业板的运行机制、创业板市场的规范管理等多角度出发进行研究，剖析创业板在制度设计中存在的缺陷，在此基础上提出创业板市场规范管理的一些建议，并对创业板市场上市公司的竞争性、相似性进行定量分析，以及对创业板市场的发展前景等进行展望。

三是研究方法的创新。以统计学、证券投资学、会计学和产业经济学的相关研究方法为支撑，对中国创业板市场上市公司企业的所属行业、产业进行综合分析。利用 MATLAB 软件对创业板市场全部上市公司进行聚类分析，并通过灰色关联分析将各类企业进行相应的竞争力排序。在此基础上，计算各上市公司的有效融资规模，然后引入静态投入产出模型，对中国创业板市场的资金融通效应进行深入的量化研究。

第二章
创业板市场的形成

第一节　创业板市场形成的理论基础

一、新增长理论

迄今为止，我们学过的模型都没有提供有关经济增长核心问题的令人满意的答案。这些模型的主要结论是否定性的：如果资本收入反映了资本对产出的贡献，并且如果资本收入在总收入中所占的比例适中，那么资本积累既不能解释长期增长的大部分原因，也不能解释国家间收入差异的大部分原因。除了资本之外，模型中收入的唯一决定因素是一个神秘的变量，即"劳动的有效性"（A），其精确含义并没有被恰当地说明，并且其行为被视为是外生的。

下面深入考察知识的积累，并将劳动的有效性明确解释为知识，对知识在时间上的变化正式建立了模型，分析当知识积累为内生时经济的动态学，并且考虑有关知识是如何生产的，以及将资源分配给知识生产的决定因素是什么等各种观点。

（一）模型的框架和假说

知识积累很可能是世界范围增长的核心因素。首先，考虑人力资本和实物资本，劳动的有效性代表知识或技术。使用既定数量的资本和劳动，现在比一两个世纪前能生产出更多的产出，其原因是技术进步。在此基础上我们引入一个明确的研究和开发部门（R&D），然后，再对新技术的生产建立模型。当然，我们还需要对资源在传统产品的生产和研究与开发之间的分配建立模型。

在正式建模时，我们将假设一个大体上较为传统的生产函数。在其中，劳动、资本和技术被结合起来，以一种确定的方式生产出技术的改进。当然，这不是对技术进步的完整描述。但是，我们可以合理地认为，如果其他情况相同，那么向研究投入更多资源将会得到更多科技发明。该生产函数表达的正是这样一种思想。由于我们感兴趣的是长期增长，所以对技术进步中的随机性建模不会带来多少益处，并且如果我们想要分析那些决定研究与开发成功与否的其他决定因素发生变化的结果，那么我们可以在知识生产函数中引入一个转移参数，并且考察该参数变化的结果。但是，决定研究活动成败的其他研究因素是什么呢？该模型并未提供任何见解。

模型做了另外两个重要简化：第一，研究与开发的生产函数和物品生产函数都被假定为一般化的柯布—道格拉斯函数，即它们都为幂函数，但投入品的指数之和不一定限定为1；第二，根据索洛模型的精神实质，该模型将投入研究与开发部门的储蓄、劳动力与资本存量的份额视为外生不变的，这些假定不会改变该模型的主要含义。

我们考虑的特定模型是由保罗·罗默（P. Romo，1990）、格罗斯曼与赫尔普曼（Grossman and Helpman，1991），以及阿吉翁与豪威特（Aguion and Howitt，1992）提出的研究与开发增长模型的简化形式。与我们已学过的其他模型一样，该模型涉及如下四个变量：劳动（L）、资本（K）、技术（A）和产出（Y）。本模型属于连续时间模型。存在两个部门，一个产品生产部门制造产品，另一个研究与开发部门增加知识存量。劳动力中的数量为 a_L 的份额用于研究与开发部门，另外的数量为 $1 - a_L$ 的份额用于产品生产部门。同理，资本存量中的数量为 a_K 的份额用于研究与开发部门，其余的则用于产品生产部门。a_L 和 a_K 都是外生且不变的。因为对一种思想或知识在一个场合的使用不会妨碍其在别的场合的使用，所以两个部门都使用全部的资本存量 A。

因此，在 t 时生产的产品数量为：

$$Y(t) = [(1 - a_K)K(t)]^{\alpha} [A(t)(1 - a_L)L(t)]^{1-\alpha}, 0 < \alpha < 1$$

$$(2.1.1)$$

除了 $1 - a_K$ 和 $1 - a_L$ 两项以及对柯布—道格拉斯函数形式的限制之外，这个生产函数与我们前面的模型相同。注意，式（2.1.1）意味着资本和劳动的规模报酬不变：假设技术给定，如果把投入品的数量增加 2 倍，则产出也增加 2 倍。

新思想的生产取决于投入研究的资本和劳动的数量以及技术水平。假定生产函数为一般化的柯布—道格拉斯生产函数，我们可以写为：

$$\dot{A}(t) = B [a_K K(t)]^{\beta} [a_L L(t)]^{\gamma} A(t)^{\theta}, \ B > 0, \ \beta \geq 0, \ \gamma \geq 0$$

$$(2.1.2)$$

其中，B 为转移参数。

注意，我们并未假定知识的生产函数关于资本和劳动的规模报酬不变。标准的观点认为，生产函数至少一定是规模报酬不变的。这种观点是一种复制论：若投入品在原有的基础上增加 1 倍，新投入品能和原投入品一样发挥完全相同的作用，则生产的产品数量也增加 1 倍。但是，在知识生产的情形中，完全复制现有的投入品会导致同样地发现被进行两次，而 A 不变。因此，在研究与开发部门中可能存在规模报酬递减。同时，由于研究人员之间的互动、固定的基本设施成本等在研发中可能十分重要，以至于资本和劳动为原先的 2 倍，产出则是原先的 2 倍多。因此，我们也会考虑到规模报酬递增的可能性。

参数 θ 反映了现有知识存量对研发成败的影响。这种影响可能是正的，也可能是负的。一方面，过去的发现可能提供思想和工具，它们使将来的发现变得更为容易。在这种情形下，θ 为正。另一方面，最先得到的发现可能是最容易的。在这种情况下，知识存量越大，得到新发现就变得越难，从而 θ 为负。由于存在这些相互冲突的影响，我们对式（2.1.2）中的 θ 就没有施加限制。

与索洛模型一样，储蓄率是外生且不变的。此外，为简单起见，折旧率被设为 0。因此有：

$$\dot{K}(t) = sY(t) \tag{2.1.3}$$

最后，我们继续将人口增长视为外生的。为简单分析，我们不考虑人口增长为负的可能性。因此：

$$\dot{L}(t) = nL(t)，\ n \geq 0 \tag{2.1.4}$$

这就完成了对模型的描述。

由于本模型有两个行为内生的存量变量 K 和 A，所以它比索洛模型的分析更为复杂。因此，我们首先考虑没有资本的模型，即我们令 α 和 β 为 0。这种特殊情形给出了本模型的大多数核心信息。接下来我们来讨论一般情形。

（二）不存在资本的模型（知识积累动态学）

当模型中没有资本时，产品的生产函数［式（2.1.1）］变为：

$$Y(t) = A(t)(1 - a_L)L(t) \tag{2.1.5}$$

类似地，新知识的生产函数［式（2.1.2）］现在是：

$$\dot{A}(t) = B\,[a_L L(t)]^\gamma A\,(t)^\theta \tag{2.1.6}$$

人口增长继续由式 (2.1.4) 来描述。

式 (2.1.5) 意味着每个工人产出与 A 成正比，因而每个工人产出的增长率等于 A 的增长率。因此，我们集中研究 A 的动态学，后者由式 (2.1.6) 给出。这个方程意味着 A 的增长率用 g_A 来表示，它是：

$$g_A(t) \equiv \frac{\dot{A}(t)}{A(t)} = Ba_L^\gamma L(t)^\gamma A(t)^{\theta-1} \tag{2.1.7}$$

对式 (2.1.7) 两边取对数，并对该式求关于时间的微分，我们就得到如下的 g_A 的增长率（即 A 的增长率的增长率）的表达式：

$$\frac{\dot{g}_A(t)}{g_A(t)} = \gamma n + (\theta-1)g_A(t) \tag{2.1.8}$$

两边同乘以 $g_A(t)$，得到如下的关系式：

$$\dot{g}_A(t) = \gamma n g_A(t) + (\theta-1)[g_A(t)]^2 \tag{2.1.9}$$

L 和 A 的初始值以及模型的参数决定了 g_A 的初始值〔由式 (2.1.7) 给出〕。然后，式 (2.1.9) 决定 g_A 的后续行为。

为了进一步描述 A 的增长率的变化情况（从而描述每个工人平均产出的变化情况），我们必须区别 $\theta < 1$、$\theta > 1$ 和 $\theta = 0$ 三种情形，并且依次对它们进行讨论。

情形1：$\theta < 1$

图 2.1.1 表示 $\theta < 1$ 时 g_A 的相图。这便是在此情形下，该图将 $\dot{g}_A$ 画成 A 的函数。

因为知识的生产函数 (2.1.6) 意味着 g_A 总为正，相图只考虑了 g_A 的正值。

图 2.1.1 所示，式 (2.1.9) 表明在 $\theta < 1$ 的情形下，当 g_A 取较小的正值时，$\dot{g}_A$ 为正；当 g_A 取较大的正值时，$\dot{g}_A$ 为负。我们将用 g_A^* 来表示可使 $\dot{g}_A$ 等于 0 的 g_A 的唯一正值。根据式 (2.1.9) g_A^* 由 $\gamma n + (\theta-1)g_A^* = 0$ 定义。由此式求解 g_A^*，得：

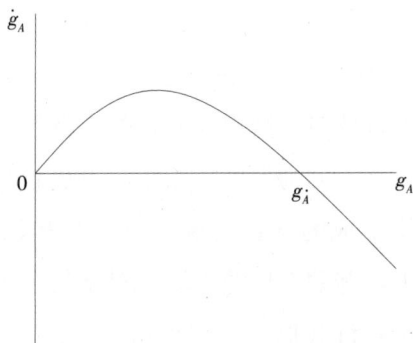

图 2.1.1　当 $\theta < 1$ 时知识增长率的动态学

$$g_A^* = \frac{\gamma}{1-\theta}n \qquad\qquad (2.1.10)$$

该分析表明，不管经济的初始条件如何，g_A 收敛于 g_A^*。例如，如果参数值与 L 和 A 的初始值意味着 $g_A(0) < g_A^*$，那么 $\dot{g}_A$ 为正，即 g_A 正在上升。它继续上升，直到达到 g_A^*。同理，如果 $g_A(0) > g_A^*$，那么 g_A 下降，直到达到 g_A^*。一旦 g_A 达到 g_A^*，A 和 Y/L 均以速度 g_A^* 稳定增长。因此经济处于一条平衡增长路径上。

该模型是我们的内生增长模型的第一个例子。在这个模型中，与索洛、拉姆赛和戴蒙德模型相区别的是，其每个工人平均产出的长期增长率在模型内部被决定，而非由外生的技术进步率决定。

该模型表明，每个工人平均产出的长期增长率 g_A^* 是人口增长率 n 的增函数。确实，人口的正增长对于每个工人平均产出的持续增长是必要的。这似乎有些令人迷惑，例如，人口增长较快的国家，每个工人平均产出的增长率平均来说并不是更高。

但是，如果我们将模型视为一个世界范围的经济增长模型，那么这一结果就是合理的。对本模型的一个自然的解释是，A 代表可在世界任何地方使用的知识。按照这一解释，本模型并非意味着人口增长快的国家就会享有较高的收入增长，而只意味着较高的世界人口增长才会提高世界范围的收入增长率。而且可能的情形是，至少在资源约束（这一点在本模型中被忽略）变得重要之前，较多的人口有利于世界知识的增长：人口越多，做出新发现的人就越多。回忆知识生产方程（2.1.6），在 $\theta < 1$ 的情形中，知识在形成新知识时可能是有用的，但是要使新知识形成的增长比例超过现有知识存量的增长比例时，知识将无能为力。有关人口的正增长对于每个工人平均产出持续增长的必要性的结论告诉我们：在这种情形下，如果没有人口增长，每个工人平均产出的增长势头将会逐渐减弱。

方程（2.1.10）也表明，尽管人口增长率影响长期增长，但是劳动力中参与研究与开发的人员比例（a_L）则不然。这一点似乎也有些令人吃惊：既然增长是由技术进步推动的，且技术进步是内生的，那么我们很自然会期望，经济资源中用于技术进步的比例增加后，长期增长率也会随之提高。但是这种结果并未出现，其原因是：因为 θ 小于1，所以 a_L 的增加对 A 的路径具有水平效应，但无增长效应。方程（2.1.7）表明，a_L 的增加引起 g_A 的立即增加。但是如相图所示，由于新增知识对新知识生产的贡献相当有限，知识增长率的增加是不可持续的。因此，与索洛模型中储蓄率上升对产出路径的影响相类似，a_L 的增加导致的结果是 g_A 上升，随后逐渐回到其初始水平；A 逐渐移至一个高于其初始路径的平行路径。

情形2：$\theta > 1$

我们考虑的第二种情形是 $\theta > 1$。其对应的情形是，新知识的生产增加的比例超过了现有知识存量增加的比例。回忆式（2.1.9），$\dot{g}_A = \gamma n g_A + (\theta - 1)g_A^2$。当 $\theta > 1$ 时，该方程表明，对于 g_A 的所有可能值，$\dot{g}_A$ 都为正。进而言之，该方程表明 $\dot{g}_A$ 关于 g_A 是递增的（因为 g_A 一定为正）。其相图如图2.1.2所示。

该情形对长期增长的含义与上一情形显著不同。如相图所示，经济增长率现在展现了永久的增加而非收敛于一条平衡增长路径的特

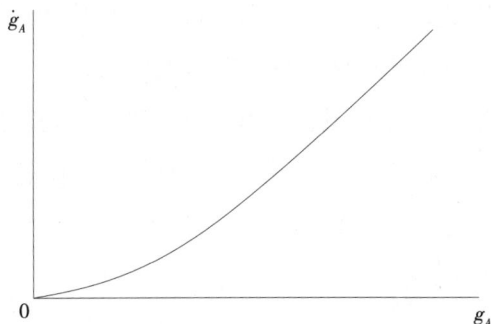

图 2.1.2 当 $\theta > 1$ 时知识增长率的动态学

征。直观地，知识在新知识的生产中是如此有用，以至于知识水平的每一边际增加所产生的新知识之多，使得知识的增长率上升而非下降。因此，一旦开始了知识积累——这在该模型中是必然的，那么经济就进入了一条增长率不断提高的路径。

劳动力中参与研究与开发的人员比例的增加所带来的影响是十分显著的。由方程（2.1.7）可知，a_L 的增加导致 g_A 的立即提高，这与上一情形一样。但由于 $\dot{g}_A$ 是 g_A 的递增函数，$\dot{g}_A$ 也上升。而且 g_A 上升得越快，$\dot{g}_A$ 的增长率上升得也越快。因此，a_L 的增加导致 A 所遵循的新旧路径之间的缺口不断加大。

情形 3：$\theta = 1$

当 θ 恰好等于 1 时，现有知识正好生产足够的新知识，使得新知识的生产与知识存量成比例增加。在这种情形中，g_A 的表达式（2.1.7）和 $\dot{g}_A$ 的表达式（2.1.9）分别简化为：

$$g_A(t) = Ba_L^{\gamma}L(t)^{\gamma} \qquad (2.1.11)$$

$$\dot{g}_A(t) = \gamma n g_A(t) \qquad (2.1.12)$$

若人口增长率为正，则 g_A 随时间而增长；该情形中模型的动态学类似于 $\theta > 1$ 的情形。图 2.1.3 是 $\theta = 1$ 情形的相图。

如果人口增长率为零（或若 γ 为零），则不管初始情况如何，g_A

都保持不变。因此，不存在趋向平衡增长路径的调整：无论经济始于
何处，它都会立即表现为稳定增长。如式（2.1.5）和式（2.1.11）
所示，在这种情形下，知识、产出与每个工人平均产出的增长率都等
于 $Ba_L^\gamma L^\gamma$。因此，在这种情形下，a_L 影响经济的长期增长率。

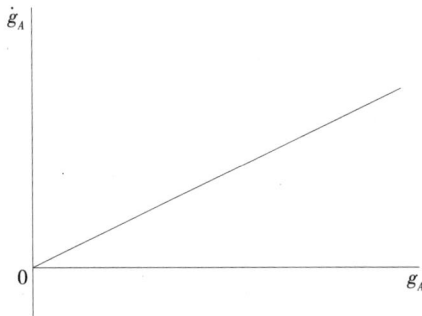

图 2.1.3　当 $\theta = 1$ 且 $n > 0$ 时知识增长率的动态学

　　由于在这个经济中，生产的产品除了用于消费之外没有其他用
处，所以人们自然可以认为这些产品完全被消费掉了。因此，$1 - a_L$
是社会资源中用于生产现期消费品的比例，而 a_L 就是社会资源中用
于生产对未来生产有用的产品（即知识）的比例。因此，我们可以
将 a_L 视为对该经济中储蓄率的一个度量。

　　按照这种解释，该情形中的模型提供了有关储蓄率影响长期增长
的模型的一个简单例子。这种形式的模型被称为线性增长模型，也被
称 Y = AK 模型。由于其所具有的简洁性，线性增长模型已经得到了
内生增长研究的广泛注意。

　　上述三种情形具有不同含义的原因是，θ 小于 1、大于 1 或等于 1
决定了生产的内生要素的规模报酬递减、递增或不变。由于劳动的增
长是外生的，而且我们从模型中排除了资本，所以知识是唯一的内生
要素。在产品生产中，知识的规模报酬是不变的。因此，该经济中知
识的规模报酬是否递增、递减或不变，均取决于知识生产中知识的规

模报酬的情形，即取决于 θ。

为了理解为什么内生投入品的规模报酬对经济的行为至关重要，假设经济处于某一条路径上，并且假设 A 有一次 1% 的外生增加。若 θ 恰好等于 1，$\dot{A}$ 也增长 1%：在新知识的生产中，知识的生产力恰好足以保证新知识的生产，使得 A 的增加是自我维持的。因此，A 的变动对其增长率没有影响。若 θ 大于 1，则 A 增加 1% 导致 $\dot{A}$ 的增加大于 1%。因此，在这种情形下，A 的增加提高了 A 的增长率。最后，若 θ 小于 1，则 A 的增加 1% 导致 $\dot{A}$ 的增加小于 1%，因此知识的增长率下降。

（三）一般情形

现在，我们需要将资本重新引入模型，并且确定这将如何修正以前的分析。因此，模型现在由式（2.1.1）—（2.1.4）而非式（2.1.4）—（2.1.6）来描述。

如上所述，当模型中包括资本时，本模型就有两个内生存量变量，即 A 和 K。与我们对简单模型的分析类似，我们集中研究 A 和 K 的增长率的动态学。将生产函数（2.1.1）代入资本积累的表达式（2.1.3），这将获得如下方程：

$$\dot{K}(t) = s(1 - a_K)^\alpha (1 - a_L)^{1-\alpha} K(t)^\alpha A(t)^{1-\alpha} L(t)^{1-\alpha} \qquad (2.1.13)$$

两边同除以 $K(t)$，并定义 $c_K = s(1 - a_K)^\alpha (1 - a_L)^{1-\alpha}$，可得：

$$g_K(t) \equiv \frac{\dot{K}(t)}{K(t)} = c_K \left[\frac{A(t)L(t)}{K(t)} \right]^{1-\alpha} \qquad (2.1.14)$$

给两边取对数并求关于时间的微分，可得：

$$\frac{\dot{g}_K(t)}{g_K(t)} = (1 - \alpha)[g_A(t) + n - g_K(t)] \qquad (2.1.15)$$

根据式（2.1.13），g_K 总为正。因此，若 $g_A + n - g_K$ 为正，则 g_K 上升；若其为负，则 g_K 下降；若其为 0，则 g_K 不变。这些信息由图

2.1.4 总结。在（g_A，g_K）空间中，g_K 不变的点的轨迹的截距为 n，斜率为1。在此线的上方，g_K 下降；在此线的下方，g_K 上升。

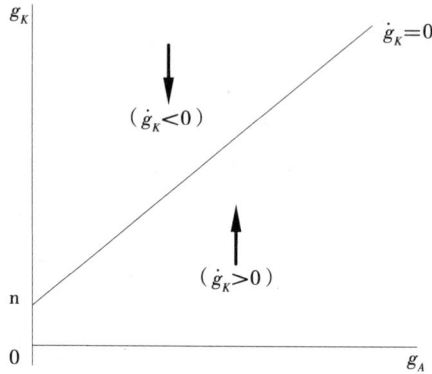

图 2.1.4　本模型一般情形中资本增长率的动态学

同理，对式（2.1.2），即 $\dot{A} = B(a_K K)^{\beta}(a_L L)^{\gamma} A^{\theta}$ 两边同除以 A，得到如下 A 的增长率的表达式：

$$g_A(t) = c_A K(t)^{\beta} L(t)^{\gamma} A(t)^{\theta-1} \tag{2.1.16}$$

其中 $c_A \equiv B a_K^{\beta} a_L^{\gamma}$。除了 K^{β} 项出现之外，该式与模型的简单表达式（2.1.7）基本相同。对该式取对数并求时间的微分，可得：

$$\frac{\dot{g_A}(t)}{g_A(t)} = \beta g_K(t) + \gamma n + (\theta - 1) g_A(t) \tag{2.1.17}$$

因此，若 $\beta g_K + \gamma n + (\theta - 1)g_A$ 为正，则 g_A 上升；若其为负，则 g_A 下降；若其为0，则 g_A 不变。如图 2.1.5 所示。g_A 不变的点的轨迹的截距为 $-\gamma n/\beta$，斜率为 $(1 - \theta)/\beta$（该图表示 $\theta < 1$ 的情形，所以此线斜率为正）。在此线上方，g_A 正在上升；在此线下方，g_A 正在下降。

在产品的生产函数［式（2.1.1）］中，两种内生生产要素——资本和知识——的规模报酬不变。因此，这两种内生要素的规模报酬最终是递增、递减或不变，则取决于其对知识的生产函数，即式

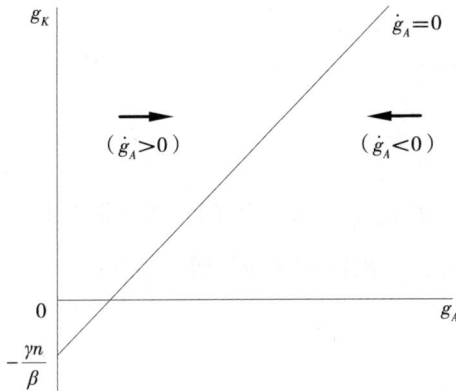

图 2. 1. 5 本模型一般情形中知识增长率的动态学

(2.1.2）中的规模报酬情况。如该方程所示，在知识生产中 K 和 A 的规模报酬是 $\beta + \theta$ 次的：K 和 A 都增加至原来的 X 倍，则 $\dot{A}$ 增加至原来的 $X^{\beta+\theta}$ 倍。因此，现在经济行为的关键决定因素不是怎样将 θ 与 1 的比较，而是 $\beta + \theta$ 与 1 的比较。我们只关注在 $n = 0$ 条件下，$\beta + \theta < 1$ 与 $\beta + \theta = 1$ 的情形，其余的情形（在 $n > 0$ 条件下，$\beta + \theta > 1$ 与 $\beta + \theta = 1$ 的情形）其含义与简单模型中 $\theta > 1$ 时的相似。

情形 1：$\beta + \theta < 1$

若 $\beta + \theta < 1$，则 $(1 - \theta)/\beta > 1$。因此 $\dot{g}_A = 0$ 的轨迹比 $\dot{g}_K = 0$ 的轨迹陡峭，如图 2. 1. 6 所示。g_A 和 g_K 的初始值由本模型参数和 A、K、L 的初始值决定。其动态如图所示。

图 2. 1. 6 表明，不管 g_A 和 g_K 从哪里开始，它们均会收敛于相图中的 E 点。在这一点处，$\dot{g}_A$ 和 $\dot{g}_K$ 都为 0。因此，E 点上 g_A 和 g_K 的值（我们表示为 g_A^* 和 g_K^*）必须满足：

$$g_A^* + n - g_K^* = 0 \tag{2.1.18}$$

和

$$\beta g_K^* + \gamma n + (\theta - 1)g_A^* = 0 \tag{2.1.19}$$

将式（2. 1. 18）改写为 $g_K^* = g_A^* + n$ 并代入式（2. 1. 19），由此

得到：

$$\beta g_A^* + (\beta + \gamma)n + (\theta - 1)g_A^* = 0 \qquad (2.1.20)$$

$$\text{或 } g_A^* = \frac{\beta + \gamma}{1 - (\theta + \beta)}n \qquad (2.1.21)$$

由上可知，g_K^* 就是 $g_A^* + n$。因此，式（2.1.1）表明，当 A 和 K 以这些速率增长时，产出以速率 g_K^* 增长。因此，每个工人平均产出以速率 g_A^* 增长。

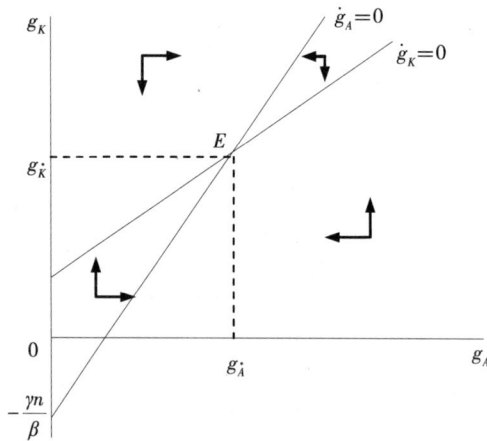

图 2.1.6　当 $\beta + \theta < 1$ 时资本和知识增长率的动态学

该情形类似于在无资本的模型中 θ 小于 1 的情形。与该情形一样，在这里，经济的长期增长率是内生的——它仍然是人口增长率的递增函数，而且当人口增长率为 0 时，长期增长率也为 0。劳动和资本存量中用于研究与开发的比例—— a_L 和 a_K ——不影响长期增长；储蓄率 s 也不影响长期增长。这些参数不影响长期增长的原因与本模型简单形式中 a_L 不影响长期增长的原因基本相同。

情形 2：$\beta + \theta = 1$ 及 n = 0

我们以发现，$\dot{g}_K = 0$ 的点的轨迹由 $g_K = g_A + n$ 给出，并且 $\dot{g}_A = 0$ 的轨迹由 $g_k = -(\gamma n/\beta) + [(1 - \theta)/\beta]g_A$ 给出，当 $\beta + \theta = 1$ 且 n =

0 时，这两个表达式可简化成 $g_K = g_A$。即在此情形中，两条轨迹均位于彼此的顶端，且均由 45°线绘出，如图 2.1.7 所示。

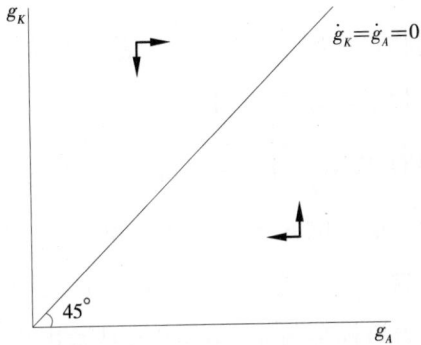

图 2.1.7 当 $\beta + \theta = 1$ 和 $n = 0$ 时资本与知识增长率的动态学

图 2.1.7 表明，不管经济从哪里开始，g_A 与 g_K 的动态学均可以把它们引入 45°线，一旦该情形出现，g_A 与 g_K 不变，经济将收敛于一条平衡增长路径。与不存在资本的模型中的 $\theta = 1$ 和 $n = 0$ 的情形一样，该相图并未告诉我们经济将收敛于哪一条平衡增长路径。但是，它可以表明对于既定的参数集，经济具有唯一的平衡增长路径，并且该路径上的经济增长率是各个参数的复杂函数。储蓄率和人口规模的增加会提高这种长期增长率；其中的直觉推理和不存在资本的模型中有关为什么 a_L 和 L 的增加会提高长期增长率的直觉推理是基本相同的。而且，由于 a_L 和 a_K 涉及资源在产品生产（因而投资）以及研究与开发部门的转移，故它们对长期增长的影响是不明确的。遗憾的是，对长期增长率的推导冗长乏味且没有特别的意义，因此我们不做详细讨论。

在知识积累和增长模型中，其宏观经济方面符合这个框架的一个特定例子是保罗·罗默的"内生技术变动"模型（Romer，1990；罗默模型中的微观经济方面可能是更为重要的）。在这里，人口的增长率为 0，并且两个部门内生投入品的规模报酬不变。此外，研究与开发使用了劳动和现有资本存量，但未使用实物资本。因此，在我们的表达式中，新知识的生产函数是：

$$\dot{A}(t) = Ba_L LA(t) \tag{2.1.22}$$

因为所有的实物资本用于生产产品，故产品生产是：

$$Y(t) = K(t)^\alpha [(1-a_L)LA(t)]^{1-\alpha} \tag{2.1.23}$$

我们通常假设储蓄率 $[K(t) = sY(t)]$ 不变，这就完成了对模型的描述。这是我们考虑过的 $\beta = 0$、$\theta = 1$ 和 $\gamma = 1$ 的情形。为了理解模型的这种形式的含义，注意，式（2.1.22）表明，A 以速度 $Ba_L L$ 稳定增长。这意味着该模型与 $n = \delta = 0$ 和技术进步率等于 $Ba_L L$ 条件下的索洛模型相同。因此（由于没有人口增长），在平衡增长路径上，产出和资本的增长率为 $Ba_L L$。该模型提供了以下情形的一个例子：长期增长为内生的（并且取决于除人口增长以外的各参数），但不受储蓄率影响。

二、投入产出理论

投入产出经济学始于 20 世纪 30 年代末，是美国经济学家瓦西里·列昂惕夫（Wassily Leontief，1906—1999）提出来的。据列昂惕夫称，它属于经济学的某一分支。列昂惕夫作为产业关联理论的杰出贡献者，使投入产出法发展成为现代化的经济数学模型，又使复杂的数学模型成为经济分析、经济预测和经济计划实际应用的一种科学方法。他因此获得了 1973 年的诺贝尔经济学奖。后来人们称产业关联理论为投入产出理论，投入产出法也成为产业关联分析的基本方法。

（一）投入产出经济学

投入产出经济学是通过建立投入产出模型（投入产出表或投入产出数学模型），研究经济系统各要素之间投入与产出的相互依存关系的经济数量分析方法。该方法借助于投入产出表，对各经济系统间在生产、交换和分配上的关联关系进行分析，然后利用产业间特定的关联关系，为经济预测和经济计划服务。

投入产出的基本思想认为，为获得一定的产出，必须有一定的投入。投入是指产品在生产过程中所消耗的各种投入要素，包括各种原材料、辅助材料、燃料、动力、固定资产折旧和劳动力等各种要素。产出是指生产出来的产出总量及其分配去向和数量，又叫流量，分为中间产品和最终产品两类。前者主要用于生产消费，是指一年中生产出来又回到本年生产过程中去的那些产品，这部分产品用来作为生产过程的原材料、辅助材料、动力等消耗。后者指本时期内在生产领域已经最终加工完毕，可供社会消费和使用的产品，包括生活消费、积累和净出口等。

在经济系统中，各个部门既是消耗产品（即投入）的单位，又是生产产品（即产出）的单位，各生产部门的总投入应等于总产出。每个部门同时生产和消费，既产出产品，供社会需要和分配，供其他部门和领域消费，又消费其他部门的产品。这样，国民经济中的生产和分配互相交织，就形成了所有部门相互消耗和相互提供产品的内在联系。投入产出法首先将各生产部门的投入来源和产出去向纵横交叉地编制成投入产出表，然后根据投入产出表的平衡关系建立投入产出数学模型，最后借助投入产出表和数学模型进行计划平衡、经济预测和经济分析。投入产出模型包括实物型投入产出模型和价值型投入产出模型，本书仅介绍价值型投入产出模型。

（二）价值型投入产出模型

价值型投入产出模型是以货币为计量单位构建的，记录了全部用货币计量的中间产品价值、最终产品价值、转移价值以及总产值，它是实物型投入产出模型的自然扩充，这就是价值型投入产出模型与实物投入产出模型的不同之处。价值型投入产出模型是建立在价值型投入产出表的基础之上的。

1. 价值型投入产出表的结构

典型的简化价值型投入产出表如2.1.1表所示。从2.1.1表可以看出，价值型投入产出表是按照国民经济价值流转的各物质生产部门来编制的。由于用价值而不是实物数量来描述，因此，每个部门的划分可以用同类产品（或劳务）来表示，而不一定是同一产品（或劳务）。这对于实物型价值表来说，是一种改进。如果需要反映整个国民经济活动，还可以在价值型投入产出表中包括非物质生产部门。

表2.1.1　简化的价值型投入产出表

投入＼产出			中间产品 消耗部门					最终产品					总产品
			1	2	3…n	小计	固定资产更新改造	消费	累积	净出口	小计	
生产资料转移值	生产部门	1 2 … n	X_{11} X_{12} … X_{n1}	X_{21} X_{22} … X_{n2}	… X_{1n} … X_{2n} … … … X_{nn}						Y_1 Y_2 … Y_n	X_1 X_2 … X_n
	小计											
	折旧		D_1	D_2	…D_n							
创造值	合计											
	劳动报酬		V_1	V_2	…V_n							
	社会纯收入		M_1	M_2	…M_n							
	小计											
总投入			X_1	X_2	… X_n							

组成价值型投入产出表的横行反映了国民经济的价值投入情况，由三部分组成：生产资料转移价值（物质消耗）、新创造价值（活劳动消耗）和总投入（总产值）。生产资料转移价值是由所消耗生产资料的价值构成的，包括劳动对象的消耗，如原材料、辅助材料和动力

等的价值；固定资产消耗，以折旧（D）的形式表示。另一部分是新创造价值，也就是活劳动消耗，分为劳动报酬（V）和社会纯收入（M）。在编制价值表时，还可以将劳动报酬展开，分列工资、福利基金、劳动者收入等项。也可以将社会纯收入展开为利润、税金、利息及其他等项。生产资料转移价值与新创造价值的合计等于总产品价值。在任一横行中，对应的纵列数字是各行业的产出结构，包括中间产品和最终产品的产出，反映了该部门产品的销路或分配去向。每一横行的总计为相应产业部门的总产出。

在任一纵列中，对应的横行数字表示了该产业的投入结构，即各产业在本年中，从包括本产业在内的各个产业购进了多少中间产品（原材料），以及为使用的各生产要素支付了多少报酬，包括工资、利息等。每一纵列的加总就是总投入。组成价值型投入产出表的纵列反映了国民经济价值的产出情况，包括中间产品、最终产品和总产品三部分。与实物型投入产出表相比，在价值型投入产出表最终产品的纵列中，多了表示"固定资产更新改造"的一列。

综上所述，价值型投入产出表的横行代表国民经济各部门的生产产品的消耗或投入情况，这与实物表是一致的；纵列代表各部门产品的产出或价值形成情况。根据投入的来源和产出去向分类，可以利用纵横两条线将表分为四个组成部分。这四个组成部分可以按照左上、右上、左下、右下的顺序，分别命名为Ⅰ、Ⅱ、Ⅲ、Ⅳ象限。下面依次对这四个象限进行分析。

（1）第Ⅰ象限

第Ⅰ象限一般也称为中间需求部分，亦称为内生部分，是投入产出表的核心部分。它是由 n 个物质生产部门和 n 个中间产品消耗部门纵横交叉组成的一张棋盘式表格。该表格中的物质生产部门和中间产品消耗部门数目相同，名称相同，排列次序一致。它反映了国民经济各物质生产部门之间在生产与分配上的联系。这种联系为分析部门间的比例和运用数学方式进行平衡计算提供了重要数据。折旧也是一种物质消耗。如果把折旧包括在第Ⅰ象限，第Ⅰ象限就不是方阵，对投入产出的数学描述带来不便，所以一般将折旧单列，成为第Ⅰ象限与第Ⅲ象限的中间项。

在该象限中，横向数据表示某一产业向包括本产业在内的所有产业提供其产出的中间产品状况，也就是所有产业生产中所需该产业产品的概况，亦即中间需求情况。纵向的数据表示某一产业为了生产，向包括本产业在内的各产业购进中间产品的状况，也就是所有产业向该产业的中间投入情况。

为了表述方便，令 i（$i=1$，2，3…，n）表示横行第 i 部门，令 j（$j=1$，2，3…，n）表示纵列第 j 部门，则 X_{ij} 表示第 j 部门生产产品时消耗第 i 部门的产品产值，也就是第 i 个物质生产部门在一年内分配给第 j 个物质生产部门的产品产值，称 X_{ij} 为物质生产部门间的流出入量，即第 i 部门向第 j 部门的流量，简称部门间流量。该系数大小主要取决于各部门之间的技术经济联系。

（2）第Ⅱ象限

第Ⅱ象限一般也称为最终需求部分，是一种外生部分，反映各物质生产部门的年总产品价值中，可供社会最终消费或使用的产品价值，以及这些最终消费或使用的构成情况。这种比例主要取决于社会经济因素。其最终去向包括：第一，消费部分，具体可分为个人消费与社会消费两部分，前者是指家庭消费总和，后者是指公共福利、社会保障、政府等行政性支出的各种社会性消费；第二，投资部分，它由固定资产更新改造与新增固定资产（积累）两部分构成，其中新增固定资产又可分为生产性固定资产和非生产性固定资产；第三，净出口部分，即本年中出口减去进口，也可以根据编制需要按照不同的标准进行最终需求的划分。

在该象限中，Y_i（$i=1$，2，3…，n）为国民经济第 i 个物质生产部门一年的最终产品产值，其数值等于该象限横行的小计。从纵列看，各项数字表明为了得到既定的最终产品，各物质生产部门分别提供的价值数量。对所有的 Y_i 求和，也就是所有的社会最终产品加总，就会得到社会总产值或国民生产总值，它在价值上等于国民收入全部价值加折旧；从物质形态看，等于固定资产更新加上实物形态的国民收入。

（3）第Ⅲ象限

第Ⅲ象限，也称为毛附加值部分，也是一种外生部分，主要反映最终产品，也就是国民生产总值的价值形成过程，也就是各物质生产部门的新创造价值，反映国民收入的初次分配以及其中的比例关系。如果考虑折旧，这部分也可以表示各物质生产部门生产的最终产值。这部分包括：各产业部门的折旧；各产业部门在一定时期内新创造的价值（附加价值）。

第Ⅱ象限和第Ⅲ象限从总量上来说应相等，$\sum\limits_{i=1}^{n} Yi = \sum\limits_{j=1}^{n} (Dj + Vj + Mj)$。这里，$Dj$（$j=1$，2，…，$n$）为第 j 部门的折旧；Vj（$j=1$，2，…，n）是第 i 部门需要的劳动者在一年内所得到的劳动报酬，Mj（$j=1$，2，…，n）表示第 j 部门劳动者为社会劳动而新创造的价值，即纯收入（利润和税金）。但对某部门来说，最终产品价值与该部门的新创造价值加固定资产折旧之和并不一定相等。

（4）第Ⅳ象限

第Ⅳ象限是投入产出表中剩余的部分，反映了某些国民收入的再分配过程，如非生产领域的职工工资、非生产性企事业单位的收入等。对该部分的分析非常复杂，常常把第Ⅳ象限略去。

2.价值型投入产出表中的平衡关系与平衡方程

由于价值型投入产出表以货币为计量单位，横行和纵列都可以相加。下面介绍根据对表格的分析，价值型投入产出表的平衡关系。

第一，前 n 个横行的平衡关系。因为横行反映了各部门产出的最终去向，因此有各行的中间产品 + 各行的最终产品 = 各行的总产品。可以用公式表示为：

$$\sum_{j=1}^{n} Xij + Yi = Xi(i = 1,2,\cdots,n) \tag{2.2.1}$$

式（2.2.1）通常被称为分配平衡方程式，因为它表述了各部门生产产品的分配情况。

第二，前 n 个纵列的平衡关系。因为纵列反映了各部门生产的最终消耗，因为有各列的生产资料转移价值 + 各列新创造价值 = 各列的总产值。可以用公式表示为

$$\sum_{i=1}^{n} Xij + Dj + Vj + Mj = Xj(j = 1,2,\cdots,n) \tag{2.2.2}$$

式（2.2.2）通常被称为生产平衡方程式，因为它描述了各部门生产产品的投入情况。

第三，根据投入产出表的结构，行列还存着如下平衡关系：

①第Ⅰ象限中物质消耗之和等于中间产品之和，说明生产过程中投入生产的生产资料总价值要转化为等量的中间产品。

②第Ⅲ象限的合计等于第Ⅱ象限的合计，说明社会最终产出与国民收入加上本年度的固定资产折旧额在数量上是相等的，即最终需求等于毛附加价值。可用公式表示为：

$$\sum_{i=1}^{n} Yi = (Dj + Vj + Mj) \tag{2.2.3}$$

③每一列的总计等于同名部门的行总计，说明国民经济各部门产品在生产和分配使用上，总量是相等的。可用公式表示为：

$$\sum_{i=1}^{n} Xij' + Dj' + Vj' + Mj' = \sum_{j=1}^{n} Xi'j + Yi'(\text{当} = i' = j' \text{时})$$

$$\tag{2.2.4}$$

三、企业成长周期理论

世界上任何事物的发展都存在着一定的生命周期，企业也不例外。企业生命周期如同一双无形的手，始终左右着企业发展的轨迹。一个企业要想立于不败之地必须掌握企业生命周期的变动规律，并及时调整企业的发展战略，面向市场不断推动该企业的稳定、健康发展。企业生命周期是企业的发展与成长的动态轨迹，包括发展、成长、成熟、衰退几个阶段。企业生命周期理论的研究目的就在于试图为处于不同生命周期阶段的企业找到能够与其特点相适应、并能不断促其发展延续的特定组织结构形式，使得企业可以从内部管理方面找到一个相对较优的模式来保持企业的发展能力，在每个生命周期阶段内充分发挥特色优势，进而延长企业的生命周期，帮助企业实现自身的可持续发展。

美国管理学家伊查克·爱迪斯曾用 20 多年的时间研究企业如何发展、老化和衰亡。他写了《企业生命周期》，把企业生命周期分为十个阶段，即孕育期、婴儿期、学步期、青春期、壮年期、稳定期、贵族期、官僚化早期、官僚期、死亡。爱迪斯准确生动地概括了企业生命不同阶段的特征，并提出了相应的对策，指示了企业生命周期的基本规律，提示了企业生存过程中基本发展与制约的关系，在笔者所接触过的管理理论中还没有一种这样人性化、这样从企业生命过程的角度来探索管理的。企业是一个有生命力的有机体，任何一个企业从其诞生的那一刻起，就有追求成长和发展的内在冲动。企业在成长过程中会经历具有不同特点和危机的若干发展阶段，这要求企业要在各个方面实施不断的变革与之相适应，其中尤以企业组织结构形式为重。企业组织结构与企业特定成长阶段的适应性强弱，关系到整个企业的应变能力和管理效率，直接影响着企业经营效果的好坏和目标的实现，只有适应企业特定成长阶段的组织结构才能促进企业健康持续

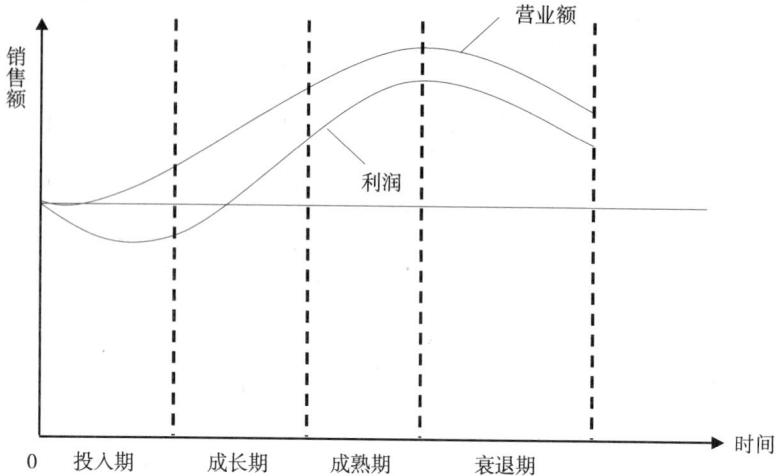

图 2.1.8 企业生命周期理论图

地成长与发展。生命周期是一种非常有用的工具，标准的生命周期分析认为市场经历初创、成长、成熟、衰退几个阶段。然而，正式的情况要微妙得多，给那些真正理解这一过程的企业提供了更多的机会。

创业企业很难通过银行贷款和证券市场公开上市筹集资金，往往要求助于风险资本市场，并且创业企业的发展具有阶段性的特点，通常我们将创业企业的成长周期划分为四个阶段，包括初创期、成长期、成熟期、衰退期。

第一个阶段，初创期

创业企业的初创期还可分为种子期和初建期。种子期基本处于研究与发展的中后期，在这个阶段拥有的是实验结果、样品、专利，但不是产品。企业尚在筹备中，未来产品能否被市场认可，以及创业者是否具备必要的管理能力等，均无从知晓。在初建期，企业已经设立，也有了一个处于初级阶段的产品，这个时期企业的主要任务就是开拓市场，将产品销售出去。这个阶段企业在生产、经营、销售、管理等方面都尚不稳定，各种风险处于最高值。由于初创阶段产业的创立投资和产品研发费用较高，而产品的市场需要很小，销售收入较低，创业公司财务上普遍亏损。较高的生产成本和价格与较小的市场需求使创业公司面临较大的投资风险。加之，创业企业资产规模小，经营风险大，抵押物缺乏，所以企业想获得融资比较困难。

第二个阶段，成长期

在成长期，创业企业具有一定的市场营销能力，产品市场需求上升，资本结构相对稳定，新行业随之繁荣起来。这一阶段，创业企业的技术风险大大降低，产品销售额逐渐提高，生产规模逐渐增大，人员规模也不断扩大，企业治理结构逐步完善，管理能力不断提高，并且企业开始出现一定的盈利。行业的增长具有可测性，而且波动比较小，投资者受经营失败而导致损失的可能性大大降低，分享行业增长带来收益的可能性大大提高。由于企业需要不断购买设备和扩充人员，所以这个阶段的资金需求量很大。但是这阶段企业很难靠自身积累和债权方式融资，这就要求企业通过出让股权为代价获得私募股权融资，或在成长期的后期，通过向社会公众进行首次公开发行股份，即上市融资。

第三个阶段，成熟期

创业企业的成熟期相对较长，在这个时期，少数大厂商垄断整个市场，每个厂商都占有一定比例的市场份额。创业企业的生产技术已经完全成熟，产品进入批量生产，企业规模已较大，企业管理层能力得到了较大提升，公司治理结构稳定规范，企业整体风险降到最低。同时，企业成长性开始逐渐减弱，盈利能力开始趋于行业平均水平，风险却因市场比例比较稳定、新企业很难进入而较低，企业步入稳定经营阶段。在这一时期，风险投资家开始考虑撤出资金，创业企业主要通过上市公司的配股或增资、发行债券以及银行贷款等多种方式来融资。

第四个阶段，衰退期

企业经过较长的稳定成熟期之后，由于新产品和大量替代品的出现，原行业市场开始逐渐萎缩，产品的销量也开始下降，这将直接导致企业规模缩小，人员减少，利润下降。绝大多数厂商开始转移资金到有利可图的行业，该企业进入生命周期的最后阶段。

在企业生命周期的前两个阶段，由于企业对资金的需求和对企业投资存在巨大的风险，因此，风险投资的介入是必要的，而创业板市场的运行正是在企业发展到一定阶段后为风险投资建立一个良好的退出机制。

四、有效市场假说理论

有效市场也称效率市场或市场的有效性。有效市场可分为有效运行的市场和有效定价的市场；相应地，市场效率可分为运行效率和定价效率。两类市场效率是从不同角度对同一市场的评价，具有密切的内在联系。运行效率是指证券市场的内部效率，它反映证券市场的组织效率和服务效率，并以证券市场能否在最短时间和以最低交易费用为投资者完成一笔交易来衡量效率状况。定价效率也称外部效率或外部有效，它反映资本市场的资源配置效率，即证券的合理和正确定价会使证券投资的收益率等于厂商和储蓄者的边际收益率，从而使资金资源得到最优配置。定价效率以证券价格与信息的关系为切入点，以"所有价格反映所有有关信息"为核心，以价格变动的随机性和零超额收益为衡量标准。本书从定价效率角度阐述有效市场。

（一）有效市场假说理论的假设条件

根据对可利用信息的不同理解，哈里·罗伯茨（Harry Roberts）于1967年5月在芝加哥大学举行的证券价格讨论会上，首次分了三个层次的市场有效性，即弱势有效市场、半弱势有效市场和强势有效市场。有效市场假说（Efficient Capital Markets Hypothesis，ECMH），是由美国著名经济学家尤金·法玛于1970年提出，吸收了哈里·罗伯茨关于有效市场信息的三分法，概括和发展ECMH，他认为，如果有用的信息以不带任何偏见的方式全部在证券价格中得到反映，那么可以认为市场是有效的。1978 年，Jesen 再次将 ECMH 概括为，如果根据一组信息从事交易而无法赚取经济利润，那么资本市场是有效的。有效市场假说是指所公布的信息中那些影响该资产价值的基本因素已完全反映在当前的价格中，即在证券市场中，股票价格完全反映了投资者能获得的所有相关信息。如同大多数经济学理论一样，有效市场假说理论也是建立在许多假设条件之上。这些假设条件主要是：

1. 投资者理性。所有市场参与者都是理性的，并且追求效用最大化，且投资者根据他们的期望价值来估计股票价格的可能收益率的概率加权平均值；

2. 完全市场。市场没有摩擦，不存在交易成本和税收；

3. 充分竞争。市场中存在大量相互竞争的投资者，所有市场参与者都是价格的接受者，且投资者依据所获信息形成对市场价格的理性预期，并以无偏方式设定其主观概率；

4. 完全信息。所有市场参与者都知晓并同时接受所有信息，且所有人对价格的信息含量和未来价格所有可能的分布达成一致。

可见，有效市场假说的成立具有严格的条件，这些条件充分遵循和体现了新古典经济学的研究范式。

（二）有效市场的含义

1. 价格反映信息。有效市场假说是基于证券价格与可获得信息这两者之间关系的一种理论假说，其基本命题是：价格反映信息。具体而言，在一个有效市场：首先，证券价格在任何时候都反映与证券定价相关的信息；其次，证券价格对相关信息的反映是充分和及时的；再次，证券价格对信息的反映是动态地进行和展开的；最后，证券价格反映的信息是指投资者可获得的信息。换言之，如果在任何时候所有投资者可获得的信息都能够很快地在证券价格中动态地得到充分的反映，就说明市场是有效市场或者说是具有充分效率的。这表明，证券价格是信息的吸纳体,所有可获得的信息都被注入价格中;同时,证券市场绝不会浪费信息,更不会一直忽略能够获利的信息,也不存在任何未从事的可赚钱的交易。

2.证券价格是证券内在价值的最适评估。证券的内在价值是由众多因素决定和影响的,这些因素构成证券市场所有可能获得的信息。由于价格充分反映所有相关信息,因而在一个有效市场上,证券价格在任何时点上都是证券内在价值的最适当的评估,证券价格围绕其内在价值随机波动并总会达到均衡,证券价格的进一步变化只能依赖于新的信息的披露。但是,这并不表明证券价格在任何时候都与其内在价值完全重合,原因在于市场上总是不断地有新的信息出现。在新的信息出现并导致证券的内在价值产生变化之初,证券价格将与其内在价值发生偏离。如果证券市场是一个有效市场,那么,每当新的信息出现时,价格调整会很快到位,它对均衡价格(内在价值)的偏离会在最短时间内得到纠正,因而证券价格总是沿证券内在价值线呈随机波动状态,价格与内在价值之间不会存在系统性偏离。

3.价格随机游走。随机游走是数学和统计学上用于描述数列上相互独立的一系列元素随机的和不可预测的运动过程的一个术语。随机游走用于描述证券价格变动方式和特征时的含义是,证券价格的未来运动轨迹如同一系列随机数字的运动一样不可预测,每一次价格变动都是独立的,其变动方向都是随机的。于是,证券价格的每一次变动都与前一次价格的变动毫无联系,对下一次价格的变动也没有任何影响。这种关系可表述为:

$$f\left(\triangle P_{j,t+1}/It\right)=f\left(\triangle P_{j,t+1}\right)$$

式中:f 表示证券价格变化的概率密度函数;$\triangle P_{j,t+1}$ 表示证券 j 从 t 时刻到 $t+1$ 时刻发生的价格变化;I_t 表示 t 时刻所有已披露的与证券价格相关的信息。

公式表明证券价格变化的概率密度函数与时间无关,证券价格的每次变动都是独立的。

4.零超额收益。如果证券价格能够在很短时间内充分地反映所有可获得的信息，从而价格与内在价值的偏离很快消失，证券价格不存在套利空间，并且新的信息披露导致的价格变动完全是随机的、不可预测的，那么，投资者无论使用何种分析方法、采用何种投资操作策略，都不可能获得超额收益。所谓超额收益或无风险收益是指超过采用"简单购买并持有"（Buy and Hold）策略所获得的正常收益之外的收益，而正常收益是指与投资风险相对称的合理的收益。显然，零超额收益并不意味着投资者在证券投资活动中不能获得任何收益，否则就不会有人进行证券投资。同时，它也不表明等量投资一定得到等量利润，它只是蕴含着这样的规定，即投资者只能获得与风险对称的收益。

必须指出的是，有效市场对零超额收益的规定，是从长期统计平均的角度而言的，它并不排除某些投资者在极短的时间内实现套利以及利用某种方法在个别投资活动中获得超额收益，它排除的是投资者通过某种既定的分析模式或操作策略长期反复地获得超额收益，即不存在战胜市场的规律。

（三）有效市场的类型

有效市场被定义为证券价格充分反映所有可获得信息的市场，而所有信息可分为历史信息、公开信息和内幕信息三类。依据这三类不同的信息集，哈里·罗伯特于1967年首次将有效市场划分为三种类型或者说三类不同效率层次的市场，即弱有效市场、半强有效市场和强有效市场。这一分类因法玛（1970）的一篇经典性文章的阐述而广为人知。

1.弱有效市场（Weak-form Efficiency）。弱有效市场对应的是历史信息集。所谓历史信息是指过去发生的信息，主要指股票价格、成交量等历史资料。有效市场假说理论认为，如果市场是弱有效的，则当前的股票价格已充分反映了所有历史信息，即投资者已充分地利用了历史信息的价值，一切隐含在历史信息中的可能赚钱的交易都被市场充分实现，从而证券价格不存在任何套利空间，它充分体现了证券的内在价值。于是，任何投资者无论使用何种方法去分析历史信息，都不可能从中获取超额利润。这就意味着根据股票价格和成交量变动等历史资料进行分析和操作的技术分析方法毫无用处，是一种徒劳之举。如果考虑到这个过程所需要的分析信息等成本，其结果可能是得不偿失。因此，对投资者而言，采用长期投资或"购买并持有"策略，可能是在这种情形下的最佳选择。

2. 半强有效市场（Semistrong-form Efficiency）。半强有效市场对应的是公开信息集。所谓公开信息是指证券市场所有已被披露的信息。在这个信息集里，既包括证券交易的各种历史资料，同时还包括证券市场每时每刻在披露的各种信息，如上市公司的财务状况、经营状况、盈利状况、宏观经济运行状况、政府对经济运行的调控信息等。有效市场假说理论认为，如果证券市场是半强有效的，则当前的股票价格既充分反映了历史信息，也充分反映了及时披露的所有相关的公开信息。这意味着证券价格对信息的反应速度必须非常快，投资者能够在很短的时间内充分消化各种公开信息内含的投资价值，使股票价格向其内在价值或均衡价格的复归能够迅速完成，从而现有的市场价格不存在任何套利空间。例如，某公司在某一时刻公布一条利好消息，该消息内含的投资价值可使公司的股价从消息公布前的每股10元上升到12元。如果该消息公布后的瞬间，该公司的股价便从10元上升到12元，就说明市场为半强有效或者说符合半强有效市场的内在规定，也即该证券市场达到了半强有效的效率层次。

显然，衡量一个证券市场是否为半强有效市场的关键，是股票价格对最新的公开信息的反应速度，也即股票价格趋向其内在价值的速度。这表明，半强有效市场对"价格反映信息"这一命题所要求的条件，要比弱有效市场更为严格。如果一个市场是半强有效市场，那么，基于对公司财务状况、经营状况、经济运行状况等影响证券价格的基本因素进行分析，并试图通过这种分析去战胜市场的基本分析方法，就失去了应有的价值，即基本分析方法不可能为投资者带来超额收益。如果考虑到这个过程所需要的分析信息等成本，其结果可能是得不偿失。

3. 强有效市场（Strong-form Efficiency）。强有效市场对应的是内幕信息集。所谓内幕信息，是指对股票的内在价值并对股票价格有显著影响、仅为少数人知晓并掌握的尚未公开的信息。比如说，某采矿公司突然发现了一个矿产品位很高且开采并不困难的矿源，这一信息在公布之前仅为公司核心层的少数人知晓并掌握，诸如此类的信息即为内幕信息。在有效市场假说理论看来，如果证券市场是强有效的，则股票价格也能够及时充分地反映内幕信息所内含的投资价值，并在这个过程中很快消除股票价格的套利空间，从而利用内幕信息也不能获取超额收益。强有效市场既然可以实现证券价格对内幕信息的充分反映，那么它对历史信息和公开信息的充分反映也就不言而喻。这就是说，强有效市场展示的是证券价格对所有有关信息的充分反映，其信息集是完全的。在这样的市场上，一切投资分析努力都是徒劳的，投资者不可能找到一种获取超常收益的有效方法。

显然，强有效市场是一个极端的假设。因为在强有效市场中，利用内幕信息不能获得超额收益，这是不现实的。比如，在上例的采矿公司中，如果那几位掌握发现极易开采的富矿的内幕信息人士，在这一消息未公布并且该公司股价未上升之前，大量购进该公司股票，一旦消息公布，股价上涨，就可获得高于其他所有投资者的超额利润。之所以如此，在于内幕消息公布之前该公司股票价格存在明显的套利空间，超额利润即来源于那些内幕人士的套利行为。

内幕人士利用内幕信息进行内幕交易，显然违背了各国证券市场所公认并遵循的公开、公平、公正的"三公"原则，因而各国证券市场监管的主要任务之一就是防范和惩治内幕交易。如果证券市场达到强有效的程度，这一问题或许可以得到较好的解决。国内外的实证研究表明，成熟国家的资本市场基本上满足半强有效市场，新兴国家的资本市场基本属于弱有效市场，而强有效市场基本不存在。

五、股票定价理论

（一）市盈率定价模型

市盈率模型是相对估值法中最常用的。相对估值法描述了一种股票相对于另一种股票的价值。其估值的主要思想是对可比较的或者代表性的公司进行分析，尤其注意有着相似业务的公司的新近发行以及相似规模的其他新近的首次公开发行，以获得估值基础。审查可比较的发行公司的初次定价和它们的二级市场表现，然后根据发行公司的特质进行价格调整，为新股发行进行估价。在运用可比公司法时，可以采用比率指标进行比较，比率指标包括 P/E（市盈率）、P/B（市净率）、EV/EBITDA（企业价值倍数定价法）和市盈增长率（PEG）等。其中最常用的比率指标是市盈率和市净率。

所谓市盈率，就是指该上市公司股票市价与每股净盈利之比，市盈率的计算公式：市盈率＝股票市场价格/每股收益，每股收益通常是指每股净利润。其本质含义是在不考虑资金的时间价值的前提下，以公司目前的收益水平，投资者收回其投资的年数。由于市盈率含义明确、应用简单，因此也为广大投资者所认知。运用市盈率方法进行估值的主要过程为：通过市盈率法估值时，首先，应计算出发行人的每股收益；其次，根据二级市场的平均市盈率、发行人的行业情况（同类行业公司股票的市盈率）、发行人的经营状况及其成长性等拟定发行市盈率；最后，依据发行市盈率与每股收益的乘积决定估值。

运用市盈率来估算股票的价格，关键就在于确定合理的市盈率水平。按照确定市盈率水平方法的不同，比较常见的有以下两种市盈率评估法。

1.利用可比公司。市盈率估算最普遍使用的方法是选择一组可比公司，在计算出这一组公司的平均市盈率之后，再根据可比公司与估值对象公司之间的经营状况和资本结构等方面的差别对平均市盈率进行调整，这种调整是带有主观性的。该方法有以下两个问题：第一，因为同行业的公司可能在业务组合、风险程度和增长潜力方面存在很大的差异，而且"可比"公司的定义在本质上是有主观性的，因而这种方法会在可比公司的选择上存在着偏见。第二，即使能够选择出一组合理的可比公司，待估价公司与这组公司在基本因素方面仍然是存在差异的。之后进行的调整带有较大的主观性，很有可能导致估值的偏差。

2.利用全部截面数据——回归分析方法。另外一个方法是多元回归分析，通过建立回归模型，将公司的截面数据如风险、增长率和红利支付率作为解释变量，而将市盈率作为被解释变量来进行估值。

因为 $D_i = b \times E_i$，b 为公司的股息支付率，E_i 为公司的每股收益。代入稳定增长模型公式，可得 P/E = b/（k – g），其中 P 为股票价格，E 为公司每股收益，k 为预期收益，g 为股息增长率。P/E 的实质是股票的相对价格，从中可看出，影响 P/E 的因素有股票的期望收益率 k 和股息增长率 g、股息支付率 b 等。其中最重要的两个因素为投资者对股票的期望收益率和股息增长率。预期收益率（贴现率）k，根据 CAPM，可分解为 r，r_m 与 β 三个变量，根据现代公司金融理论，公司股票的 β 值与公司的杠杆比率及公司系统风险的一切经营活动的特征有关，股息增长率 g 可分解为净资产收益率 ROE 和股息支付率 b。假设 P/E 是各因素的线性方程，应用多变量的线性回归方法进行分析。采用 P/E 的模截面的回归模型，将股票的 P/E 作为因变量，将影响股票 P/E 的因素作为自变量，进行模截面的多元线性回归。而采用不同因素组合可得到不同的 P/E 估计模型（共四类组合）：

（1）选择 β 系数，利润增长率作自变量。模型为：

$$PE_i = \gamma_0 + \gamma_1\beta_i + \gamma_2 g_i + e_i \qquad (2.5.1)$$

其中 PE_i 为股票的 P/E；β_i 为股票 i 的 β 系数，表示风险；g_i 为股票 i 的公司利润增长率，代表股票的增长因素；e_i 为干扰因素。

（2）选择 β 系数，净资产收益率及股息支付率作自变量。模型为：$PE_i = \gamma_0 + \gamma_1\beta_i + \gamma_2 ROE_i + \gamma_3 b_i + e_i \qquad (2.5.2)$

其中 ROE_i 为股票 i 的净资产收益率。

（3）选择 β 系数、利润增长率、股本大小、流通股比例、股票的交易量、股票的地区分布因素作自变量。在效率程度一般的证券市场上，有必要考虑非系统风险，将股票的规模大小、地区因素、流通股比例（我国股市特定）这三个重要的非系统性风险因素加入：

$$PE_i = \gamma_0 + \gamma_1\beta_i + \gamma_2 g_i + \gamma_3 G_i + \gamma_4 L_i + \gamma_5 M_i + \gamma_6 A_i + e_i \quad (2.5.3)$$

其中：G_i 为股票 i 的 A 股股本大小；L_i 为股票 i 的 A 股流通股比例；M_i 为股票 i 的 A 股平均每日交易量；A_i 为股票 i 所属地区的权值，属交易所本地公司股为 1，其他地区为 0。

（4）选择 β 系数，净资产收益率、股息支付率、股本大小、流通股比例、股票的交易量、股票所属的地区因素作自变量。

$$PE_i = \gamma_0 + \gamma_1\beta_i + \gamma_2 ROE_i + \gamma_3 G_i + \gamma_4 L_i + \gamma_5 M_i + \gamma_6 A_i + \gamma_7 b_i + e_i$$

$$(2.5.4)$$

作为估计市盈率的一种简便途径，回归法充分利用了公司的截面数据，通过获得市盈率和公司基本财务指标之间的关系来估计市盈率，其简单明了的优点使其在从初始发行定价到相对价值判断等一系列的应用中都成为一种十分具有吸引力的选择。但它的缺陷在于：第一，回归分析关于市盈率与公司基本财务指标之间存在线性关系的假设，现实中往往不能满足，对回归方程的残差进行分析似乎证明这些解释变量的转换形式（平方或自然对数等形式）能更好地解释市盈率。第二，多重共线性问题。回归方程的各个解释变量，如高增长率和高风险之间存在着较强的相关性。这种多重共线性将使回归系数变得很不可靠，并可能导致对系数做出错误的解释，引起各个时期回归系数的巨大变动。第三，关于市盈率与公司基本财务指标的关系稳定性的假设也很有可能不成立。如果它们之间的关系发生了变化，那么从之前的模型得出的回归关系就是不再适用于现在的估值。第四，由于它与公司基本财务数据之间的联系，而财务数据又不能避免存在被人为操纵的因素的可能性，因而市盈率被误用的可能性也极大的。一个公司的会计政策是否稳健直接影响到每股盈利的计算，公司的管理层可能迫于市场压力采用"创造性会计"来粉饰公司经营业绩，会计准则制定的滞后形式的财务人员对日益复杂的经营环境中出现的经济业务的处理缺乏可比性和一致性。这些因素直接影响到每股盈利的计算，从而影响到股票价值的计算。

利用市盈率模型进行股票估值的优势在于：第一，它是一个将股票价格与当前公司盈利状况联系在一起的一种直观的统计比率，其单位收益的价格形式也使得估值的时候可以直接应用于不同收益水平的股票价格之间的比较；第二，对大多数股票来说，市盈率易于计算并很容易得到，尽管同样需要对有关变量进行预测，相对绝对估值而言还是更为简单；第三，对于那些不能使用绝对价值模型的股票，比如某段时间没有支付股利或者自由现金流为负的股票，市盈率模型仍然适用。

另外，市盈率模型也存在以下几个方面的不足：首先，在进行股票之间的比较时，市盈率模型只能决定不同股票市盈率的相对大小，却不能决定股票绝对的市盈率水平。其次，公司的每股盈利为负值时，市盈率即失去了意义，同时报表上的盈利的真实性也将直接影响该模型结果的可信度。最后，用比较法进行估值时，隐含了所选定的行业平均市盈率等都是合理的假设，这个假设在行业股价都存在被高估的可能性下并不是一定成立的。

（二）股票价值的评估模型

绝大多数的股票评估模型都是折现（贴现）模型，股票为什么具有价值？这是因为股票能给持有人带来股息收入，但股息收入是将来的收入而不是当前的收入，所以应把将来的股息收入按一定的折现率折算成现值。那么，股票的价值就是未来股息收入的现值和。

但是，对股票价值的评估会遇到两个难题：一是股票每年的股息收入一般是不相同的；二是股票是没有期限的金融资产。因此，要对股票价值进行评估，一般都要做一些简化的假定，这样就形成了各种股票评估模型，下面介绍几种常见的股票评估模型。

1. 零增长模型

假设：（1）将来的股息收入为 D_1，D_2，$\cdots D_n$；（2）折现率为 r，且在未来 n 年内保持不变；（3）n 为投资者持有股票的期限；（4）P_n 为第 n 期的股票价格。股票价值则为：

$$P = \sum_{i=1}^{n} \frac{D_i}{(1+r)^i} + \frac{P_n}{(1+r)^n} \tag{2.5.5}$$

式（2.5.5）右边第一部分为股息的折现和，第二部分为第 n 年股价的折现值。假定投资者无限期持有股票，即 $n \to \infty$，这一假定可以理解为，若甲投资者有限期持有股票，他把股票转让给乙投资者，乙投资者有限期持有股票而转让给丙投资者，如此下去，我们可把所有投资者的特征舍弃掉，则股票由投资者无限期持有。由于 $n \to \infty$，式（2.5.5），第二部分：

$$\frac{P_n}{(1+r)^n} \to 0$$

则股票价值为：

$$P = \sum_{i=1}^{n \to \infty} \frac{D_i}{(1+r)^i} \tag{2.5.6}$$

再假定将来的股息收入不变，恒为常数 D，根据级数的性质，当 $n \to \infty$ 时，级数 $\sum\limits_{i=1}^{n \to \infty} \dfrac{D_i}{(1+r)^i}$ 收敛于 $1/r$，可得：

$$P = \frac{D}{r} \tag{2.5.7}$$

2. 不变增长率模型

不变增长率模型是在零增长模型的基础上发展起来的。零增长模型假定股息数额每年不变，虽不切合实际，但它却简单明了地描绘了股票定价原理。不变增长率模型于 1962 年由戈登（M. J. Gordon）在 *The Investment, Financing and Valuation of the Corporation* 一文中首次提出，所以被称为戈登（Gordon）模型。

假定公司每年的股利为：

$D_1, D_2, D_3, \cdots, D_n$

并按固定增长率 g 增长，则：

$$D_2 = D_1(1+g), D_3 = D_2(1+g)^2, \cdots, D_n = D_1(1+g)^{n-1}$$

按等式代入股利贴现模型式（2.5.5），得：

$$P_0 = \frac{D_1}{(1+r)} + \frac{D_1(1+g)}{(1+r)^2} + \cdots + \frac{D_1(1+g)^{n-1}}{(1+r)^n} + \frac{P_n}{(1+r)^n}$$

$$= \sum_{i=1}^{n} \frac{D_1(1+g)^{i-1}}{(1+r)^i} + \frac{P_n}{(1+r)^n} \tag{2.5.8}$$

仍然假定持有期无限，即 $n \to \infty$，则：

$$P_0 = \sum_{i=1}^{n \to \infty} \frac{D_1(1+g)^{i-1}}{(1+r)^i} = D_1 \sum_{i=1}^{n \to \infty} \frac{(1+g)^{i-1}}{(1+r)^i} \tag{2.5.9}$$

在 $n \to \infty$ 时，假定 $r > g$，级数 $\sum\limits_{i=1}^{n} \dfrac{(1+g)^{i-1}}{(1+r)^i}$ \qquad (2.5.10)

收剑于 $1/(r-g)$，所以 $P_0 = \dfrac{D_1}{r-g}$ \qquad (2.5.11)

式（2.5.11）表明，在假设条件成立的前提下，股价等于预期股息与贴现率和股息增长率差的商。我们可以把式（2.5.11）改写成：

$$r = \frac{D_1}{P_0} + g \qquad (2.5.12)$$

上式的含义是，等式右端第一部分是投资者的股息收益率，第二部分是股息增长率，这两者之和构成了投资者购买股票的内在收益率。

3. 分阶段增长模型

多元增长模型是被最普遍用来确定普通股票内在价值的贴现现金流模型，这一模型假设股利的变动在一段时间 T 内没有遵循特定的模式，在此段期间以后，股利按不变增长率模型进行变动。因此，股利流可以分为两个部分。

第一部分为股利无规则变化时期内所有预期股利的现值。用 $V_{T'}$ 表示这一部分的现值，则：

$$V_{T'} = \sum_{i=1}^{T} \frac{D_i}{(1+r)^i} \qquad (2.5.13)$$

第二部分为从时点 T 开始的股利按不变增长率变动时期的所有预期股利的现值。因此，该种股票在时间 T 的价值（V_T），可通过不变增长模型的方程求出：

$$V_T = D_{T+1} \times \frac{1}{r-g} \qquad (2.5.14)$$

但投资者是在 0 时刻，而不是 T 时刻来决定股票现金流的现值。于是，在 T 时刻以后的所有股利的贴现值：

$$V_{T'} = V_T \times \frac{1}{(1+r)^T} = \frac{D_{T+1}}{(r-g)(1+r)^T} \qquad (2.5.15)$$

根据式（2.5.13），我们得出直到 T 时刻为止的所有股利的现值。根据式（2.5.15），得出 T 时刻以后的所有股利的现值。于是，这两部分现值的总和即是这一股票的内在价值。用公式表示如下：

$$V = V_{T^-} + V_{T^+}$$

$$= \sum_{i=1}^{T} \frac{D_i}{(1+r)^i} + \frac{D_{T+1}}{(r-g)(1+r)^T} \qquad (2.5.16)$$

六、期权定价理论

在期权交易中，涉及三个价格：合约商品市价、协定价格、期权费。合约商品市价是合约商品的价格，协定价格相当于期权合约的"品质"，只有期权费才是期权合约的价格。

期权费由内涵价值和时间价值两部分组成，其数学表达式为：

$$P = IV + TV \qquad (2.5.17)$$

式中：P——期权费；

IV——内涵价值；

TV——时间价值。

（一）内涵价值

又称履约价值，是期权本身具有的价值，也是履行期权合约时所能获取的利润。它反映了期权协定价格与合约商品市价之间的关系。其公式为：

$$IV = \begin{cases} S - E(\text{在看涨期权中}) \\ E - S(\text{在看跌期权中}) \end{cases} \qquad (2.5.18)$$

式中：IV——内涵价值；

S——合约商品市价；

E——协定价格。

按照有无内涵价值，期权可呈现三种状态，实值期权（in-the-money，ITM）、虚值期权（out-of-the-money，OTM）、两平期权（at-the-money，ATM），其出现条件和图示如表2.1.2和图2.1.9所示。

表 2.1.2　期权内涵价值的状态

	看涨期权	看跌期权
ITM	S > E	S < E
OTM	S < E	S > E
ATM	S = E	S = E

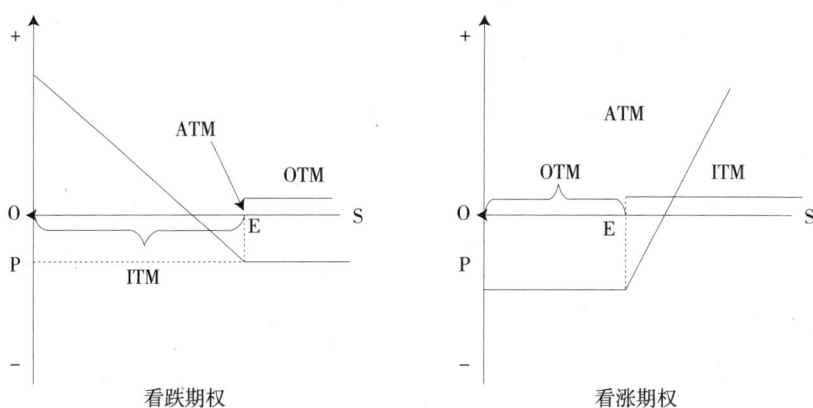

图 2.1.9　期权的内涵价值

（二）时间价值

时间价值是指期权买方在期权有效期内可选择有利时机执行期权而产生的价值，伴随时间的变化，期权合约商品市价在不断涨跌，从而使期权出现增值或贬值。只有当期权有可能增值时，期权购买者才愿意为购买这一期权而付出时间价值，由于在到期日前的任何一天，期权都有增值的可能性，所以在整个合约有效期，期权都具有时间价值，而不一定具有内涵价值。从动态上看，期权的时间价值有一个变化规律：伴随期权合约剩余有效期缩短而衰减。对期权买方而言，有效期越长，市场发生有利变化的可能性就越大，获利的机会就越多，他愿意付出的时间价值就越高；对于期权卖方而言，有效期越长。他承担的无条件履约义务的时间就越长，由于买方都是在有利于自己而不利于卖方的时候才会提出履约，所以他承担的风险较大，收取的时间价值也就越高。伴随合约剩余有效期的缩短，买方获利的机会在减少，承担的风险也在逐步减少，时间价值将逐步减少。一旦期满未曾实施，该期权就完全丧失时间价值，期权的时间价值衰减如图2.1.10 所示。

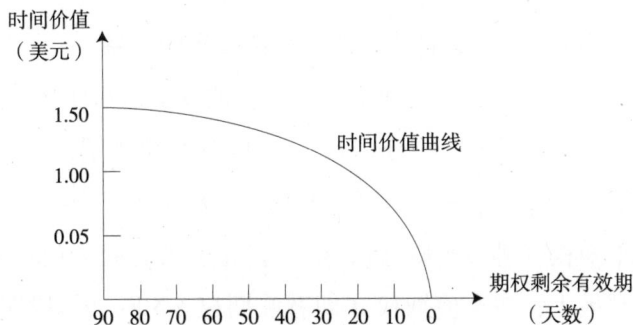

图 2.1.10　期权的时间价值衰减

期权时间价值与有效期成正相关，但不是正比例关系，影响期权时间价值的还有其他一些因素：

1. 协定价格对时间价值的影响。在期权市场上，同一商品往往有多种协定价格的期权合约，它们分别高于、低于或等于该种合约商品的市价，协定价格不同，时间价值也不同，当市价与协定价格最接近时，期权的时间价值达到最大，在市价与协定价格差距较大时，时间价值在减少，时间价值的变动规律，两平期权时，时间价值最大，在向实值期权和虚值期权变动时，时间价值越来越小。

2. 合约商品市价对时间价值的影响。对于一张协定价格一定的期权合约来说，其期权费的变化完全取决于合约市价变动和对合约市价变动的预期，伴随市价变动，期权的内涵价值也同样会出现实值、虚值和两平期权状态，受到上述变动规律的制约。

时间价值实质上就是投机价值，两平期权时，期权向实值还是虚值转化，方向难以确定，转为实值则买方盈利，转为虚值则卖方盈利，故投机性最强，时间价值最大。当虚值期权时，市价越偏离协定价格，期权转为实值的可能性也就越小，买方不愿多付出投机价值，当实值期权时，市价越偏离协定价格，它再进一步偏离协定价格的可能性也越小，而且此时期权的杠杆作用会减弱，其投机价值也在减少。

（三）期权费、内涵价值、时间价值三者的关系

期权费由内涵价值和时间价值组成，期权价格在任一时点都是由内涵价值和时间价值两部分组成。从静态的角度看，在虚值期权（即看涨期权 S < E，看跌期权 S > E 时），期权费完全由时间价值组成；在两平期权（即 S = E 时），期权费完全由时间价值组成，且时间价值达到最大；在实值期权（即看涨期权 S > E，看跌期权 S < E）时，期权费由内涵价值和时间价值组成，内涵价值与市价等比例增减。从动态的角度看，期权的时间价值在衰减，伴随合约剩余有效期的减少而减少，期满时时间价值为零，期权费全部由内涵价值组成。

（四）期权定价模型

在期权定价中，影响期权价格的因素有：第一，标的物市价（S）。在看涨期权中，S 与期权价格呈正向关系，S 越高，内涵价值越大，在看跌期权中，S 与期权价格呈负向关系，S 越高，内涵价值越小。第二，协定价格（E）在看涨期权中，E 越高，买方盈利的可能性越小，因而与期权价格呈反向变动关系。在看跌期权中，E 越高，买方盈利的可能性越大。因而与期权价格呈正向变动关系。第三，合约剩余有效期（T）。T 越长，时间价值越大，期权费越高，呈现正向变动关系。第四，无风险利息率（r）。无风险利息率（一般指银行利率）是购买期权的机会成本。第五，价格的波动幅度（δ）。价格的波动幅度越大，买方盈利的可能性越大，卖方承担的风险也就越大，因此期权价格也就越高。

建立期权定价模型是将上述因素作为参数来建立相应的数学公式，最常用的期权定价模型主要有两个，即布莱克—斯克尔斯模型和二项式模型。

1. 布莱克—斯克尔斯模型（Black-Scholes Model）

该模型 1973 年由美国学者布莱克和斯克尔斯建立，该公式只应用于计算欧式看涨期权：

$$C(E) = SN(d_1) - Ee^{-rt}N(d_2) \tag{2.5.19}$$

$$d_1 = \frac{\ln\left(\dfrac{S}{E}\right) + (\rho + 0.5\sigma^2)t}{\sigma\sqrt{t}}$$

$$d_2 = d_1 - \sigma\sqrt{t}$$

式中：

$C(E)$ ——期权价格；

S ——每股市价；

E ——协定价格；

r ——短期无风险利息率（年率）；

t——合约剩余有效期（用年表示）；

$\rho = \ln(1 + R)$ 为复利计算的自然对数值，R 是用小数表示的单利年利率；

σ ——合约商品市价波动幅度；

N ——累计的正态分布函数。

1983 年，加曼（Garman）和科尔哈根（Kohlhagen）对上式作了修正，使其适用于货币期权。

2. 二项式模型（Binomial Option Pricing）

该模型 1979 年由考克斯（Cox）、罗斯（Ross）、鲁宾斯坦（Rubinstein）三位教授推出，因此又称 Cox-Ross-Rubinstein 模型。通过二项"树型结构"来表述交易对象的资产价格，该模型考虑了布莱克

—斯克尔斯模型中许多没有考虑的因素，因此适用性更强。

第二节　创业板市场形成是经济发展的必然

创业板市场（Growth Enterprise Market）又称二板市场（The Second Board），是一个与主板市场相对的概念。一般而言，主板市场是指已有充分发展的、由证券交易所经营的包括股票、债券、证券投资基金券以及金融期货等交易在内的证券市场。而创业板市场则指主板市场之外专为高成长性中小型新兴企业提供融资渠道，以促进高科技产业发展为主要宗旨的创新股票市场。与主板市场相比较，创业板市场具有自身的市场特征和基本功能。

一、创业板市场的特征和基本功能

（一）创业板市场的特征

通过上文对创业板市场的理论基础所进行的描述，我们也可以简要概括创业板市场的几个主要特点：

第一、创业板市场面向新兴产业，注重增长潜力。创业板市场作为服务于中小企业和新兴公司的创新股票市场，其设立的目的就是为具有增长潜力和发展前景的中小型高科技公司提供募集资金的渠道，促进高科技产业的发展。这类公司往往具有科技含量较高、战略计划较好、主营业务比较鲜明的特点，其股票上市后，因概念独特、成长性高、发展潜力大而最能得到投资者的认同和市场的追捧。我国内地的创业板市场，开始时就称为"高科技板块"或"高新技术板市场"，后来又称为"二板市场"，最后定名为"创业板市场"，其定位是培育高成长性科技企业的摇篮。早在 1999 年 8 月 20 日，中共中央、国务院在《中共中央、国务院关于加强技术创新，发展高科技，实现产业化的决定》中明确提出，适当时候要在现有的上海、深圳证券交易所专门设立高新技术企业板块，于是就有了中国大陆专门为中小型高科技新兴企业上市融资服务的创业板市场。我国的创业板市场主要支持"六新"、"两高"企业的发展，即促进"新经济、新服务、新农业、新材料、新能源和新商业模式"和"高成长性、高科技含量"企业的发展。"新经济"是指以高科技、信息、网络、知识为重要组成部分和主要增长动力的经济。"新服务"企业主要指在服务业创新的企业，创造新兴服务业态。"新农业"企业是指现代化生产条件下的种植、加工、渠道、品牌一体化的农业龙头企业。"新材料"企业是指为适应各个高新技术领域发展的需要，研制具有优质、特殊性能的先进材料的企业。"新能源"是指已开发但尚未大规模使用，需要进一步开发的能源，如太阳能、风能、潮汐能、生物能等。"新商业模式"是指公司通过什么途径或方式来获取利润。

第二，创业板市场适当降低上市标准，严格公司管制。既然把新兴企业作为其主要服务对象，创业板市场就必然要适当降低上市标准，对公司的资本规模、经营期间和盈利记录的要求都要降低。如美国纳斯达克全国市场对首次上市公司的有形资产净值的要求为600万美元，美国纳斯达克小盘股市场对首次上市公司的有形资产净值的要求为400万美元，而纽约证券交易所的要求为4000万美元。香港创业板市场上市公司股票的最低市值无具体规定，实际操作中以不少于4160万港元为限，而作为主板市场的香港联交所在要求上市时公司股票市值不少于1亿港元；同时，创业板市场不设最低盈利要求，只需有两年活跃的业务记录及未来两年的业务目标及达成计划；而主板市场要求过去三年企业盈利合计达到5000万港元，其中最近一年的盈利须达到2000万港元。在公司管制方面，创业板市场要求上市公司具备充足而有效的内部监控机制，内容包括财务及规则遵守上的规定。创业板市场的规定，适应了新兴企业和成长性公司的发展特点。我国目前的上海、深圳主板市场，根据《公司法》、《证券法》及中国证监会的有关规定，IPO公司发行后的股本总额不少于人民币5000万元，社会公众股的比例不少于总股本的25%，总股本超过4亿股的，社会公众股的比例不少于总股本的10%，公司最近三年连续盈利，这就给成长型中小型公司的入市筑起了一道高高的门槛；而根据《首次公开发行股票并在创业板上市管理办法》规定，公司股票上市时，股本总额不少于人民币3000万元，最近一期末净资产不少于2000万元，且不存在未弥补亏损。门槛显然大为降低，但同时，创业板市场上市公司除应遵守《公司法》等有关规定外，在公司治理结构、独立董事制度、市场退出机制等诸多方面将按照国际标准强化公司管制。

第三，创业板市场强化信息披露，降低公司负担。创业板市场由于风险相对较高，奉行严格的以信息披露为本的监管理念，针对创新股票市场上市公司的特点，规定发行人在上市时和上市后持续做出准确、及时和完整的信息披露。上市后，要增加信息披露的时点和频度，除了披露季度报告之外，要求公司加强对涉及技术、科技人员等非财务信息的披露，并细化关联交易、资金投向等方面的信息披露。监管理念上以信息披露为本，有利于让投资者根据信息自行承担风险。在强化信息披露的同时，考虑到创业板市场上市公司规模较小、积累有限，为降低公司负担，规定季度报告可以未经审计，并可以选择通过网上进行信息披露。如根据香港联交所《创业板市场上市规则》规定，创业板市场上市公司的一切公告、通告、年报、中报、季报及其他文件，均以在创业板市场网页上刊登的方式向投资者及公众披露。

第四，创业板市场是具有高风险的市场，投资者相对成熟。与主板市场相比，创业板市场作为创新股票市场，是一个投资风险更高的市场，因为在创业板市场上市的公司往往是规模较小的不很成熟的新兴企业，主营业务大都属于新兴行业并处于初创阶段，缺乏盈利业绩，所面临的技术风险、市场风险、经营风险均较相对成熟的大企业高，运作失败，破产倒闭的概率比主板市场要高。正因为投资风险高的特性，创业板市场更强调"风险警示，买者自负"原则，主要针对成熟的个人投资者和专业的机构投资者，即寻求高投资回报、愿意承担高风险、熟悉投资技巧的个人和机构。

第五，创业板市场强化保荐人责任，借鉴做市商制度。创业板市场实行保荐人（Sponsor）制度强化其责任，是通过赋予中介机构更多的权利和责任来防范风险的一个重要措施，筑起创业板市场风险防范的第一道墙。保荐人将符合条件的企业推荐上市，并对申请人适合上市、上市文件的准确完整以及董事知悉自身责任义务负有保证责任，可以理解为一种连带责任。对于投资者而言，保荐人制度的目的是保证公众投资的企业是一个值得投资的有良好发展前景的企业。对于监管者来说，保荐人制度既可以解决市场规模越来越大、直接监管鞭长莫及的难题，也可以减少监管部门对创业板市场这一高风险市场的直接监管责任，监管部门通过对保荐人的重点监管将较好地达到控制风险的目的。做市商制度是目前国际证券市场存在的两种基本交易制度之一，其自身存在较突出的功能优势，如成交的及时性、提高交易的流动性、保持交易价格的稳定性，特别是对抑制股价过度投机炒作等方面发挥积极的作用。因此，借鉴引入做市商制度是必要的，特别是创业板市场运作一段时间以后可能存在的某些交易严重不活跃的股票适时采用做市商制度将会产生较好的效果。但同时，做市商制度存在的一些缺陷也是不能忽视的，如交易信息滞后、缺乏透明度、成本高、可滥用特权、合谋串通等。我国创业板市场借鉴引入做市商制度要结合我国国情循序渐进。

（二）创业板市场的基本功能

创业板市场的上市公司多为成长型企业，相对主板市场而言，其上市条件较为宽松，随之而来的是其风险也大大高于主板市场。为了有效控制市场风险，创业板市场的监管标准与主板市场相比并未降低，有些方面还高于主板市场。创业板市场独特的市场功能主要表现在以下三个方面：

第一，为处于初创期的中小企业提供利用证券市场进行股权融资的机会。处于初创期的中小企业的创新成果要实现产业化，一般要经历种子期、导入期、成长期、扩张期、成熟期五个阶段。企业处于不同的发展阶段，具有不同的投资需求。种子期是产品的研究开发阶段，资金需求量较小，创业者可通过自有资金来解决。成熟期企业有稳定的生产规模和较强的资产实力，所需资金可通过内部留存利润或银行贷款解决。但在导入期、成长期、扩张期这三个阶段中，企业要进行试制、初期固定资产投入、市场开拓以及扩张再生产等，因此，在这几个阶段资金的需求量相当大，一般创业者的自有资金已经无法满足，需要进行对外融资。

一般企业融资的渠道有两个：一是向银行贷款，进行债权融资；二是出让企业的部分股权，进行股权融资。然而，对中小创新企业来说，在导入期到扩张期的发展阶段中，由于存在风险与收益的高度不对称，银行一般不愿向这类企业贷款，因此对银行来说，如果贷款给这类企业，即使今后企业创业成功，提供贷款的银行除了得到正常的贷款利息外，得不到任何额外的风险收益，全部风险收益均为企业所获；相反，如果企业创业失败，银行则要承担损失全部贷款的风险。另外，处于这一发展阶段的创新企业的特点是投资需求量大，且投入大于产出，资金的回收较慢，因而需要稳定的资金。银行贷款对处于这一发展阶段的企业来说期限太短，而成本又太高。股权融资则可以避免上述风险与收益不对称的问题，使企业得到成本较低而又相对稳定的资金。承担高风险的股权投资者一旦创业成功，就可以获得高收益。因此，初创期的中小企业的最佳融资渠道是通过资本市场进行股权融资。

第二，为风险投资退出提供出口。风险投资（Venture Capital）是一种向具有发展潜力的中小企业提供股权融资的投资行为，它具有高风险、高收益的特点。其根本目的与动机是通过投资处于高成长期的创业公司，实现高额创业投资回报。因此，当创业企业进入成熟期，无法再获得超额创业投资收益时，风险投资就要变现退出，再利用变现的资本去寻找新的风险投资机会。为风险投资提供一个有效的退出通道，使其能在增值后顺利退出，可以鼓励更多的风险资本参与创业投资，同时提高风险资本的使用效率，实现风险资本的良性循环。

一般地，风险投资退出的途径有：公司清盘、股票个别转让以及股票公开发行上市。清盘是风险投资失败后的退出方式；股票个别转让由于受交易范围的限制，在风险投资退出中只占很小的比例；大量的风险投资变现是通过股票公开发行上市来实现的。公司的股票通过在证券市场上公开发行上市风险投资就可通过股票套现，顺利实现投资收益。创业板市场作为一个专门服务于中小创新企业的资本市场，无疑使风险投资实现退出的最佳出口。

第三，优化资源配置。规范企业经营管理。从创业投资者角度看，企业在创业板市场上市后，为创业投资者带来巨大收益，这些收益可以在二级市场上通过股权交易迅速变现，这样就大大加速了风险资本的周转，推动了对创业阶段高科技项目的投资，使资源配置更为有效，创建出更多的高增长科技企业。另外，创业板市场对企业的财会制度、信息披露、公司治理结构等有较严格的要求，促使中小企业必须按照一定的规范进行运作，从而促进企业经营管理水平的提高。

二、创业板市场是经济发展的必然

（一）中小企业特别是新兴高技术产业的融资难问题

中小企业特别是新兴高技术产业融资难一直都是制约我国经济发展的一个难题，但这不是我国独有的问题，是世界各国中小企业发展所面临的共同难题。在我国中小企业融资难的现象是由中小企业自身状况、金融机构融资机制、政府宏观政策等因素共同导致的。

1. 从企业的角度分析。中小企业特别是新兴高技术产业其组织形式大都是企业，在融资途径和方法上与大企业没有大的区别，但是中小企业与大企业相比，存在以下问题：中小企业由于规模小，资源少，产权模糊，经营管理机制人格化，所有权和经营权高度统一，经营风险较大；中小企业信用观念淡薄，信誉度低，道德风险大；中小企业内部控制制度不完善，账务混乱，因此存在很高的财务风险；中小企业受宏观经济政策影响大，生命周期短；中小企业抵押物少，现金流少，营业收入低，难以满足我国金融机构对于融资企业的种种条件。

2. 从金融机构的角度分析。我国的金融体系以商业银行为主体，证券、基金、信托、保险等金融机构也在迅速发展之中，但是我国的金融体系存在以下问题，给中小企业融资造成一定的困难：对中小企业缺乏足够的了解，致使很多有潜力的公司也很难得到支撑；较少的金融机构会把中小企业作为目标市场，缺少针对中小企业的金融产品；金融机构融资回报一般是固定利息，中小企业高风险、高收益的特点对其毫无吸引力；金融机构信贷管理机制和方式僵硬滞后，权限过度向上集中，缺乏对中小企业信贷风险把控的针对性和适用性。

3. 从政府宏观和微观政策的角度分析。我国政府的宏观和微观政策也缺乏对中小企业和新兴高技术产业的重视和支持。政府对经济的宏观调控很难解决中小企业的实际难题，当政府实行紧缩的货币政策，防止经济过热增长时，中小企业最先受损，而当政府实行宽松的货币政策时，促进经济发展，最先受益的是大企业，中小企业很难受益。同时，在我国科技的发展主要依靠国家科技计划实现的，科研资金的投入由国家财政拨款、银行贷款等形式为主。但我国在科技开发上投入占 GDP 的比重相对其他国家较低，美国从 2000 年占比 2.75%到 2007 年的 2.67%，韩国从 2000 年占比 2.393%到 2007 年的3.47%，日本从 2000 年占比 3.04%到 2007 年的 3.45%，而中国在2000 年是 0.9%，到 2007 年增加到 1.47%，与其他国家相比还有一定的差距。另外就是，我国政府规定对银行的逾期和呆账等不良贷款实行追究制，导致银行对于中小企业的贷款采取了更加谨慎和小心的态度和做法，宁可不贷也不冒风险。在国外养老金和保险金一直是各国创业投资的主要提供者，但是我国对养老金和保险金的投放进行了严格的规定，根本无法涉足中小企业特别是高新技术产业的风险投资领域。

（二）主板市场发展到一定阶段，创业板市场萌芽

追溯到十几年前可以看出，从上海和深圳证券交易所正式成立到1998 年年初，我国的证券市场经历了仅 7 年的发展，在沪深两地上市的公司已有 800 多家。随着我国证券市场的法规和监督体系日益完善，证券市场的发展带动了国内证券中介机构的发展，尤其是证券公司的迅速成长，同时也培养了一大批优秀的金融人才。再加之，随着改革开放不断深入和知识经济的快速发展，我国中小企业特别是新兴高技术产业得到了空前发展，成为我国经济增长不可忽视的重要因素。因此，成立专门为中小企业提供融资服务的创业板市场已是大势所趋，是经济发展的必然产物。1998 年 1 月，由时任国务院总理李鹏主持召开国家科技领导小组第四次会议，会议决定由国家科委组织有关部门研究建立高新技术企业的风险投资机制总体方案进行试点，由此，创业板市场开始萌芽。

（三）资本市场应该是结构化、多元化的资金融通市场，需要创业板市场

随着世界经济一体化的发展，资本市场也在迅速发展，我国的资本市场与发达国家相比起步较晚，也不够完善。通过借鉴国外资本市场的运作模式，考虑我国资本市场发展经验与目标，为满足规模、质量、盈利状况、风险程度不同的企业的多样化融资需求和投资者风险偏好程度的不同，我们必须建立结构化、多元化的资金融通市场，将资本市场细分为多个具有递进和互补关系的子市场，推动我国资本市场向纵深方向发展。广义的资本市场包括：证券市场、长期信贷市场、衍生工具市场。由于股票市场具有举足轻重的地位，所以通常把股票市场认为是狭义的资本市场。我国的股票市场包括：主板市场、中小企业板市场、创业板市场、场外市场。随着股票市场的不断发展，主板市场和中小企业板市场形成一定规模时，创业板应运而生。

创业板是为完善我国资本市场层次与结构、拓展资本市场深度与广度而建立，能够为我国众多的自主创新和成长型创业企业提供资本市场服务，并且对拉动民间投资、推动产业结构升级、以创业促进就业等都起到积极的促进作用；创业板市场的成立有利于资本市场在资源配置中更好的发挥基础性功能，以促进我国经济的发展，推动创新型国家的建设；创业板使市场监管和风险防范更具有针对性，降低了金融市场的系统性风险。

第三节　海外创业板市场状况

从世界范围来看，创业板市场的发展经历了一个漫长、曲折的过程。从十九世纪初到现在，海外创业板市场的发展可以分为三个阶段，即十九世纪到二十世纪五十年代的初步萌芽阶段，二十世纪六十年代到九十年代的起步阶段，二十世纪九十年代中期以后的快速发展阶段。目前，海外创业板市场主要是美国纳斯达克、韩国科斯达克、英国另类投资市场、加拿大多伦多创业板市场等。

一、美国纳斯达克（NASDAQ）

纳斯达克市场（全美证券交易商协会自动报价系，简称 NAS-DAQ，即 The National Association of Securities Dealers Automated Quotations），是美国的一个电子证券交易机构，在 1971 年由美国证券商协会（NASDQ）设立，迄今已成为世界最大的股票市场之一。纳斯达克市场的出现，是美国柜台证券交易市场发展到一定阶段的产物。由于柜台证券交易不能随时掌握不断变动的市场行情，不利于证券交易。因此，为了解决证券交易的即时报价问题，提交交易价格形成的透明度，美国证券交易商协会成功开发了自动报价系统，开始为柜台交易市场中的优质股票提供适时自动报价及辅助交易服务。

纳斯达克市场是一个完全采用电子交易，为新兴产业提供了竞争舞台，是实现自我监督，面向全球的股票市场。截至 2013 年 12 月，在纳斯达克上市的企业数量为 2637 家，总市值 60850 亿美元[①]。上市企业主要分布在金融类、科技类、制造类、零售业、通讯业等，包括苹果、微软、英特尔等大批世界知名的高科技企业。经过 30 多年的发展，纳斯达克市场正式将股票市场划分为三个层次，分别为纳斯达克全球精选市场、纳斯达克全球市场、纳斯达克资本市场。这样就进一步优化了股票市场结构，可吸引不同层次的企业上市，并为不同需

---

① 资料来源：《世界主要创业板市场数据—2013.12》，载《中文期刊全文库（维普）网》。

求的投资者提供更为合适的投资机会。纳斯达克全球精选市场，它的上市标准在财务指标和流通性方面的要求高于其他证券市场，因此，能在纳斯达克全球精选市场上市是优质公司成就与身份的象征。纳斯达克全球市场，是纳斯达克最大而且是最活跃的股票交易市场，进入纳斯达克全球市场必须满足严格的财务、流动性、资本额和公司治理等指标。纳斯达克资本市场是专为成长期的公司提供的融资市场，是三个市场中要求上市标准最低的一个，当公司发展稳定后，他们通常会提升至纳斯达克全球市场。

如果仅仅认为纳斯达克市场就是创业板市场，显然比较片面。纳斯达克市场中的纳斯达克资本市场与我国创业板市场及其他国家的创业板市场相类似，是专门为成长期的企业提供上市融资交易的平台。纳斯达克市场具有以下特点：

（一）交易市场双轨制与电子交易系统

纳斯达克实行全国市场和小型资本市场两种不同的标准体系。通常，具有一定规模的企业在纳斯达克全国市场进行交易，而由于小型资本市场上市要求相对较低，吸引了一些规模较小的新兴企业进行交易，但证券交易委员会对两个市场的监管完全相同。纳斯达克市场技术实力很强，采用先进高效的"电子交易系统"，在全世界共安装50多万台计算机终端，向世界各地的交易商、基金经理、经纪人传送各种相关信息。但是终端机不能直接交易，美国以外的证券经纪人和交易商要通过电话告知在美国的全国证券交易商协会会员公司来进行交易。

（二）做市商和保荐人制度

纳斯达克的做市商是一些独立的股票交易商，他们为投资者承担某一只股票的买进和卖出任务。纳斯达克最初采用的交易制度是多元做市商报价驱动，但由于在股票价格形成中缺乏透明度，交易成本过高等原因，纳斯达克市场改多元报价驱动为报价驱动与指令驱动相结合的交易制度，允许多重市场参与者通过复杂的计算机及通讯系统进行股票交易。每一只在纳斯达克上市的股票至少有两个以上的做市商为其股票报价，一些规模大、交易活跃的股票做市商可达到40—45个。这些做市商由美国证券交易商协会会员担任，包括美林、高盛、所罗门等世界顶尖级的投资银行。

纳斯达克的做市商也具有保荐人的资格，他们可以对自己担任做市商的企业进行研究，并对该公司的股票发表研究报告并提出保荐的意见。交易完成后，做市商必须在90秒内向美国证券交易商协会报告每一笔交易的具体信息，这些交易信息随机转发到世界各地的计算机终端，作为日后美国证券交易商协会审计的基础。

二、英国另类投资市场（AIM）

另类投资市场（Alternative Investment Market，AIM）是由伦敦证券交易所于1995年设立的二板市场，其市场定位主要是具有高成长性的新兴中小企业。为这类企业通过证券市场筹集股权资本，使它们的股票能够在公开的证券市场上交易并提高企业知名度和形象，是AIM的主要目标。AIM专为中小型成长企业提供融资支持的全球性资本市场，是名副其实的创业板市场。另类投资市场成立时仅有10家公司，但是其发展很快。截至2013年12月，在AIM上市企业数量达到1087家，总市值759.28亿英镑①。

另类投资市场的入市标准是非常宽松的，其上市条件中对公司的财务和数量指标要求是世界主要创业板市场中最低的，任何类型的公司都可以申请在另类投资市场上市。AIM对公司资产规模、经营历史、公众持股比例、业绩记录、最低市值等都不设最低要求，没有股票转让的限制，也没有公司成立地点的限制。另类投资市场上市的标

---

① 资料来源：《世界主要创业板市场数据—2013.12》，载《中文期刊全文库（维普）网》。

准是：根据本国法律合法成立的公司，且为公众公司；必须聘请终身保荐人，并指定经纪人；公司的会计账目符合英国或美国的通用会计准则；具有两年的主营业务记录，如果不满两年，那么从进入另类投资市场上市起，该公司的董事和雇员一年内都不得出售其持有的该公司证券所拥有的任何权益。

与世界其他股票交易市场相比，另类投资市场有着显著的优势表现在：

（一）上市程序便捷快速

另类投资市场的审批权掌握在伦敦证券交易所的手里，无需像主板市场那样要得到英国金融服务监管局的审批，这样一来，从申请到上市只需要大约三个月，大大节约了上市的时间成本。

（二）企业上市门槛低

另类投资市场只对上市企业的财务报表有规定，对其他各项指标，如发行人的公司资产规模、营业记录、行业种类、公众持股数量、盈利能力等都没有要求。

（三）上市费用低廉

另类投资市场的准入费用最低是 5870 英镑，年费固定为 4750 英镑。同时在另类投资市场上市的股票承销费用也远远低于其他国家的创业板市场。除此之外，另类投资市场还规定，如果企业已在指定的九个海外市场上市，且持续时间超过 18 个月，那么无需另行准备文件，就可以直接在另类投资市场上市。其中九个海外市场包括：纳斯达克、纽约证券交易所、欧洲交易所、澳大利亚证券交易所、多伦多证券交易所、德国证券交易所、斯德哥尔摩交易所、约翰内斯堡证券交易所、瑞士交易所及英国上市监管局的官方列表。

（四）实行终身保荐人制度

终身保荐人制度要求上市公司在其存续期间都必须聘请一名符合法定资格的公司作为其保荐人，由该提名的保荐人确认申请人是否适合在 AIM 上市。

（五）再融资能力强

没有股票转让的限制，后续融资方便，除非导致反收购或发行新一类别的股份，否则无须制作任何申请文件或征询股东的意见，无期限限制。

（六）包容性强

另类投资市场面向各个行业领域的所有企业。目前，英国另类投资市场包括 39 个行业板块，104 个分板块。

（七）转入主板的机制

在英国另类投资市场上市后，如果有两年的稳定持续经营业绩，就可以转入主板市场，享受更高的市盈率和市值，企业的知名度也可以大大提高。

（八）严格的退市制度

另类投资市场实行"继续交易会损坏市场声誉"等停牌标准和"停牌时间超过六个月或无保荐人的时间超过一个月"等退市标准，以保证市场的规范运作和整体质量。

三、新加坡凯利板市场（CATALIST）

新加坡的凯利板市场是由新加坡交易所于 2007 年推出，其前身是新加坡股票交易自动报价市场，它专门为快速成长的企业提供一个直接融资的平台。截止到 2013 年 12 月，在凯利板上市的公司数量为 139 家，总市值 93.26 亿新加坡元[①]。

凯利板市场的特点主要包括以下几点：第一，凯利板效仿英国的 AIM 市场，实施上市保荐人制度，上市门槛大幅降低，没有财务指标要求，没有资本规模的限制。保荐人在首次公开募股过程中的主要责

---

① 资料来源：《世界主要创业板市场数据—2013.12》，载《中文期刊全文库（维普）网》。

任是评估该公司是否符合上市的标准，并协助该公司上市。上市后，保荐人将督导上市公司遵守规定，并且审阅他们的公开文件；当确定或怀疑公司有违反规定的行为时，及时通知新交所。第二，在凯利板申请挂牌的公司享有更加快捷的上市过程，上市审批程序只需要5—6周。公司只需在新交所的网站 Cataloged 呈交招股文件。在首次公开招股后，凯利板的公司在再融资方面享有更多的灵活性，只有当公司进行大规模的资产收购或处置时才需征得股东的批准。第三，凯利板的运作是利用新交所已有的交易和结算基础设施。所有的投资者都可利用现有的证券交易账户，通过新交所证券交易公司（SGX—ST）的会员买卖凯利板的股票。

凯利板市场的价值体现在以下几点：首先，凯利板通过对保荐人的严格审批条件和持续性义务要求来保证市场的质量。而保荐人必须对所保荐的公司做出正确判断，并且履行监督责任。凯利板的公司必须严格遵守有关信息披露、再融资、公司交易、公司治理以及定期汇报等方面的规定。其次，凯利板是亚洲第一个由保荐人监督的市场。在这种模式下，凯利板拥有无限扩展空间以满足市场需求，从而能够吸引世界各地的公司，包括那些正在快速发展的成长型公司。再次，凯利板的设置不但缩短了上市审批时间，还具有更大的灵活性。在凯利板上市的公司能较容易进行再融资或资产收购或处置，从而帮助公司把握商业机会。最后，凯利板注重上市公司的治理水平，例如要求上市公司董事会需设置至少两名独立董事，其中一名常驻新加坡，切实保护投资者的利益。

四、香港创业板市场（GEM）

香港创业板（Growth Enterprise Market）是香港联合交易所有限公司经营的另一个股票市场，在 1999 年 11 月 25 日正式推出。它的经营模式仿照美国的纳斯达克股票市场，故在成立初期被称为亚洲的纳斯达克，旨在为不同行业及规模的增长性公司即那些具有良好增长潜力的公司提供直接融资的渠道。

香港创业板市场上市条件较为宽松，要求申请人必须依据中国香港地区、中国、百慕大或开曼群岛的法律注册成立，必须具备至少两个财政年度的适当编制的营业记录，且上市前两个财政年度经营业务所得的净现金流总额必须达到 2000 万港元。上市后要求上市公司对相关信息按季披露，中期报和年报中必须列示实际经营业绩与经营目标的对比。

令人遗憾的是，香港的创业板发展并不尽如人意，逐渐成为一个不成功的典型。由于效仿美国的纳斯达克市场，成立后的两年香港创业板跟风追捧新兴科技企业，导致了科技股和网络股独大的局面，结果在 2001 年全球资本市场互联网泡沫破灭时，香港创业板受到了巨大的冲击，其指数从最高峰时期的上千点跌至不足 300点。2002 年以后，新上市的公司数量持续减少，到 2008 年，港交所开始实施简化的转板程序，导致许多优秀的企业纷纷转入主板市场，香港创业板的总市值大幅缩水，越来越被边缘化。2007 年 12月，上市企业总数为 193 家，总市值是 1610 亿港元；2012 年 8 月，香港创业板市场上市公司的总数是 178 家，总市值是 718.8 亿港元；2013 年 12 月，在香港创业板市场上市公司的总数是 192 家，总市值是 1340 亿港元[①]。可见，在香港创业板市场新上市企业的数量在经历了一段时间的减少后，又开始逐渐增加，但是增长速度缓慢。尽管香港创业板长期处于低迷的状态，使得大多数内地欲上市企业持观望的态度，但是相对于海外其他市场，香港特区资本市场有着中西结合的优势，仍是内地企业上市的重要候选之地。

---

① 资料来源：《世界主要创业板市场数据—2013.12》，载《中文期刊全文库（维普）网》。

五、韩国科斯达克市场（KOSDAQ）

韩国科斯达克（Korean Securities Dealers Automated Quotations）成立于 1996 年 7 月，是由韩国证券交易商协会授权科斯达克委员会和科斯达克证券市场公司共同管理下的资本市场，旨在为知识密集型、创造高附加值的高科技新兴公司和中小企业提供融资渠道，同时也为寻求高风险、高预期回报的投资者提供新的投资工具。在科斯达克市场上市的公司主要集中在信息通信、生物工程、娱乐文化等领域。

为了促进高科技产业的发展，推进金融改革，克服货币危机带来的经济影响，韩国政府采取了许多措施鼓励创新风险型企业的发展。得益于政府的支持，科斯达克在 1999 年取得了巨大的发展，日均交易量从 1998 年的 55 亿韩元增长到 1999 年 6 月的 2322 亿韩元。在 1999 年年底上市公司达到 453 家，比 1998 年增长 36.9%，市值达到 106.28 万亿韩元（938 亿美元），比 1998 年增长 12.5 倍，仅在 3 年内科斯达克市场规模就达到韩国证券交易所的 30.6%。借助政府强有力的中小风险企业扶持政策和受到 IT 产业发展以及全球 IT 技术股增长等因素的影响，科斯达克市场短期内已发展为世界著名的新市场，它与 NASDAQ 市场是世界上仅有的两个年交易额超过主板的创业板市场。然而，2000 年以后，由于世界 IT 泡沫经济的崩溃，受部分上市企业道德风险的增加以及发展过快等因素的影响，韩国科斯达克市场开始经历其较长的调整阶段。

随着政府制定风险企业促进方案，国内经济逐步恢复，企业业绩得到改善，低利率持续，通过控制不动产投机而使流动资金流入证券市场，合并以大中型企业为主的有价证券市场等因素共同作用下，中小风险企业为中心的科斯达克和衍生产品期货市场，形成了各种商品相互竞争、相辅相成的市场局面。之后，通过交易费降低、IT 兼并、一体化市场监控系统等举措，使市场发生了脱胎换骨的变化。

在韩国科斯达克市场上市的条件与在纳斯达克市场上市条件相似，也采用多样化的上市标准。科斯达克市场的一个显著特点就是鼓励高科技风险型企业的上市，允许此类公司在上市时基本不要求数量和财务指标。此外，韩国政府还给予这些上市企业税收方面的优惠。科斯达克市场上市审查非常严格，由风险金融机构投资的风险企业，在成立一年后才能在科斯达克市场登记，其登记审查的监查材料必须得到股东大会的批准。在投资者结构上，科斯达克市场中个人投资者占比高达90%，这在一定程度上加大了科斯达克市场的波动性。目前科斯达克市场正在试图降低个人投资者的占比，例如引进外国机构投资者，以求中和个人投资者比例过高的情况。在信息披露方面，韩国科斯达克市场要求上市公司除了披露年度报告、半年报、季度报告的定期报告外，还必须披露公司财务状况重大变化的信息，公司管理方面的重要信息，公司经营业绩重大变化的信息，以及其他科斯达克市场认为有必要披露的信息。费用低也是科斯达克市场的一个亮点，在科斯达克市场上市的费用约为3.9万元人民币，是纳斯达克的1/20，而上市公司所缴纳的年费约为4500元人民币，是纳斯达克的1/46，都是新市场中最低标准。

韩国证券市场交易所通过外国企业的上市，不仅促进韩国证券市场的国际化，而且也为成长为亚太地区的全球金融市场不遗余力。到2013年12月，科斯达克已拥有上市企业1009家，市价总额达119.29万亿韩元[①]。以上市总价值为标准，已成为继美国纳斯达克、中国创业板、日本佳斯达克之后的世界第四大新市场。由于韩国和我国同处于亚洲地区，并且与我国具有共同的文化渊源，因此韩国的创业板市场发展经验对我国尤其具有借鉴意义。

---

① 资料来源：《世界主要创业板市场数据—2013.12》，载《中文期刊全文库（维普）网》。

六、加拿大多伦多创业板市场（TSX Venture Exchange）

20 世纪 80 年代末，随着全球 IT 经济和创业板市场的兴起，加拿大在开设主板市场 100 多年之后，开始推进创业板市场的建设。在之后的 10 多年中，加拿大创业板针对自身实际情况，不断地改进以寻求更好的发展。在 2001 年，创业板市场与主板市场归并到同一证券交易所，形成创业板与主板市场平行发展、相互促进的基本格局，并将加拿大创业板更名为多伦多创业交易所（TSX Venture Exchange），成为多伦多交易所集团的一员。目前，多伦多证券交易所已成为加拿大证券市场的主体之一，成员主要包括多交所主板、多交所创业板和多交所市场等，其中多交所创业板市场更是其颇具特色的重要组成部分。在多伦多创业板上市的公司被划分为科技或工业、采矿、石油及天然气、地产及投资、研究及开发等五类。截止到 2013 年 12 月，在多伦多创业板上市的企业数量为 2450 家，总市值为 335.29 亿加元[①]。

加拿大创业板有许多鲜明的特点，正是由于这些特点，才使得它能够在不到 20 年的时间里就迅速发展壮大起来，成为上市企业数量仅次于美国纳斯达克市场的国际创业板市场。特点一：上市企业以资源和科技行业为主。加拿大多伦多创业板市场为世界上主导性的勘探项目提供融资渠道，成为初创和成长期矿业和油气企业的首选上市地。在多交所创业板中，矿业公司和天然气、石油公司是多交所创业板中最大的两个行业。与此同时，在多交所创业板上市的科技与生物技术类公司增长速度很快，成为加拿大资本市场传统优势之外的又一亮点。特点二：上市门槛较低。多伦多创业板对上市公司的盈利情况不作要求，并且对上市公司财务状况的要求也较少。对于无盈利记录的新公司或正在设立中的资源类企业，只要能够出具管理层资信证据

---

① 资料来源：《世界主要创业板市场数据—2013.12》，载《中文期刊全文库（维普）网》。

或认可专业机构证明的资源存储量材料，即可获准上市。公司管理层经验和创新项目是多交所上市申请能否被通过的重要因素。特点三：完善的上市保荐制度。为弥补对上市公司约束不足的弱点，多伦多证券交易所保留了对上市的最终决断权，并且还设计了公司在创业板上市的保荐人制度，即申请在创业板上市的公司，必须要有保荐人提供的推荐报告。特点四：创业板市场内部分两个层次。多伦多创业板将上市公司划为两个层级——层级一和层级二。层级一的公司申请发行上市的条件比层级二简单，层级一要求上市公司规模较大、知名度较高、有稳定的业务记录、符合较高的财务标准；层级二则主要包括快速发展的企业群体，由处于初创阶段的创业企业构成。上市公司规模较小、经营历史较短，要求符合较低的财务标准。

七、德国新市场（Neuer Market）

德国新市场由德国证券交易所集团于 1997 年 3 月成立，旨在为新兴的高科技创业企业和新经济类企业提供上市融资服务，目标是成为欧洲最大的创业板市场。

1997 年 3 月德国新市场成立时只有两家上市公司，到 1997 年年底上市公司增加到 11 家，两年后增加到 70 家，高峰时期达到过 300 家。无论是发行家数、募集资金总量，还是日平均交易量，德国新市场都处于欧洲二板市场中的霸主地位。然而，从 2000 年开始，随着网络股的破灭，机构投资者的离场，德国新市场指数开始下跌，NEMAX50 指数从 2000 年 3 月最高 8559 点一路跌至 2002 年 9 月底的 389 点，市值流失 95% 以上。基于创业板市场的低迷和德国证券交易所的整体战略调整，德国新市场于 2003 年 6 月 5 日正式关闭，所剩企业都纳入德国证券交易所主板。

德国新市场在实际运行过程中存在着许多严重的缺陷，由于这些问题没有得到及时有效的解决，导致新市场效率低下，交投极不活跃。加之，德国乃至全球经济尤其是新经济的衰退更加速了德国新市场倒闭的速度。

德国新市场的关闭原因包括内部和外部因素。内部因素首先是由于德国新市场为了与欧洲其他市场争夺资源，对上市企业的要求标准大幅降低，不设盈利要求，并且监管部门上市审核也不够严格，这样就导致大量的包装和概念公司进入创业板，缺少实质性业务企业的进入；其次，由于本土企业资源有限，为了在众多的欧洲市场中吸引更多企业来德国新市场上市，相关审核部门对上市企业的审核并不严格，对上市公司保荐过程中把关不严，保荐了很多依靠包装、概念炒作和经营治理很差的公司；最后，上市公司造假丑闻严重败坏了德国新市场的声誉，大大降低了投资者对德国新市场的信心。外部原因是由于在 2000 年，全球股票市场的价格出现了巨大的调整，高科技公司所受打击尤其沉重。以纳斯达克市场为首的网络泡沫破裂，对德国新市场造成了巨大的冲击，主要表现为主要指数直线下跌、总市值大幅缩水、IPO 数量和筹资金额降至最低点、大部分上市公司失去投资价值等。由于以上原因，德国新市场渐渐处于勉强维持之中，后又恰逢德国交易所进行市场结构调整，所以关闭德国新市场就成为其布局重组的一个重要措施。

八、日本佳斯达克市场（JASDAQ）

日本共有五家创业板市场，分别是东京证券交易所 Mothers 市场、大阪证券交易所 Jasdaq 市场、名古屋证券交易所 Centrex 市场、札幌证券交易所 Ambitions 市场及福冈证券交易所 Board 市场，其中前三者占据了全国99%的交易量。佳斯达克市场成立于 1998 年，其前身是新店头市场，旨在为日本国内的风险企业和一些高科技企业提供融资平台，基本理念是以"可信度"、"创新性"、"兼顾地区性及国际性"为特点，以支援新兴企业的资金筹措和成长为目的，为投资者提供富有吸引力的投资机会，行业结构为信息通信业、批发业、零售业、服务业大致占到八成。目前，佳斯达克已成为日本国内最大的风险投资企业融资市场，截至 2013 年年底，在佳斯达克上市的公司数量为 828 家，总市值为 9.46 万亿日元①。

日本佳斯达克市场成功的原因在于：一是佳斯达克小额的融资方式，符合中小企业的发展特性，满足了中小企业融资的客观需求。二是在上市门槛方面，与企业成长阶段相对应，佳斯达克市场设立了企业过去的经营业绩标准与将来的成长性两个标准，满足其中任何一个都可以上市。三是佳斯达克上市企业在行业分布上具有广泛性，使市场拥有了更多的上市资源，也增强了竞争力。四是佳斯达克实行有差别的上市辅导期制度、拍卖机制和做市商机制相结合的交易制度，充分保证市场的竞争性和流动性。

九、欧洲易斯达克市场（EASDAQ）

欧洲创业板易斯达克市场是在 1994 年年初在欧盟委员会和比利时政府的支持下，由欧洲创业资本协会成立的一个为支持创新型中小企业和成长型高科技企业筹措资金的独立欧洲股票市场。1996 年 11 月，易斯达克正式开始运作，宣告欧洲第一个为高成长性和高科技企业融资的独立电子化股票市场诞生。成立易斯达克市场的主要目的是在欧洲建立一个类似于美国纳斯达克市场的证券交易市场，以支持欧洲高科技中小企业上市融资，并为风险投资提供一个退出的通道，从而促进欧洲风险投资业的活跃，推动整个欧洲大陆高科技产业的发展。易斯达克的目标是发展监管有效、公平、流动、高效的泛欧股票交易市场，使那些有国际化目标的高成长性公司能够有效利用该市场进行股权融资。

----

① 资料来源：《世界主要创业板市场数据—2013.12》，载《中文期刊全文库（维普）网》。

　　易斯达克的组织机构主要由董事会和执行委员会组成，董事会共有 15 名成员，是最高决策层，重要决定都须经董事会批准才能生效，执行委员会主要负责易斯达克市场的具体操作，下设金融部、法律部、市场部和交易部。易斯达克的投资人主要是欧洲具有雄厚实力的银行、证券公司、投资公司等机构投资者，但也有部分个人投资者。易斯达克市场并没有特别明确规定上市公司必须是高科技企业，但是要求企业具有较好的发展前景和增长潜力；在其上市发行股票的公司，总资产不能低于 350 万欧元，其中资金数至少要达到 200 万欧元；在易斯达克上市后公司必须每 3 个月公布一次经营结果；易斯达克是一个国际性的股票市场，上市公司可以选择任何一种可直接兑换的货币作为结算货币，但以欧元、美元和英镑为主；与纳斯达克一样，易斯达克运用建立在集合竞价基础上的多头交易商报价系统，利用做市商机制提高投资者兴趣，支持连续竞价，确保其流动性；易斯达克拥有自己的电子交易平台和清算系统，能够保证交易顺利完成，使市场在安全、统一、透明的环境下运行。

　　在易斯达克上市的公司可以享受的优惠主要有以下几点：第一，庞大的投资银行、证券商和做市商体系可以使企业的股票在欧洲范围内上市，融资来源多样化。第二，统一的入市和交易规则，将市场维持在最佳透明状态和良好的安全水平上。第三，全球性的金融消息发布系统，使上市企业的知名度极大增加。第四，易斯达克网站随时发布上市公司的市场行情以及公司的资料和网址。第五，已经在欧洲、美国和以色列主板市场上市的公司，可以同时在易斯达克上市，不必增补资金。

　　易斯达克仿照纳斯达克而成立，但是规模相比纳斯达克却小很多。开市 10 多年来，易斯达克的发展速度不是很快。截止到 2000 年 8 月，在易斯达克市场直接上市的欧洲公司已达 62 家，主要为软件业、信息技术行业、电信业、生物工程以及医药行业等。然而易斯达克市场最初的目标是 5 年内将上市公司的数量扩大到 500 家。另外，有 32 家已在美国、欧洲和以色列上市的公司也在易斯达克上市，包括微软、雅虎、英特尔、戴尔等世界著名的公司。尽管在易斯达克市场上市的公司数量较少，但平均市值明显高于欧洲新市场和英国另类投资市场，这说明在易斯达克市场上市公司的规模普遍较大。根据 2000 年 8 月的统计数字，易斯达克市场上市公司的平均市值达到了 7.93 亿欧元，高于欧洲新市场的 4.86 亿欧元，更远高于伦敦证券交易所另类投资市场的 3400 万英镑。

第四节 对国外创业板发展经验的借鉴

从创业板市场的发展历程来看，世界各国既有创业板市场取得成功的经验，如美国的纳斯达克市场；同时也不乏由于制度缺失、监管不利而失败的教训，如德国创业板市场。根据各国创业板市场发展中的经验和教训，我国创业板市场建设应该在以下几个方面加以借鉴：

一、客观看待并不断完善创业板外部市场环境

我国现在处于经济的转型上升期间，与发达国家相比各方面条件都不够成熟。健全的外部市场环境对于建立和发展创业板市场非常重要，是创业板市场健康良性发展的有力保障，有助于保持创业板市场的流动性和透明性。创业板市场高度透明，良好流动有利于保障创业板投资者、上市企业以及风险投资机构等各个参与方的良好成长。目前我国创业板市场运作的市场环境是经济规模较高、企业创新活跃、市场较为开放、中小企业以较快的速度不断生成和发展。应该说我国创业板外部市场环境是很好的，借鉴海外创业板市场，如能加强外部

政策制度的建设，强化外部政策环境的支持，强化相关风险管理，进行风险教育等各方面的建设和投入，创业板市场必将发展得更加健康，并能更好地发挥对中小企业上市公司以及中国经济的推动作用。

二、加强创业板与主板市场、场外市场的对接

我国的创业板市场、主板市场和场外市场共同组建了我国多层次的资本市场体系。创业板市场与主板市场及场外市场互相补充，互相影响，互相竞争，创业板市场是我国资本市场专业化发展的结果，我们应采取措施促进创业板市场、主板市场和场外市场的协调发展，加强创业板与主板市场、场外市场的对接。在走势上，创业板市场与主板市场具有一定的联动性，两个市场都处于相同的经济、政治宏观环境的大背景下，两个市场的波动具有一定的连锁效应。但创业板市场和主板市场又分别吸纳了不同的上市主体，其产业分布、企业规模等各方面都不相同，因此市场变化存在着不同，股价波动也有其自身特色。

针对各个市场之间的区别与联系，我国应该加强创业板市场与主板市场、场外市场的对接，积极借鉴英国的另类投资市场和加拿大多伦多创业板市场的"升降级"制度，使在创业板上市的企业在达到一定的标准时转入主板市场，又或者在经营状况不佳时转入场外市场进行交易。与此同时，实行场外市场交易的企业升级到创业板、中小板块挂牌上市和主板市场的企业降级到创业板、中小板上市的制度。这样既可以保障了资本市场的运行质量，又可以使企业具有一定的融资渠道。

三、逐步合理化创业板上市的门槛

在国外创业板中对上市企业的标准不尽相同。英国另类投资市场和新加坡凯利板的财务指标较低，更注重企业的经营能力；加拿大多

伦多创业板注重的是企业是否具有良好的管理运作团队和创新项目，我国创业板上市标准，比较看重的是公司的财务状况。实际上，公司的创新能力、成长能力及发展前景比其财务数据要重要得多，为推进我国经济发展，经济结构转型升级，我国应适度放宽创业板市场对成长性强、创新能力好的中小企业的财务准入门槛，在评价财务指标的同时，将企业创新能力、成长潜力、发展前景、对行业的带动作用、对产业的转型升级作用等纳入到审核企业上市的综合评价标准。因此，我国的创业板市场应更注重公司的经营能力和是否具有广阔前景的创新项目。

适度放宽门槛也要慎重，放宽的前提还在于中国创业板市场相关制度的健全完善，如企业 IPO 审核制度是否严格执行，上市企业的退市制度是否健全，保荐人制度是否规范，保荐机构的责任是否明确，是否真实发挥着既保又荐的作用等。

四、建立和完善先进的交易系统

创业板也要保持高度的改革与创新精神，使之与技术飞速发展、市场不断变化的世界形势相适应。最著名的例子就是美国的纳斯达克市场，它是全美也是全球最大的股票电子交易市场，是世界上第一个使用电子交易系统的股票市场，其交易系统也随科技的发展在不断地更新换代，在全世界 60 多个国家设有数以十万计的计算机销售终端，先进的电子信息技术和庞大的电子交易系统，使其成为世界上最大的无形交易市场。韩国的科斯达克市场也通过不断更新先进的计算机技术，确保了交易系统的效率和信息及时准确的发布。我国创业板市场也应不断更新电子信息系统，利用发达的互联网技术和电子信息技术，致力于开发和完善先进的电子交易系统，通过系统安全设置，合理规避系统风险，为更多的在线投资者服务。

五、政府制定相应的扶持政策

新兴市场需要政府推动和市场自由演进相结合，因此一定的政府扶持对于创业板的良好发展是必不可少的。在海外创业板中韩国值得我们学习，我国应通过法律法规、财税政策、资金支持等方式，全面支持创业板企业的发展。首先，我国应通过相关立法来支持创业板企业。我国已出台《中华人民共和国中小企业促进法》、《关于鼓励和促进中小企业发展的若干意见》等相关规定来支持中小企业的发展，在此基础上，我国应将制度规定进一步完善，形成体系。其次，成立政府专项基金，由中央财政预算安排，通过无偿划拨、技术信息服务、贷款贴息等方式用于创业板企业的技术进步、产业升级、结构调整和专业化发展，用于担保和扶持创业板企业。再次，我国应放宽外国投资者投资资格和限额范围，鼓励他们投资中国的创业板企业，支持中国的创业板企业发展壮大。最后，应给予创业板企业一定的税收优惠，减轻或免除创业板企业的税收负担，如通过企业所得税优惠、增值税减负、免除注册税或印花税等，对创业板企业的创新活动进行支持和鼓励。

六、建设中国特色的创业板市场

创业板市场是在不断地改革与创新中发展的。由于每个国家的政治、经济、制度、人文等都各不相同，所以我们不能盲目地照搬外国成功创业板的经验。要根据我国创业板所处的实际环境建设有中国特色的创业板市场才是成功之路。我国创业板的重点是注重创新，如简化发行审核程序；针对不同类别的企业设定不同的上市标准；施行市场监管，重点关注上市公司的信息披露；重点支持互联网、新商业模式等行业，在交易系统上，运用发达的电子交易技术不断发展完善电子交易系统，提高效率，重视用科技创新来推动创业板市场的发展，从而大力发挥创业板市场对自主创新企业的支持作用。

第三章
中国创业板市场的现行制度安排与规范

第一节 中国创业板市场的现状分析

作为多层次资本市场的有机组成部分，创业板市场对我国的经济结构调整和资本市场体系的完善做出了重要的贡献，也为部分创新型的中小企业带来了空前的发展机遇，设立创业板的目标已得到初步实现。但在肯定创业板业绩的同时，我们也必须正视创业板存在的问题。下面笔者从市场规模和存在问题两个方面对我国创业板市场的现状进行分析。

一、市场规模方面

我国的创业板市场成立于 2009 年 10 月 30 日，至今发展 4 年多，从首批 36 家公司挂牌亮相到 2014 年 5 月在中国创业板上市的公司数量已达到 379 家，按 30 日股价计算上市公司市价总值为 16960.88 亿元，流通市值为9854.45亿元①。当然这不能代表中国创业板的全部，从300多家上市公司的行业领域来分析，在创业板上市的企业中制造业占比71%，信息技术占比16%，其他行业包括农林牧渔、科研服务、文化传播、建筑业、公共环保等共占13%。由此可以看出，我国创业板上市的企业多集中在制造业和信息技术行业，其他行业占比较小，分布不均衡，抗风险能力较差。

二、存在的问题

（一）市盈率居高不下

脱离企业实际利润增长和发展空间的市盈率存在很大的隐患，因为这种虚高的资产是不可持续的。根据统计资料显示，截至2014年5月30日，我国创业板上市的379家公司的平均市盈率达到54.51倍②。这种虚高的市盈率是对创业板企业未来增长的过度乐观，体现了投资者不理性、不成熟的一面，忽略了创业板市场是高风险市场，是存在高退市率以及企业破产风险的。

（二）创富效应不合理

企业在创业板上市是一个价值实现的过程，创业者获得了相应的财富，风险资本获得了相应的投资回报，这就是资本市场也是创业板市场的创富效应。但是伴随着高市盈率的发行和创业板公司高估值上市的现象，创业板成了"造富机器"。据相关数据显示，在2010年9月底，在123家创业板上市公司的前十大股东名单中，有772位自然人，其中有将近400人的身家已过亿元，千万富翁更是数不胜数③。暴利的驱动也使得各路资本趋之若鹜，希望能在这场造福盛宴上分一

---

① 资料来源：深圳证券交易所—创业板市场数据—基本指标，http://www.szse.cn/main/chin-ext/scsj/jbzb/。
② 资料来源：深圳证券交易所—创业板市场数据—基本指标，http://www.szse.cn/main/chin-ext/scsj/jbzb/。
③ 吴晓龙：《中国创业板市场：成长与风险》，中国人民大学出版社2011年版，第147页。

杯羹。新股的发行审批制度让上市资格成为行政权力控制的稀缺资源，再加上创业板还处于新生阶段，难免会有监管上的漏洞，给投机行为提供了寻租空间，为了在创业板上市过程攫取暴利，产生了各种形式的寻租行为，也造成了形形色色的 PE 腐败。

（三）超募现象严重

创业板的成立就是为中小企业特别是高新技术产业提供融资渠道，然而已经在创业板上市的公司存在严重的资金超募现象，浪费了大量的社会资源。据相关数据显示，2013 年年底创业板 355 家上市公司原计划募集资金 873 亿元，但实际却募集资金 2300 多亿元，超募资金达 1400 多亿元①。过度募集的资金会降低资金的回报率，从而导致企业业绩下滑，也可能严重腐蚀创业者的进取心，造成创新动力不足，也会掩盖企业发展中存在的矛盾和问题，财务指标失真，给监管带来更大的难度。

（四）信息泄露现象

创业板的信息泄露现象比主板更加严重，往往在高送股之前创业板上市公司的股票通常都会有几个涨停板，明显频繁的价格异动说明了相关信息的泄露。这些信息的泄露破坏了市场公平公正的环境，践踏了法律的尊严，也是对其他得不到这些信息的投资者财富的一种侵蚀。如果任由这种现象持续下去，那么可能导致越来越多的投资者远离创业板市场，这对创业板的长期发展是极其不利的。对于一些利用创业板内幕消息进行内幕交易来操纵创业板市场等不法行为，必须完善相关处罚条例给予严厉打击。同时，更要进一步完善创业板市场的信息披露制度，防止相关信息的泄露。

（五）高管辞职套现频繁

据统计，创业板自 2009 年 10 月 30 日成立以来，截至 2011 年 5

---

① 《A 股融资黑洞：创业板公司超募 1400 亿　先圈钱再找项目》，载《中国经济信息杂志》2013 年 1 月，http://finance.ifeng.com/stock/zqyw/20130106/7518707.shtml。

月，创业板公司高管辞职人数达到了 327 名，如此高频率的高管辞职现象受到了市场的关注。这对于创业板的投资者来说，无异于敲响了急促的警钟。327 名创业板公司高管辞职表明，创业板公司限售股解禁后的套现是绝对的。高管们之所以要选择辞职套现一方面是因为创业板的高估值，使他们有了套现的冲动，另一方面是因为《公司法》规定，高管所持股份经过一年锁定期后，每年最多只能套现 25%。而如果在上市后的第七个月辞职，那么高管所持股票在上市一年半之后就可以全部套现。还有一方面就是高管辞职套现的背后，不排除创业板公司包装上市、造假上市的可能性，面对这种危机，获取高额资金是高管们的最佳选择①。

第二节　创业板市场的企业发行条件与 IPO 上市

一、中国创业板市场企业发行上市条件

与主板市场相比较，创业板市场的上市条件比较宽松。创业板上市的企业平均规模小，经营尚不确定，具有较大成长潜力的同时也存在着较大的经营风险。出于保护投资者的需要，法律规定企业在创业板上市必须满足一定的条件。法律所规定的具体要求分两种：一是创业板发行上市的实体性条件，即在创业板发行上市的公司应当符合什么条件；二是创业板发行上市的程序性条件，即符合在创业板发行上市的公司如何实现在创业板上市。也就是说，只有公司具备实体性条件时，公司才能启动在创业板上市的程序。因此，在创业板上市的企

---

① 王军：《我国创业板市场"三高"问题研究》，载《投资与证券》2012 年第 3 期。

业必须具备一定的盈利能力，拥有一定的资产规模，且需要存续一定期限，具有高成长性的企业。《首次公开发行股票并在创业板上市管理办法》制定了如下标准以对在创业板上市的企业进行筛选，保障投资者的合法权益和证券交易市场的稳定运行。

（一）发行人的财务标准

发行人是依法设立且持续经营三年以上的股份有限公司；最近两年连续盈利，最近两年净利润累计不少于 1000 万元，且持续增长，或者最近一年盈利，且净利润不少于 500 万元，最近一年营业收入不少于 5000 万元，最近两年营业收入增长率均不低于 30%，净利润以扣除非经常性损益前后孰低者为计算依据；最近一年期末净资产不少于 2000 万元，且不存在未弥补亏损；发行后股本总额不少于 3000 万元；发行人的注册资本已足额缴纳；发起人或者股东用作出资的资产的财产权转移手续已办理完毕；发行人的主要资产不存在重大权属纠纷；有限责任公司欲上市的，需按公司原账面净资产折股整体变更为股份有限公司，持续经营时间可以从有限责任公司成立之日起计算。

（二）发行人的主营业务要求

1. 发行人应当主要经营一种业务，且最近两年内主营业务未发生改变。其生产经营活动符合法律、行政法规和公司章程的规定，符合国家产业政策及环境保护政策。公司应当有明确的业务定位，经营范围不应多元化，应以成为其所属行业的龙头企业为公司发展目标。如果公司盲目经营，业务范围过于分散，导致主营业务不突出，既不利于有效控制风险，又不利于核心竞争力的形成。

2. 发行人应当具有持续盈利能力。不存在经营模式、产品或服务的品种结构已经或者将发生重大变化，行业地位或发行人所处行业的经营环境已经或者将发生重大变化，在商标、专利、专有技术、特许经营权等重要资产或者技术的取得或使用存在重大不利变化的风险；最近一年的营业收入或净利润对关联方或者有重大不确定性的客户存在重大依赖，最近一年的净利润主要来自合并财务报表范围以外的投资收益，以及其他可能对发行人持续盈利能力构成重大不利影响的情形。

3. 发行人依法纳税。享受的各项税收优惠符合相关法律法规的规定；不存在重大偿债风险，不存在影响持续经营的担保、诉讼以及仲裁等重大事项。

（三）发行人控股股东及高管的要求

发行人最近两年内主营业务和董事、高级管理人员均没有发生重大变化，实际控制人没有发生变更；发行人的股权清晰，控股股东和受控股股东、实际控制人支配的股东所持发行人的股份不存在重大权属纠纷；与控股股东、实际控制人及其控制的其他企业间不存在同业竞争，以及严重影响公司独立性或者显失公允的关联交易。发行人的董事、监事和高级管理人员了解股票发行上市相关法律法规，知悉上市公司及其董事、监事和高级管理人员的法定义务和责任。发行人的董事、监事和高级管理人员应当忠实、勤勉，具备法律、行政法规和规章规定的资格。

《创业板首发办法》第二十一条规定："发行人及其控股股东、实际控制人最近三年内不存在损害投资者合法权益和社会公共利益的重大违纪行为。"也就是说，发行人不存在以下违纪行为：一是最近三年内未经法定机关核准，擅自公开或者变相公开发行过证券；或者有关违法行为虽然发生在三年前，但目前仍处于持续状态；二是最近三年内违反工商、税收、土地、环保、海关以及其他法律、行政法规，受到行政处罚，且情节严重；三是最近三年内曾向中国证监会提出发行申请，但报送的发行申请文件有虚假记载、误导性陈述或重大遗漏；或者不符合发行条件以欺骗手段骗取发行核准；或者以不正当手段干扰中国证监会及其发行审核委员会审核工作；或者伪造、变造发行人或其董事、监事、高级管理人员的签字、盖章；四是报送的发行申请文件有虚假记载、误导性陈述或者重大遗漏；五是涉嫌犯罪被司法机关立案侦查，尚未有明确结论意见；六是严重损害投资者合法权益和社会公众利益的其他情形。

（四）发行人的公司治理要求

发行人资产完整，业务及人员、财务、机构独立，具有完整的业务体系和直接面向市场独立经营的能力；发行人具有完善的公司治理结构，依法建立健全股东大会、董事会、监事会以及独立董事、董事会秘书、审计委员会制度，相关机构和人员能够依法履行职责；发行人会计基础工作规范，财务报表的编制符合企业会计准则和相关会计制度的规定，在所有重大方面公允地反映了发行人的财务状况、经营成果和现金流量，并由注册会计师出具无保留意见的审计报告；发行人内部控制制度健全且被有效执行，能够合理保证公司财务报告的可靠性、生产经营的合法性、营运的效率与效果，并由注册会计师出具无保留结论的内部控制鉴证报告；发行人具有严格的资金管理制度，不存在资金被控股股东、实际控制人及其控制的其他企业以借款、代偿债务、代垫款项或者其他方式占用的情形；发行人的公司章程已完善并明确对外担保的审批权限和审议程序，不存在为控股股东、实际控制人及其控制的其他企业进行违规担保的情形①。

（五）发行人募集资金的使用

《创业板首发办法》第二十二条规定，发行人募集资金应当具有明确的用途，应当用于主营业务。发行人募集资金的数额和所投资的项目应当与其现有生产经营规模、财务状况、技术水平和管理能力等相适应，并且发行人应当将募集资金存放于董事会决定的专项账户，用于主营业务，明确资金用途。发行人募集资金原则上应用于主营业务的扩大生产规模、开发新产品或新业务、补充流动资金等方面。除

---

① 北京市道可特律师事务所：《企业创业板上市筹备与操作指南》，北京大学出版社2009年版，第39—48页。

了金融类企业外，募集资金使用项目不得为持有交易性金融资产和可供出售的金融资产借予他人、委托理财等财务性投资，不得直接或间接投资于以买卖有价证券为主要业务的公司。

上市公司应当按照发审文件中承诺的募集资金投资计划使用募集资金，如果出现严重影响募集资金投资计划正常进行的情况，公司应及时向证交所报告并进行公告。上市公司拟变更募集资金投资项目，应当在董事会审议后及时披露，并提交股东大会审议。变更投资项目，应当向证交所提交公告文稿、董事会决议、独立董事意见、监事会意见、保荐机构意见等。募集资金投资项目应当符合国家产业政策、投资管理、环境保护、土地管理和其他法律法规、行政法规与规章的规定。发行人董事会应对募集资金投资项目的可行性、市场前景、盈利能力等进行认真分析，加强风险防范，发挥募集资金的最大效益。创业板公司当年存在募集资金使用的，在年审时应聘请会计师事务所对实际投入项目、实际投资资金、实际投入时间和完工程度进行专项审核，并在年报中披露审核情况。

二、创业板市场公开发行与 IPO 上市

企业从准备上市到股票在创业板挂牌交易是一项复杂程度高、专业性强的工作，需要投入大量的人力物力，总的来说需要经历以下几个流程：一是前期准备。在这个阶段发行人根据企业实际情况，确定公司是否适合在创业板上市，并就股票的种类、数量、价格区间、定价方式、发行对象、募集资金用途等重大问题形成内部决议，将相关决议呈交董事会，并报股东大会批准。公司还应尽快着手寻找律师事务所、会计师事务所、资产评估公司、保荐机构等中介公司，充分沟通建立信任。二是公司股份制改造。《公司法》规定，只有股份有限公司才能发行股票，所以有限责任公司需将公司改制成股份有限公司。同时，公司的企业制度、主营业务、资产、负债、环保、安全、

税务等也需进行改造，保证公司在资产、财务、人员、机构上的独立性，建立健全内部控制，使之最终符合首次公开发行股票并在创业板上市的条件。三是上市辅导。保荐机构对发行人的董事、监事和高级管理人员、持有5%以上股份的股东和实际控制人（或法定代表人）进行系统的法律法规知识、证券市场知识的培训，使其全面掌握上市、运作等过程中相关法规，知悉自身的责任。完成后需报当地证监局验收，证监局出具辅导监督报告。四是申报。发行人应聘请保荐人对其股票上市进行保荐，申报上市材料。保荐人对拟上市企业进行全面的调查，符合相关规定后，由保荐人为发行人将申报发行上市材料及各类申报文书向证监会报送，其中包括发行保荐书、保荐代表人专项授权书、发行人成长专项意见等。五是审核。证监会对发行人的申报进行初审，然后由创业板发审委根据相关法律法规审核相关证明材料并对股票发行提出审核意见。六是股票发行。发审委同意后，发行人在指定网站登招股说明书，在指定的报刊上刊登提示性公告，并在负责推广的中介机构的协助下，对上市股票进行介绍、宣传、推荐。自证监会核准发行之日起，发行人应在6个月内发行股票，超过6个月的则需证监会重新审核。七是股票上市。发行人公开发行股票后，向深交所申请股票上市交易，经过深交所上市委员会的同意后，双方签订上市协议，就可按深交所安排和上市公告书披露的上市日期挂牌交易。在上市前5个交易日内，发行人通过指定网站披露下列文件：上市公告书、公司章程、股东大会决议、法律意见书、上市保荐书。

上述是企业从准备上市到挂牌交易的基本流程，本书接下来具体介绍公开发行与IPO上市两个重点环节。

（一）公开发行

发行人自中国证监会核准发行申请之日起6个月内发行股票，超过6个月未发行的，核准文件失效，须重新报经中国证监会核准后方可发行。股票发行由保荐机构作为承销商进行承销，进行网下配售和网上发行。网下配售又称网下发行，是指由机构投资者来申购，不通过证券交易所技术系统，由主承销商组织实施的证券发行。网上发行是通过证券交易所的交易网络，主承销商在证券交易所将新股进行挂牌销售，投资者通过证券营业部交易系统申购的发行方式①。

1. 证券承销②

（1）承销方式。证券公司承销证券，应当依照《证券法》第二十八条的规定采用包销或者代销方式。证券代销是指证券公司代发行人发售证券，在承销期结束时，将未售出的证券全部退还给发行人的承销方式。股票发行采用代销方式，代销期限届满，向投资者出售的股票数量未达到拟公开发行股票数量 70% 的，为发行失败。发行失败的，发行人应当按照发行价并加算银行同期存款利息返还股票认购人。证券包销是指证券公司将发行人的证券按照协议全部购入或者在承销期结束时将售后剩余证券全部自行购入的承销方式。因此，相对代销而言，证券包销不存在发行失败的情形。根据我国《证券法》规定，向不特定对象发行的证券票面总值超过人民币 5000 万元的，应当由承销团承销。承销团由主承销和参与承销的证券公司组成，组成承销团的承销商应当签订承销协议，由主承销商负责组织承销工作。承销团由 3 家以上承销商组成的，可以设副主承销商，协议主承销商组织承销活动。

（2）主承销商。在股票发行中独家承销或牵头组织承销团经销的承销商称为主承销商。主承销商在我国目前通常由保荐人担当。

主承销商应当设立专门的部门或者机构，协调公司投资银行、研究、销售等部门共同完成信息披露、推介、簿记、定价、配售和资金清算等工作。股票发行失败后，主承销商应当协助发行人按照发行价

---

① 个人投资者只能参加网上发行的申购。

② 李云丽：《创业板上市最新实例分析与操作实务》，法律出版社 2010 年版，第 90—96 页。

并加算银行同期存款利息返还股票认购款。

（3）承销协议。主承销商承销证券时，应当同发行人签订代销或者包销协议，载明下列事项：当事人的名称、住所及法定代表人姓名；代销、包销证券的种类、数量、金额及发行价格；代销、包销的期限及起止日期；代销、包销的付款方式及日期；代销、包销的费用和结算办法；违约责任；国务院证券监督管理机构规定的其他事项。承销协议可以在发行价格确定后签订。

2. 股票发行方案的制作

股票发行方案是指股票向投资者发售的具体安排。股票发行方案由企业和保荐机构（主承销商）协商制定，经中国证监会核准后方可实施。为了保证股票发行方案的时效性，发行人及其保荐机构在招股意向书公告前，应当向中国证监会提交股票发行方案，同时填报发行方案基本情况表。

目前，股票发行方案主要包括下列内容：一是承销方式，即股票代销和包销；二是股票发行方式，即选择资金申购上网定价发行、累计投标询价发行、网下向法人配售或者上述几种方式的组合等；三是发行定价，发行人及其保荐机构应通过向询价对象询价的方式确定股票发行价格；四是发行对象，即一般投资者、机构投资者和战略投资者①，对机构投资者和战略投资者是否有设立年限、资产规模、业务类型等要求；五是股份锁定安排，对一般投资者上网发行和对法人或询价对象网下配售方式发行的股票，在网上、网下的中签率存在较大差异时，为了保证公平，对网下法人配售的股票设定锁定期，该部分股票在其他股票挂牌交易一段时间后方可上市流通；六是发行时间，发行方案应说明投资者申购新股的具体日程；七是发行程序，发行方

---

① 战略投资者是指具有资金、技术、管理、市场和人才优势，能够促进产业结构升级，增强企业核心竞争力和创新能力，开拓产品市场占有率，并致力于长期投资合作，以期获得长期利益回报的大型企业。

案应详细说明发行程序和操作细节（如日程安排、申购上下限、申购程序、发行费用等）。

3. 网下配售①

发行人及其主承销商应当向参与网下配售的询价对象配售股票。询价对象应以其指定的自营账户或管理的投资产品账户分别独立参与累计投标询价和配售，并遵守账户管理的相关规定。单一指定证券账户的累计申购上下限不得超过拟向询价对象配售的股份总量。

（1）配售对象。股票配售对象包括证券投资基金；全国社会保障基金；证券公司证券自营账户；经批准设立的证券公司集合资产管理计划；信托投资公司证券自营账户；信托投资公司设立并已向相关监管部门履行报告程序的集合信托计划；财务公司证券自营账户；经批准的保险公司或者保险资产管理公司证券投资账户；合格境外机构投资者管理的证券投资账户；在相关监管部门备案的企业年金基金；经中国证监会认可的其他证券投资产品。

（2）配售数量的确定。公开发行股票数量少于 4 亿股的，配售数量不超过本次发行总量的 20%；公开发行股票数量在 4 亿股以上的，配售数量不超过向战略投资者配售后剩余发行数量的 50%。询价对象应当承诺获得本次网下配售的股票持有期限不少于 3 个月，持有期自本次公开发行的股票上市之日起计算。累计投标询价完成后，发行价格以上的有效申购总量大于拟向询价对象配售的股份数量时，发行人及其保荐机构应对发行价格以上的全部有效申购进行同比例配售。配售比例为拟向询价对象配售的股份数量除以发行价格以上的有效申购总量。有效申购的标准应在发行公告中明确规定。保荐机构应对询价对象的资格进行核查和确认，对不符合本通知及其他相关规定的投资者，不得配售股票。询价对象参与累计投标询价和配售应全额

———————————
① 涂成洲：《创业板上市实践：操作流程与案例评价》，法律出版社 2010 年版，第 290—292 页。

缴付申购资金，申购资金冻结期间产生的利息归询价对象所有。

（3）战略投资者的现行配售。我国在新股发行中引入战略投资者，允许战略投资者在发行人发行新股中参与申购。主承销商负责确定一般法人投资者，每一发行人都在股票发行公告中给予其战略投资者一个明确细化的界定。《证券发行与承销管理办法》中规定，首次公开发行股票数量在 4 亿股以上的，可以向战略投资者配售股票。发行人及其主承销商应当在发行公告中披露战略投资者的选择标准、向战略投资者配售的股票总量、占本次发行股票的比例，以及持有期限制等。战略投资者不得参与首次公开发行股票的初步询价和累计投标询价，并应当承诺获得本次配售的股票持有期限不少于 12 个月，持有期自本次公开发行的股票上市之日起计算。发行人应当与战略投资者事先签署配售协议，并报中国证监会备案。发行人及其主承销商应当在网下配售结果公告中披露战略投资者的名称、认购数量及承诺持有期等情况。

4. 网上发行[1]

发行人及其主承销商网下配售应当与网上发行同时进行。网上发行时，发行价格尚未确定的，参与网上发行的投资者应当按价格区间上限申购，如最终确定的发行价格低于价格区间上限，差价部分应当退还给投资者。配售对象只能选择网下或者网上一种方式进行新股申购。凡参与初步询价报价的配售对象，无论是否有入围报价，均不得再参与网上发行的申购。参与网下初步询价的配售对象再参与网上新股申购，导致其申购无效的，由配售对象及管理该配售对象的询价对象自行承担相关责任。

（1）网上发行的方式。网上发行目前主要采取网上竞价发行、网上定价发行和网上定价市值配售三种方式。网上竞价发行在国外指的是一种由多个承销机构通过招标竞争确定证券发行价格，并在取得

---

[1]　涂成洲：《创业板上市实践：操作流程与案例评价》，法律出版社 2010 年版，第 292—295 页。

承销权后向投资者推销证券的发行方式，也称招标购买方式。它是国际证券界发行证券的通行做法。竞价发行由于借助交易所遍布全国各地的交易网络，因此整个发行过程高效安全。竞价发行的缺点是股价容易被机构大资金操纵，从而增大了中小投资者的投资风险。特别是发行规模较小的股票，发行价格被大资金操纵的可能性较大。

网上定价发行是发行价格固定，采用证券交易所进行的交易系统来发行股票的发行方式。即主承销商利用证券交易系统，按已确定的发行价格向投资者发售股票。我国目前广泛采用此种方式。网上定价市值配售就是在网上发行时，将发行总量中一定比例（目前规定为网上发行总量的50%）的新股向二级投资者配售。投资者根据其持有上市流通证券的市值和折算的申购限量，自愿申购新股。目前，我国规定市值配售只是网上定价发行的一部分，因而市值配售与网上定价发行应同时进行。网上定价发行中，当投资者的有效申购总量等于该次股票发行量时，投资者按其有效申购量认购股票；当有效申购总量小于该次股票发行量时，投资者按其有效申购量认购股票后，余额部分按承销协议办理；当有效申购量大于该次股票发行量时，由证券交易所主机自动按每1000股确定一个申报号，连续排号，然后通过摇号抽签，每一中签号认购1000股。

（2）新股网上定价发行程序。第一，T-3日或之前，披露招股意向书（招股说明书）摘要；第二，T-2日，主承销商督促发行人按照发行申请文件清单要求通过创业板业务专区报送发行申请文件；第三，T-1日，发行公告见报并于当日在网站披露，主承销商向深交所报送发行申请书面文件；第四，T日①，投资者缴款申购，发行人确定验资会计师事务，主承销商向深交所了解新股发行初步结果；第五，T+1日，中国结算深圳分公司资金交收部冻结实际到账的有

---

① T日为新股申购日。

效申购资金，组织主承销商及会计师事务所验资，主承销商取新股发行结果并准备新股申购情况及中签率公告，经审核后联系指定媒体于下一个交易日披露。主承销商联系摇号机构，准备 T + 2 日摇号事宜。第六，T + 2 日，披露新股发行申购情况及中签率公告，主承销商主持摇号仪式，并将摇号结果送达深交所中小板公司管理部，且将结果经审核后联系指定媒体于下一个交易日披露；第七，T + 3 日，披露摇号中签结果公告，中国结算深圳分公司资金交收部将新股募集资金划至主承销商结算备付金账户，主承销商领取新股发行认购情况说明。主承销商尽快将募集资金划入发行人指定账户，发行人请会计师事务所验资，会计师事务所出具验资报告；第八，T + 4 日及以后，主承销商协助发行人到中国结算深圳分公司办理股份登记、控股股东及其他股东股份锁定手续等事宜，督促发行人尽快领取股东名册，协助发行人办理工商登记变更手续。

5. 公告。累计投标询价及配售完成后，发行人及其保荐机构应刊登配售结果公告。累计投标询价完成后，发行人及其保荐机构应将其余股票以相同价格按照发行公告规定的原则和程序向社会公众投资者公开发行。

6. 备案。股票发行结束后，发行人及其保荐机构应将推介、询价和配售等发行情况及其他中介机构意见报中国证监会备案。

7. 公开发行中的信息披露。发行人股票发行前应当在中国证监会指定网站全文刊登招股说明书，同时在中国证监会指定报刊刊登提示性公告，告知投资者网上刊登的地址及获取文件的途径。之后发行人还应当将招股说明书披露于公司网站。保荐人出具的发行保荐书、证券服务机构出具的文件及其他与发行有关的重要文件应当作为招股说明书备查文件，在中国证监会指定网站和公司网站披露。发行人应当在招股说明书及备查文件中备注发行人、拟上市证券交易所即深交所、保荐人、主承销商和其他承销机构的住所，以备公众查阅。发行申请核准后至股票发行结束前发生重大事项的，发行人应当暂缓或者暂停发行，并及时报告中国证监会，同时履行信息披露义务。出现不符合发行条件事项的，中国证监会撤回核准决定。

8.中介机构在股票发行中的作用。保荐机构负责组织推介、询价和配售工作。保荐机构应聘请具有证券从业资格的会计师事务所对申购冻结资金进行验证，并出具验资报告；同时还应当聘请律师事务所来见证上市公司向战略投资者、询价对象的询价和配售行为是否符合法律、行政法规及本办法的规定，并出具专项法律意见书。参与询价配售工作的保荐机构、会计师事务所、律师事务所及其相关工作人员应遵守法律法规的规定，诚实守信，勤勉尽责。询价对象的报价和申购行为应当遵循诚实信用原则，并遵守法律法规、基金合同或公司章程等的规定。

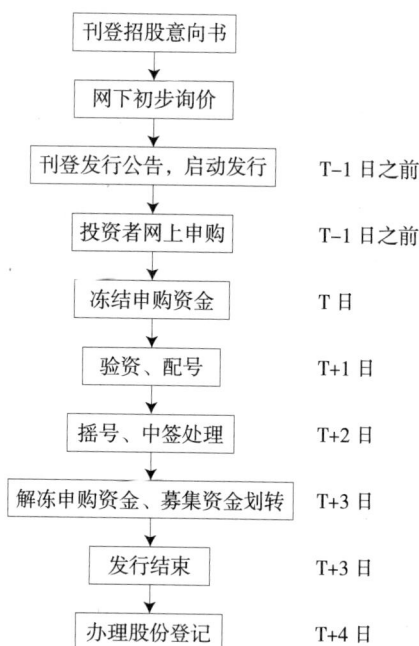

图 3.2.1　创业板市场股票发行流程图①

---

① 涂成洲：《创业板上市实践：操作流程与案例评析》，法律出版社 2010 年版，第 285 页。

（二）IPO 上市

对于股票在深交所创业板的上市，深交所于 2009 年 7 月 1 日起施行《深圳证券交易所创业板股票上市规则》（简称《创业板股票上市规则》）并于 2012 年进行修订。规范发行人股票及其衍生品在创业板的上市行为及流程，规范发行人、上市公司及相关信息披露义务人的信息披露行为，维护证券市场秩序，保护投资者的合法权益。根据《创业板股票上市规则》，发行人股票在创业板申请上市的流程如下：

1. 提交申请资料。发行人应提交申请资料包括：上市报告书（申请书）；申请股票上市的董事会和股东大会决议；公司营业执照复印件；公司章程；依法经具有从事证券、期货相关业务资格的会计师事务所审计的发行人最近三年的财务会计报告；保荐协议和保荐机构出具的上市保荐书；律师事务所出具的法律意见书；具有从事证券、期货相关业务资格的会计师事务所出具的验资报告；发行人全部股票已经中国证券登记结算有限责任公司深圳分公司登记的证明文件；董事、监事和高级管理人员持有本公司股份情况报告和《董事（监事，高级管理人员，控股股东，实际控制人）声明及承诺书》；发行人拟聘任或已经聘任的董事会秘书的有关资料。

2. 深交所审核资料。深交所在收到发行人提交的申请资料之后的 7 个交易日内，作出是否同意上市的决定。深交所上市委员会对发行人的上市申请进行审议，作出独立的专业判断并形成审核意见之后，深交所根据上市委员会的意见作出是否同意上市的决定。

3. 发行人与深交所签订上市协议。深交所作出同意上市的决定后，发行人与深交所签订《创业板股票上市协议》，明确双方的权利和义务等相关事项。

4. 发行人信息披露与股票上市。发行人的 IPO 上市申请获得深交所同意后，应在其股票上市前 5 个交易日内，在指定网站披露公司章程、申请 IPO 上市的股东大会决议、上市公告书、法律意见书、上市保荐书等资料，深交所安排发行人的股票上市。

（三）含 VC 或 PE 支持的 IPO 上市

PE（私募股权投资）与 VC（风险投资）都是通过私募的形式对非上市企业进行权益性投资，然后通过上市、并购、管理层回购等方式出售持股来获得利润。区分 VC 与 PE 主要看资金投资于企业所处的哪个阶段，VC 投资企业的前期，而 PE 投资企业的后期。VC 与 PE 投资机构在我国创业板上市公司 IPO 中扮演着重要角色，我国创业板市场刚成立不久，在其上市的公司背后大都有 VC 或 PE 投资机构支持。清科研究中心曾经对深交所创业板市场 IPO 进行观测，统计数据显示，VC/PE 支持的上市企业从 IPO 申报到挂牌上市，所需时间较短，仅需 69.46 天，而非 VC/PE 机构支持的上市企业则需要 74.13 天。由此可见，VC/PE 支持的上市企业在处理申报之后的相应流程手续方面，效率略胜一筹。

国内外学者对有 VC/PE 与被投资公司 IPO 价格进行了理论和实证两方面的研究后，得到统一的结论是有 VC/PE 背景的公司比没有 VC/PE 背景的公司 IPO 抑价程度更低。原因是 VC/PE 投资机构在与创业者签订投资契约并开始投资之后，除了提供资金支持之外，投资机构还会积极参与企业的经营管理，帮助企业快速成长并成功在创业板上市发行，以此来获得巨额回报。风投机构持有发行公司的股份，参与发行公司的管理，行使了"内部人"的职能，因此 VC/PE 投资机构的参与提高了对企业内部人的监控，降低了信息的不对称性，可以证明公司价值的真实性，而且有 VC/PE 投资机构参与的企业能吸引声誉好的会计师、证券承销商等参与证券的发行工作，从而能够降低 IPO 的抑价程度。

第三节　中国创业板市场的基本制度分析

一、创业板市场投资者准入制度

投资者准入制度，就是指合格投资者制度。所谓合格投资者制度，即区别投资者的不同市场风险认知水平和承受能力，提供差异化的市场、产品、服务，并建立与此相适应的监管制度安排。一个合格的投资者在进入创业板市场之前，首先，对股票投资的相关知识、对创业板市场的特点等都应该有一个比较深入的认识，其次，要对自己的风险承受力有个定量估计。建立合格投资者制度的目的是为了保护投资者，避免投资者购买超出自己风险承受能力的产品，防止投资者购买自己不了解的产品。合格投资者可以通过对投资者的适当性管理来判定。

（一）创业板投资者准入制度相关规定

为促进创业板市场规范发展，强化风险控制，保护投资者合法权益，借鉴境外成熟市场针对不同投资者提供差异化的市场、产品和服务的通行做法，2009 年 1 月 21 日，中国证券监督管理委员会颁发《首次公开发行股票并在创业板上市管理暂行办法》，规定"创业板市场应当建立健全与投资者风险承受能力相适应的投资者准入制度，向投资者充分提示投资风险，注重投资者需求，切实保护投资者特别是中小投资者的合法权益"，即明确设立了投资者准入制度。2014 年 5 月出台《首次公开发行股票并在创业板上市管理办法》（简称《创业板首发办法》），对相关规定予以进一步明确。与主板市场相比，由于创业板市场发行上市的标准相对较低，企业规模普遍较小、经营业绩不稳定的特点，投资风险相对较高。建立一定的限制门槛有利于保护投资者，有利于防范风险、保护中小投资者。为引导投资者树立正确的投资观念，理性地参与创业板市场交易，2009 年 7 月深圳交易所发布实施了《深圳证券交易所创业板市场投资者适当性管理实施办法》（简称《创业板适当性管理办法》），其中第五条规定：具有两年以上（含两年）股票交易经验的自然人投资者可以申请开通创业板市场交易。然而第七条又规定：尚未具备两年交易经验的自然人投资者，如要求开通创业板市场交易，在按照第六条第一款的要求签署《创业板市场投资风险揭示书》时，应当就自愿承担市场风险抄录"特别声明"。这样一来，如果开户的证券公司从自身利益出发，将导致对于创业板投资者的限制形同虚设，加大了一些缺乏经验的创业板投资者的投资风险。中国证券业协会制定《创业板市场投资风险揭示书必备条款》，规定了创业板市场投资风险揭示书的标准文本，达到创业板交易条件并计划在创业板交易的投资者必须签署《创业板市场投资风险揭示书》。

（二）投资者开通创业板市场交易的流程

按规定，投资者在创业板市场开通交易流程大致分为以下几步：首先，投资者应登录中国证券登记结算公司系统，查询自身条件是否符合创业板投资者的基本要求，并决定是否申请开通创业板市场交易。其次，投资者到证券公司现场提出开通创业板市场交易的申请。证券公司在接受客户申请的同时，可以通过现场询问、问卷调查等方式，收集客户信息，包括客户身份、财产与收入状况、证券投资经验、风险偏好、投资目标等。最后，证券公司可以根据所收集的客户信息，结合自身条件及设定标准，对客户风险认知与承受能力进行测评。如投资者身份、财产、收入、交易经验及风险偏好等[1]。

---

[1] 李云丽：《创业板上市最新实例分析与操作实务：规则、实例与难点》，法律出版社 2010 年版，第 107 页。

如果投资者符合相关规定的基本要求，证券公司需请投资者书面签署《创业板市场投资风险揭示书》，并要求投资者抄录一段声明。证券公司经办人员应见证投资者签署并签字确认。证券公司再完成相关核查程序，便可为投资者开通创业板市场交易。如果投资者不符合有关规定的基本要求，但坚持直接参与创业板市场，证券公司也应按照上述要求与投资者签署《创业板市场投资风险揭示书》，并要求投资者就自愿承担市场相关风险抄录一段特别声明。证券公司经办人员应见证投资者签署并签字确认，之后还需要证券公司营业部负责人签字确认。经证券公司完成相关核查程序后，也可为投资者开通交易。

（三）券商在创业板投资者适当性管理中的责任

《证券公司监督管理条例》第 29 条规定："证券公司从事证券资产管理业务、融资融券业务、销售证券类金融产品，应当按照规定程序，了解客户的身份、财产与收入状况、证券投资经验和风险偏好，并以书面和电子方式予以记载、保存。证券公司应当根据所了解的客户情况推荐适当的产品或者服务。"按照规定，首先，券商应履行好创业板市场适当性管理责任，了解投资者的身份、财产与收入状况、风险偏好、证券投资经验等情况，为投资者进行服务、培训、有针对地进行风险揭示、提醒投资者关注风险、保持投资理性等工作。其次，券商应通过各种渠道做好宣传，向投资者告知创业板市场有关投资者适当性管理的具体要求。最后，券商应负责监督创业板投资者适当性，见证投资者开通创业板市场交易手续，并对投资者适当性管理的全部记录进行妥善保管。妥善处理投资者参与创业板市场交易过程中所产生的投诉等事项。

二、创业板市场的发行上市制度

公开发行股票必须经过一定的审批程序，与其相关的法律制度就是股票发行上市的制度，不同国家的发行上市制度不同。发行审核委员会根据有关法律规定，审核股票发行申请是否符合相关条件，同时需要保荐人、会计师事务所、律师事务所、资产评估机构等证券服务机构为企业发行上市提供相关资料及意见书。其中在这些制度中最为典型和重要的就是发行审核委员会制度和发行上市保荐制度。

（一）发行审核委员会制度

我国公司股票发行上市采用的是核准制，我国《证券法》中有明确规定。核准制指发行人发行证券，不仅要公开全部的可供投资人判断的材料，还要符合证券发行的实质性条件。证券主管机关有权依照《企业法》、《证券交易法》的规定，对发行人提出的申请及相关材料进行实质性审查，而发行人获得批准后方可发行证券。创业板企业规模小、风险大、创新性强，其对股票发行条件、发行人信息披露和对上市公司监管等方面的要求与其他板块不同。为保证审核工作有针对性，同时保证审核人员有足够的时间、精力进行审核，《证券法》第22条规定："国务院证券监督管理机构设发行审核委员会，依法审核股票发行申请，发行审核委员会由国务院证券监督管理机构的专业人员和所聘请的该机构外的有关专家组成，以投票方式对股票发行申请进行表决，提出审核意见[1]。"由于创业板主要服务对象是自主创新企业和其他成长型企业，与主板在选择上市企业的标准上存在一定的差异，中国证监会于2009年4月颁布了《中国证券监督管理委员会发行审核委员会办法》，成立创业板发行审核委员会（下称创业板发审委），对发行人的股票发行申请进行表决，提出审核意见。

1.创业板发审委的组成及职责

创业板发审委委员为35人，其中中国证监会的人员为5名，中

---

[1] 李云丽：《创业板上市最新实例分析与操作实务：规则、实例与难点》，法律出版社2010年版，第84页。

国证监会以外的人员 30 名。7 人一组，主要吸收行业专家，部分发审委委员可以为专职。发审委设会议召集人。发审委委员每届任期一年，可以连任，但连续任期最长不超过 3 届。发审委委员以个人身份出席发审委会议，依法履行职责，独立发表审核意见并行使表决权。

创业板发审委的职责是：根据有关法律、行政法规和中国证监会的规定，审核股票发行申请是否符合相关条件；审核保荐人、会计师事务所、律师事务所、资产评估机构等证券服务机构和有关人员为股票发行所出具的有关材料及意见书；审核中国证监会有关职能部门出具的初审报告；依法对股票发行申请提出审核意见。

为促进企业 IPO 发行审核制度的公开、透明、公平性，证监会公布实施的《中国证券监督管理委员会发行审核委员会办法》中将原来对发审委委员身份必须保密的规定改变为及时、公开地向资本市场、社会公众告知每次发审委会议的时间、参会的发审委名单、被审核企业名单以及发审委会议的审核结果，全面地提高了发审委工作的透明度。随着发审委委员名单的公开化，一些直接行贿受贿的现象日趋减少，但是股票发行审核过程中仍存在不透明性，如不透明的反馈机制、初审报告不透明性、IPO 未通过原因不对外公布等，在潜规则主导下的隐性寻租现象经常出现[1]。

2. 创业板发审委工作程序

中国证监会有关职能部门应在发审委会议召开 5 日前，将会议通知、股票发行申请文件及中国证监会有关职能部门的初审报告送达参会发审委委员，并将发审委会议审核的发行人名单、会议时间、发行人承诺函和参会发审委委员名单在中国证监会网站上公布。发审委委员应审阅发行人的股票发行申请文件和中国证监会有关职能部门出具的初审报告。并召集发审委会议，组织发审委委员发表意见、讨论，

---

[1]　时晋、曾斌：《企业创业板上市筹备与操作指南》，载《投资与证券》2012 年第 10 期。

总结发审委会议审核意见和组织投票等事项。

发行人代表和保荐代表人到发审委会议陈述和接受发审委委员的询问。发审委委员在发审委会议上讨论发表个人审核意见，并填写个人工作底稿。发审委会议根据各委员的讨论结果，形成会议对发行人股票发行申请的审核意见，并对发行人的股票发行申请是否符合相关条件进行表决。

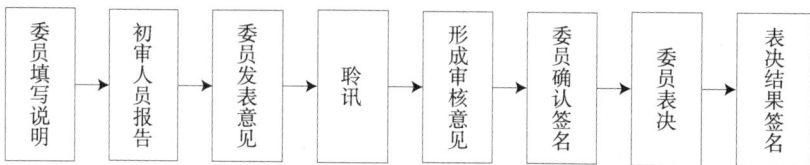

图 3.3.1　发审会工作程序

发审委会议结束后，参会发审委委员应在会议记录、审核意见、表决结果等会议资料上签名确认，同时提交工作底稿。发审委会议对发行人的股票发行申请投票表决后，中国证监会在网站上公布表决结果。发审委会议对发行人股票发行申请作出的表决结果及提出的审核意见，中国证监会有关职能部门应当向发行人聘请的保荐人进行书面反馈。

发审委会议对发行人的股票发行申请只进行一次审核。发审委委员发现存在尚待调查核实并影响明确判断的重大问题，应当在发审委会议前以书面方式提议暂缓表决。发审委会议首先对该股票发行申请是否需要暂缓表决进行投票，同意票达到 5 票的，可以对该股票发行申请暂缓表决；同意票未达 5 票的，发审委会议按正常程序对该股票发行申请进行审核。发审委会议对发行人的股票发行申请只能暂缓表决一次。暂缓表决的发行申请再次提交发审委会议审核时，原则上仍由原发审委委员审核。

在发审委会议对发行人的股票发行申请表决通过后至中国证监会核准前，发行人发生了与所报送的股票发行申请文件不一致的重大事项，中国证监会有关职能部门可以提请发审委召开会后事项发审委会议，对该发行人的股票发行申请文件重新进行审核。会后事项发审委会议的参会发审委委员不受是否审核过发行人的股票发行申请的限制。

（二）发行上市保荐制度

保荐制度就是由保荐人负责发行人的上市推荐和辅导，核实公司发行文件和上市文件中所载资料的真实、准确和完整，协助发行人建立严格的信息披露制度，并承担风险防范责任，在公司上市后的规定时间内，保荐人需继续协助公司建立规范的法人治理结构，督促公司遵守上市规定，完成招股计划中所提标准，并对上市公司的信息披露负连带责任。保荐人充当证券发行环节的"第一看门人"的角色。

我国《证券法》第11条和第49条分别规定了股票发行和上市的保荐制度，《证券发行上市保荐业务管理办法》第2条也规定发行人首次公开发行股票并上市的需聘请具有保荐资格的证券公司履行保荐职责。因此，无论是在主板还是创业板发行上市的企业都必须聘请证券保荐机构进行发行保荐。保荐人一般都是由证券公司担任，但是并不是所有的证券公司都有保荐的资格。具有保荐资格的证券公司在保荐期间需承担证券发行上市的尽职调查、辅导、对发行上市申请文件的内部核查、对发行人证券上市后的持续督导等责任。发行人在选择证券公司作为其担保人时也要考虑其在证券业的声誉、成效业绩、项目经验、发行渠道、客户网络等，因为这些都是决定股票价格和销售量的因素。

保荐人承担的责任大体上可分为两方面：一是公司上市保荐责任；二是上市后信息披露保荐责任。一般而言，公司上市保荐责任包括：（1）尽职推荐、辅导发行人证券发行上市，确保保荐对象满足上市要求。（2）根据发行人的委托，组织编制申请文件并出具推荐文件，审慎核查相关资料，进行独立判断并确保相关资料符合法律、法规的规定，确保上市文件的完整性、准确性、不存在虚假记录、误导性陈述或重大遗漏，不存在实质性差异。（3）组织发行人及证券服务机构对证监会的意见进行答复，并制定保荐代表人与证监会职能部门进行专业沟通，接受发审委委员的询问。（4）确保发行人的董事完全了解自身的责任和义务以及公司上市后应遵守的法律法规。（5）发行人上市后，督导发行人履行有关上市公司规范运作、信息披露、信守承诺等义务，并提供后续指导。公司上市后，保荐人还应持续履行下列信息披露保荐责任，主要包括：（1）继续为被保荐人提供持续遵守相关法律、法规及交易所上市规则的专业指导意见并指导其规范运作；（2）督促被保荐人严格履行公开披露文件中承诺的业务发展、募集资金使用及其他各项义务；（3）认真审核被保荐人拟公告的所有公开披露文件，督促并指导被保荐人按照法规，真实、准确、完整、及时地披露信息；（4）对被保荐人公开披露文件的真实性、准确性、完整性有疑义时，应当向被保荐人指出并进行核实，发现重大问题时，及时向证券监管部门和交易所报告；（5）代表申请人与证券监管部门、交易所进行沟通，参加被保荐人与证券监管部门和交易所进行的所有正式会谈；（6）公司上市后，就被保荐人业绩状况、发展前景、市场表现等出具财务分析报告，为投资者决策提供参考意见。

通过对上市保荐责任的承担，保荐人不仅是培育、遴选和推荐优质企业上市的重要"把门人"，同时也是拟上市公司规范运作的督导者。保荐人制度在证券市场制度中具有十分重要作用，是防范和化解市场风险的重要手段，也是维护投资者合法权益的重要保障。保荐人的作用表现在：一是在发行人上市过程中，扮演着联系发行人与交易所的桥梁和纽带角色，他们身兼组织者、策划者、总协调人多重身份，发挥着有效防范和化解市场运行风险的重要作用，对于创业板能否成功运作尤为重要。二是担任推荐者、辅导者、监督者多项职责，发行人在筹备上市之初可能对于发行上市与自身应承担的责任和义务不太熟悉，所以保荐人要确保发行人的董事完全了解自身的责任和义务。三是保荐人在上市当年余下时间及其后 3 个完整的会计年度内，以顾问的身份为发行人持续督导，提供专业指导。

保荐制度的主要实施目的是通过明确保荐机构及其保荐人的责任，加强市场诚信建设，强化市场约束机制，提高上市公司质量。实施保荐制度不是要由保荐机构和保荐代表人包揽所有上市工作。保荐机构和保荐代表人不能替代发行人和其他中介机构的工作，也不能减轻或免除发行人和其他中介机构的责任。实施保荐制度要求保荐机构能够协调律师事务所、会计师事务所等相关中介机构在自身职责内认真负责，推荐优质公司在创业板市场发行上市。保荐制度的实施将推动各类中介机构执业水准的整体提高。

三、创业板市场的交易制度

证券交易是指证券的买卖和转让，由于证券交易的内容具有广泛性，故证券交易制度也具有丰富性。创业板市场作为证券市场的一部分，其交易制度内涵也颇多，以下分析几种重要的并且有别于主板市场的交易制度。

（一）审核与监督管理制度

《创业板首发办法》明确了创业板市场股票发行上市的审核与监督管理制度，加强了证券交易所的监管职能，保证了其充分发挥一线监管的作用。《创业板首发办法》中第八条规定："中国证券监督管理委员会依法对发行人申请文件的合法合规性进行审核，依法核准发行人的首次公开发行股票申请，并对发行人股票发行进行监督管理。证券交易所依法制定业务规则，创造公开、公平、公正的市场环境，保障创业板市场的正常运行。"该条款进一步明确了创业板上市发行过程中国证券监督管理委员会与证券交易所两者的不同分工，而在

《主板首发办法》中却没有相应的条款。

1. 股票上市交易审核

证监会批准企业上市，上市公司公开发行股份后，需要向深圳证券公司申请股票上市交易，根据《深圳证券交易所创业板股票上市规则》（简称《创业板上市规则》）的规定，发行人向深交所申请首次公开发行的股票上市，应提交上市报告书（申请书）、申请股票上市的董事会和股东大会决议、招股说明书、上市公告书等文件。上市申请需经深圳交易所审核同意，并在上市前与深圳交易所签订上市协议，明确双方的权利、义务和有关事项。深交所设立上市委员会对上市申请进行审议，作出独立的专业判断并形成审核意见。深交所在收到上市申请文件后7个交易日内，根据上市委员会意见作出是否同意上市的决定。

2. 股票上市交易监管

上市公司应该积极配合深圳交易所的日常监督管理，回答深圳交易所的问询，并按交易所的要求提交说明，或者披露相应的更正或者补充公告。深圳交易所具体的监管措施包括：（1）要求上市公司解释和说明；（2）要求中介机构或者要求聘请中介机构进行核查并发表意见；（3）以发出通知或函件的形式书面警示不规范交易的上市公司；（4）与上市公司约见谈话；（5）有权暂时不受理有关当事人出具的文件；（6）暂不受理有关当事人出具的文件；（7）限制交易；（8）上报中国证监会；（9）其他监管措施。

对于上市公司、相关信息披露义务人、上市公司董事、监事、高级管理人员、董事会秘书、保荐机构及保荐代表人等违反上市规则及其他规定或其所作承诺的，深圳交易所将视情节轻重给予处分。同时深圳证券交易所还成立了纪律处分委员会，负责对监管对象的纪律处分事项进行审核，作出独立的专业判断并形成审核意见。深圳交易所会根据纪律处分委员会的审核意见，作出是否给予纪律处分的决定。

（二）信息披露制度

信息披露制度又称蓝天法则，是指上市公司依照法律、法规的规定，以一定的方式对上市公司的经营状况、财务状况及其发展趋势等信息进行披露，从而使投资者能在充分了解公司情况的基础上做出投资选择，有利于投资者对上市公司进行监督，也有利于证券主管机构对上市公司进行监管。创业板的信息披露是指在创业板股票发行、上市和流通的各个环节，公司依法将与股票发行、上市和流通有关的各类信息，通过合理渠道予以公开。信息披露的目的主要是打破投资者与上市公司之间的信息不对称现象，保证投资者投资决策的科学与理智，同时，信息披露也有利于监管机构对公司进行监管，从而有利于维护创业板市场稳定健康的发展。

由于创业板市场是定位于成长性的企业，面临着较大的技术研究、产品开发和市场风险，同时创业板市场的上市门槛较低，上市企业抵御风险的能力也较弱。从这两方面因素来看，创业板的投资者承担较大的风险。因此，为了保证创业板市场的正常运行和投资者的利益，必须建立严格的信息披露制度，以建立比主板市场更为严密而科学的监管及风险控制制度。上市公司及相关信息披露义务人应当按照相关法律法规，及时、公平地披露所有对公司股票及其衍生品种交易价格可能产生较大影响的信息，并保证所披露的信息真实、准确、完整，不得有虚假记载、误导性陈述或者重大遗漏。

1.申请发行阶段的信息披露

在申请发行阶段，企业需向证监会提交一系列的申请文件，其中最重要的就是招股说明书，其中需包含：发行人基本情况；发行人的主营业务、主要产品或服务、所处行业及在行业中的位置，尤其是发行人的特性、创新性和持续创新机制；发行人的主要资产、所掌握技术、技术人员比例等；可能直接或间接影响发行人的经营状况、财务状况、持续经营能力和成长性产生重大不利影响的风险因素；发行人的公司治理情况；发行人的董事监事等高管的任命情况；本次募集资金的应用计划；中介机构基本情况；本次发行的基本情况等其他对股价具有重要影响的事项。

2. 申请上市阶段的信息披露

在申请上市阶段，公司应向证监会申请股票上市交易，在申报上市阶段，按《创业板上市规则》，发行人需披露以下信息：发行人情况；股本和股东情况；董事、监事、高级管理人员、核心技术人员的基本情况和持股情况；财务会计资料、同业竞争和关联交易；其他重大事项，如上市公司主要业务的进展，行业或市场重大变化，上市公司重大投资、重大收购、出售等。

3. 持续信息披露

在股票公开发行上市后，上市公司仍然负有持续性的信息披露义务，以保持股票市场交易的公平公正。持续信息披露又称持续信息公开，是指发行人在证券发行上市之后，依法定要求持续向社会公众披露对其投资决策有重要影响的信息。其披露的信息包括公司经营状况的信息和对股价产生影响的信息，主要形式包括定期报告和临时报告。定期报告由年度报告、中期报告、季度报告组成。临时报告是指按相关法律、行政法规、部门规章、规范性文件、上市规则和深交所其他相关规定发布的除了定期报告之外的其他公告。上市公司应当保证公司所披露的信息真实、正确、完整、及时、公平。年度报告应在每个会计年度结束后4个月内披露。如果预计不能在会计年度结束之日起2个月内披露年度报告的公司，应在会计年度结束后2个月内披露业绩报告。因故无法形成有关定期报告的董事会决议的，应当以董事会公告的方式对外披露相关事项。上市公司在每年年度报告披露后1个月内举行年度报告说明会，向投资者真实、准确地介绍公司的发展战略、生产经营、新产品和新技术开发、财务状况和经营业绩、投资项目等各方面情况。中期报告应在每个会计年度的上半年结束之日起 2 个月内披露。季度报告应在每个会计年度的前 3 个月、9 个月结束后的 1 个月内披露。

临时报告是上市公司按法律、行政法规、部门规章、规范性文件、上市规则和深交所其他相关规定发布的除定期报告以外的公告。临时公告实行实时披露，上市公司可在中午休市期间或下午 3 点半后通过指定网站披露临时报告。在公共媒体中传播的信息可能或已对上市公司相关股票及其衍生品种交易价格产生较大影响等紧急情况下，公司可申请相关股票及其衍生品种临时停牌，并在上午开市前或市场交易期间通过指定网站披露临时报告。发行人临时报告披露的信息涉及募集资金、关联交易、委托理财、提供担保等重大事项的，保荐机构应当自临时报告披露之日起 10 个工作日内进行分析并在证监会指定网站发表独立意见①。

（三）股份锁定期限制度

在上市公司首次公开发行（IPO）时，上市公司内部人士一般都被要求一个最低的股份锁定期限，这些规定都是为了进一步防范创业板 IPO 风险的产生，在证监会以及证券交易所发布的相关法规中都有规定。如《上市公司董事、监事和高级管理人员所持本公司股份及其变动管理规则》、《上市公司证券发行管理办法》、《证券发行与承销管理办法》、《创业板上市规则》等相关规定中，都做出了有别于主板和中小板的股份锁定期限制度。施行锁定期限制度的主要目的在于：一是树立机构投资者的长期投资理念；二是抑制机构投资者在 IPO 上市之初的炒作，降低新股价格波动。如果不存在锁定期限制，面对新股上市初期的高抑价，持股的企业内部人会理性地抛售其所持股份获利出局，并利用散户投资者对新股的狂热情绪操纵股价从中谋利；而锁定规则的存在限制了持股的企业内部人的抛售行为，抑制其

---

① 赵曾海、田小光等：《奔向创业板》，首都经济贸易大学出版社 2010 年版，第 238 页。

对新股的炒作，从而达到维持股价稳定的目的。

当锁定期限制解除时，持股的企业内部人会抛售他们所配售的IPO股价，并对IPO成交量和价格形成冲击，而这种冲击只是短期的，无论是成交量还是价格，市场都会很快恢复到锁定期解除前的水平。这说明锁定期规则并未使企业内部人真正树立长期投资的理念，只是将其获利套现的时间强制延迟到锁定期结束之后。

1.控股股东和实际控制人所持股份。控股股东和实际控制人自发行人股票上市之日起36个月内，不得转让或委托他人管理其直接或者间接持有的发行人公开发行股票前已发行的股份，也不得由发行人回购其直接或者间接持有的发行人公开发行股票前已发行的股份。但是，自发行人股票上市之日起一年后，出现转让双方存在实际控制关系，或者均受同一控制人控制的情形和交易所认定的其他情形的，经控股股东和实际控制人申请并经交易所同意，可豁免遵守上述关于自发行人股票上市之日起36个月内锁定的承诺。控股股东关联方的股份，自发行人股票上市之日起锁定36个月；申请受理前6个月内从控股股东或者实际控制人处受让的股份，自发行人股票上市之日起锁定36个月。

2.非控股股东和非实际控制人所持股份。自发行人公开发行股票前已发行的股份，自发行人股票上市之日起一年内不得转让；如果发行人在向中国证监会提交其首次公开发行股票申请前6个月内（以中国证监会正式受理日为基准日）进行过增资扩股的，新增股份的持有人需遵守自工商登记日起锁定36个月的规定；申请受理前6个月内从非控股股东处受让的股份，自上市日起锁定1年。

3.公司高管、董事、监事人员所持股份。在职期间每年转让的股份不得超过25%；上市公司董事、监事、高管在首次公开发行股票上市之日起6个月内申报离职的，自申报离职之日起18个月内不得转让其直接持有的股份；在首次公开发行股票上市之日起第7个月至

第 12 个月之间申报离职的，自申报离职之日起 12 个月内不得转让其直接持有的股份。

四、创业板市场的退市制度

退市又称终止上市，是指上市公司由于各种原因不再继续挂牌交易而退出证券市场，简言之就是失去上市资格。退市制度具体包括退市标准和退市程序。退市标准是事先存在的标准，其功能在于决定上市公司是否可以继续上市交易。退市程序则规定退市决策如何形成以及退市程序如何执行。为了强化市场的优胜劣汰机制，增加对创业板市场上市公司退市约束的原则性规定，在借鉴主板和中小企业板退市制度经验的基础上制定，又参照海外创业板市场的成熟做法，制定了较为严格的创业板退市制度。2012 年深圳交易所修订了《创业板股票上市规则》，对创业板退市进行了相关规定。

（一）关于退市标准的规定

《创业板股票上市规则》中规定了创业板上市公司的退市标准，包括以下几项：一是连续亏损；二是追溯调整导致连续亏损；三是最近一个会计年度的财务会计报告显示当年经审计净资产为负；四是财务会计报告被注册会计师出具否定意见或者无法表示意见的审计报告；五是未在法定期限内披露年度报告或中期报告；六是未改正财务会计报告中的重大差错或虚假记载；七是公司解散；八是法院宣告公司破产；九是公司股票连续 120 个交易日通过深交所交易系统实现的累计成交量低于 100 万股；十是连续 20 个交易日股权分布或股东人数不符合上市条件；十一是公司股本总额发生变化不再具备上市条件；十二是公司最近 36 个月累计受到交易所三次公开谴责；十三是公司股票连续 20 个交易日每日收盘价均低于每股面值。

（二）创业板市场退市程序

我国创业板市场主要的退市程序包括：暂停上市交易、恢复上

市、终止上市、退市整理、代办转让和申请复核①。

暂停上市交易。当上市公司出现以下情况时，深交所会依据不同情况对其股票暂停上市交易：公司业绩出现3年连续亏损；当年经审计净资产为负；审计报告连续两年为否定或拒绝发表意见；未改正财务报告中的重大错误或虚假记载；未按规定期限披露年度报告或中期报告；股本总额发生变化不再符合上市条件；连续20个工作日股权分布或股东人数不符合上市条件等。

恢复上市。在股票暂停上市期间，若符合规定的条件，上市公司可以在披露首个年度报告后5个交易日内向本所提出恢复股票上市的书面申请。在申请恢复上市过程中，上市公司应聘请保荐机构担任其恢复上市的保荐人，符合核查上市公司恢复上市申请材料的真实性、准确性和完整性。同时应聘请律师对其恢复上市申请的合法、合规性进行核查验证。

终止上市。如果上市公司接受暂停上市的惩罚，未在规定年限中提出恢复上市申请，或在规定年限内仍无法满足上市要求，上市企业则被要求终止上市。同时上市企业应当在收到本所关于终止其股票上市决定后及时披露股票终止上市公告。

退市整理。退市整理期期限为30个交易日，期间上市公司的股票进入退市整理板，不再在创业板行情中揭示，上市公司股票交易的日涨跌幅为10%。退市整理期届满，上市公司终止上市。

代办转让。上市公司在退市整理期满后45个交易日内可以进入代办股份系统进行转让。

申请复核。上市公司对深交所做出的暂停上市、终止上市决定不服的，可以在收到相关决定后的7个交易日内准备相关文件申请复核。深交所则通过设立上诉复核委员会，对申请人的复核申请进行审

---

① 房四海：《风险投资与创业板》，机械工业出版社2010年版，第293页。

议,做出独立的专业判断并形成审核意见,深交所则在受理复核申请后 30 个交易日内,依据上诉复核委员会的审核意见做出维持或者撤销暂停上市、终止上市的终局决定①。

表 3.3.1　现行创业板上市公司退市标准和退市程序明细表

退市标准	暂停上市	终止上市	备注
连续亏损	三年	四年	
追溯调整导致连续亏损	三年	四年	
净资产为负	一年	两年	
审计报告为否定或拒绝表示意见	两年	两年半	
未改正财务会计报告中的重大差错或虚假记载	四个月	六个月	
未在法定期限内披露年度报告或中期报告	两个月	三个月	
公司解散		公司因故解散	
法院宣告公司破产		公司被法院宣告破产	
连续 120 个交易日累计股票成交量低于 100 万股		连续 120 个交易日	出现一次即终止上市
连续 20 个交易日股权分布或股东人数不符合上市条件	解决方案公布后 6 个月仍不符合上市条件	12 个月仍不符合上市条件	
公司股本总额发生变化不再具备上市条件	一旦发生,即暂停上市	在深交所规定期限内仍不能达到上市条件	
三年内累计受交易所公开谴责三次		三年	
连续 20 个交易日每日收盘价均低于每股面值		连续 20 个交易日	

资料来源:东方财富网—聚焦创业板退市制度,http://topic.eastmoney.com/tszd2011/。

---

① 房四海:《风险投资与创业板》,机械工业出版社 2010 年版,第 293—294 页。

五、创业板市场上市公司的股权激励制度

2006 年 1 月中国证监会出台《上市公司股权激励管理办法》（试行），标志着股权激励制度正式登场。股权激励主要是指上市公司以本公司股票为标的，对其董事、高级管理人员以及其他员工进行的长期性激励。其中，高级管理人员是指对公司决策、经营、管理负有领导责任的人员，包括经理、副经理、财务负责人、董事会秘书和公司章程规定的其他人员。

（一）股权激励方式

1. 股票期权。股票期权是指公司授予激励对象在未来一定期限内以预先确定的价格（行权价）和条件购买公司一定数量股票的权利。激励对象有权行使或放弃这种权利，但不得用于转让、担保或者偿还债务。股票期权是未来收益的股票，能将经营者的报酬与公司的长期利益捆绑在一起，实现了经营者与资产所有者利益的高度一致性，并使二者的利益紧密联系起来，但会承担来自股票市场的风险。

2. 限制性股票。限制性股票是指按预先确定的条件授予激励对象一定数量的本公司股票。只有满足预定条件时（如股票价格达到一定水平），激励对象才可将限制性股票抛售并从中获利；预定条件未满足时，公司有权将免费赠予的限制性股票收回或者按激励对象购买价格回购。限制性股票是已现实持有的、归属受到限制的收益，往往可以激励人和吸收人。

我国上市公司授予激励对象限制性股票，应在股票激励计划中规定激励对象获受股票的业绩条件和禁售期限。

3. 股票增值权。股票增值权是指公司授予经营者在未来一定时期和约定条件下，获得规定数量的股票价格上升所带来收益的权利。被授权人在约定条件下行权，上市公司按照行权日与授权日二级市场股票差价乘以授权股票数量，发放给被授权人现金。这种方式简单，易

于操作，股票增值权持有人在行权时，直接对股票升值部分兑现。我国境外上市公司大多使用股票增值权。

4.虚拟股票。虚拟股票是指公司授予激励对象一种虚拟的股票，激励对象可以根据被授予虚拟股票的数量参与公司的分红并享受股价升值收益，但没有所有权和表决权，也不能转让和出售，且在离开公司时自动失效。虚拟股票和股票期权有类似特征和操作方法，但虚拟股票不是实质性的股票认购权，本质上是将奖金延期支付，其资金来源于公司的奖励基金。

5.业绩股票。业绩股票是指年初确定一个合理的业绩目标和一个科学的绩效评估体系，如果激励对象经过努力后实现了该目标，则公司授予其一定数量的股票或提取一定比例的奖励基金购买股票后授予。业绩股票激励方式比较规范，可以讲激励对象的业绩与报酬紧密地联系在一起，适合业绩稳定并持续增长、现金流充裕的企业。

（二）股权激励的条件

上市公司实施股权激励应符合一定条件。我国证券监管部门、国有资产管理部门、财政部门等对一般的上市公司、国有控股境内和境外上市公司实行股权激励计划的条件作出了相应的规定。

《上市公司股权激励管理办法》规定，一般上市公司存在以下情况之一的，不得实行股权激励计划：第一，最近一个会计年度财务会计报告被注册会计师出具否定意见或者无法表示意见的审计报告；第二，最近一年内因重大违法违规行为被中国证监会予以行政处罚；第三，中国证监会认定的其他情形。

除上述规定外，国有控股境内、境外上市公司实行股权激励计划还应当具备《国有控股上市公司（境内）实施股权激励试行办法》、《国有控股上市公司（境外）实施股权激励试行办法》以及《关于规范国有控股上市公司实施股权激励制度有关问题的通知》等的相应规定，涉及公司治理结构、发展战略、绩效考核体系、基础管理制度等方面。

（三）股权激励计划的拟订、审批和实施

1.股权激励计划的拟订。股权激励计划内容通常包括：（1）股权激励计划的目的；（2）激励对象的确定依据和范围；（3）股权激励计划拟授予的权益数量、所涉及的标的股票种类、来源、数量及占上市公司股本总额的百分比；若分次实施的，每次拟授予的权益数量、所涉及的标的股票种类、来源、数量及占上市公司股本总额的百分比；（4）激励对象为董事、监事、高级管理人员的，其各自可获受的股权数量、占股权激励计划拟授予权益总量的百分比；其他激励对象可获受的权益数量及占股权激励计划拟授予权益总量的百分比；（5）股权激励计划的有效期、授权日、可行权日、标的股票的禁售期；（6）限制性股票的授予价格或授予价格的确定方法，股票期权的行权价格或行权价格的确定方法；（7）激励对象获受权益、行权的条件，如绩效考核体系和考核办法，以绩效考核指标为实施股权激励计划的条件；（8）股权激励计划所涉及的权益数量、标的股票数量、授予价格或行权价格的调整方法和程序；（9）公司授予权益及激励对象行权的程序；（10）公司与激励对象各自的权利义务；（11）公司发生控制权变更、合并、分立、激励对象发生职务变更、离职、死亡等事项时如何实施股权激励计划；（12）股权激励计划的变更、终止；（13）其他重要事项。

2.股权激励对象。股权激励计划的激励对象可以包括上市公司的董事、监事、高级管理人员、核心技术（业务）人员，以及公司认为应当激励的其他员工，但不应当包括独立董事，上市公司监事也不得成为股权激励对象。下列人员不得成为激励对象：（1）最近3年内被证券交易所公开谴责或宣布为不适当人选的；（2）最近3年内因重大违法违规行为被中国证监会予以行政处罚的；（3）具有《中华人民共和国公司法》规定的不得担任公司董事、监事、高级管理人员情形的。

股权激励计划经董事会审议通过后,上市公司监事会应当对激励对象名单予以核实,并将核实情况在股东大会上予以说明。

3. 标的股票的来源。拟实行股权激励计划的上市公司,可以根据本公司实际情况,通过以下方式解决标的股票来源:(1)向激励对象发行股份;(2)回购本公司股份;(3)法律、行政法规允许的其他方式。

实际操作上,上市公司可以实行一次批准所需标的股票总额度,以后随着公司向激励对象授予或激励对象行权而分次发行的做法。上市公司全部有效的股权激励计划所涉及的标的股票总数累计不得超过公司股本总额的10%。非经股东大会特别决议批准,任何一名激励对象通过全部有效的股权激励计划获授的本公司股票累计不得超过公司股本总额的1%。

4. 股权授予价格的确定。上市公司在授予激励对象股票期权时,应当根据公平市场价原则确定授予价格(即行权价格)或其确定方法。

授予价格不应低于下列价格较高者:(1)股权激励计划草案摘要公布前一个交易日的公司标的股票收盘价;(2)股权激励计划草案摘要公布前30个交易日内的公司标的股票平均收盘价。

5. 股权激励计划的申报和批准。按照公司法人治理结构要求,上市公司的股权激励计划草案由董事会下设的薪酬和考核委员会拟定,之后提交董事会和股东大会审议批准。对国有控股上市公司,还需要遵循证券监管部门、国有资产管理部门、财政部门等的相关规定。

6. 股权激励计划的实施。上市公司应重视和加强对公司和员工业绩的考核评价,完善制度,严格执行。实务中应遵循我国证券监管部门、国有资产管理部门、财政部门等的具体规定。以下择其主要内容予以说明:

（1）完善股权激励业绩考核体系，科学设置业绩指标和水平。如上市公司授予激励对象股权时的业绩目标水平，应不低于公司近3年平均水平及同行业平均业绩水平。又如上市公司激励对象行使权力时的业绩目标水平，应结合上市公司所处行业特点和自身战略发展定位，在授予时业绩水平的基础上有所提高，并不得低于公司同行业平均业绩水平。

（2）合理控制股权激励收益水平，实行股权激励收益与业绩指标增长挂钩浮动。比如，在行权有效期内，激励对象股权激励收益占本期股票期权（或股票增值权）授予时薪酬总水平（含股权激励收益）的最高比重，境内上市公司及境外 H 股公司原则上不得超过40%，境外红筹股公司原则上不得超过50%。股权激励实际收益超出上述比重的，尚未行权的股票期权（或股票增值权）不再行使或将行权收益上缴公司。

（3）进一步强化股权激励计划的管理，科学规范实施股权激励。如，完善限制性股票授予方式，以业绩考核结果确定限制性股票的授予水平；又如，严格股权激励对象范围，规范股权激励对象离职、退休等行为的处理方法；再如，规范履行相应程序，建立社会监督和专家评审工作机制等。

7. 股权激励计划的终止。股权激励计划由股东大会审议批准后，应当依法组织实施，但遇到某些情况时，则予终止。股权激励计划的终止，应当由股东大会审议批准。

上市公司发生以下情形之一时，通常应当终止实施股权激励计划，激励对象根据股权激励计划已获授予但尚未行使的期权应当终止行使并被注销，未获准行权的期权作废：（1）最近一个会计年度财务报告被注册会计师出具否定意见或者无法表示意见的审计报告；（2）最近一年内因重大违法违规行为被中国证监会予以行政处罚；（3）公司经营亏损导致无限制停牌、取消上市资格、破产或解散；

（4）公司回购注册股份，不满足上市条件，公司下市；（5）中国证监会认定的其他情形。

对于激励对象而言，如果在股票期限激励计划实施过程中，出现如下情形之一的，其已获授但尚未行使的期权也应当终止行使：（1）最近 3 年内被证券交易所公开谴责或宣布为不适当人选的；（2）最近 3 年内因重大违法违规行为被中国证监会予以行政处罚的；（3）按《公司法》规定，不得担任公司董事、高级管理人员情形的。

除上述要求外，国有控股上市公司股权激励计划的终止及终止授予激励对象股权，还需要遵循证券监管部门、国有资产管理部门和财政部门的相关特定要求。

（四）股权激励信息披露

上市公司应在定期报告中披露报告期内股权激励计划的实施情况，包括：

1.报告期内激励对象的范围；

2.报告期内授出、行使和失效的权益总额；

3.至报告期末累计已授出但尚未行使的权益总额；

4.报告期内授予价格与行权价格历次调整的情况以及经调整后的最新授予价格与行权价格；

5.董事、监事、高级管理人员各自的姓名、职务以及在报告期内历次获授和行使权益的情况；

6.因激励对象行权所引起的股本变动情况；

7.股权激励的会计处理方法[1]。

---

[1]　财政部会计资格评价中心：《高级会计实务》，经济科学出版社 2014 年版，第 440—447 页。

第四节　中国创业板市场的制度规范

上一节对中国创业板上市公司的基本制度进行了详细阐述，由于投资者准入制度、发行上市制度、市场交易制度等存在一些需要不断完善之处，接下来对中国创业板市场的基本制度规范做了初步探讨。

一、中国创业板市场的发行审核制度规范

（一）关于创业板上市条件的规范

我国创业板现行发行制度与创业板的定位有些不符合，我国创业板上市的准入门槛与成熟创业板市场相比偏高。具有成长潜力的中小企业的成长性往往不会体现在发行前，在发行审核中涉及的主营业务收入、市场占有率、毛利率等指标不能决定其后续的成长能力。按现有审核通过的上市公司，从规模及经营年限上绝大多数都不属于中小企业，很多已经属于成熟的大中型企业，部分企业的经营期限在 10 年以上。这些企业登录创业板市场，占用了有限的上市资源，实质性地提高了创业板市场的上市门槛，导致大量的创新型中小企业被拒之门外，使得创业板市场很难真正为急需成长资金的中小企业提供融资渠道。而急需资金谋求发展的中小企业为了能获得发展资金，都想方设法争取上市机会，虽然没有达到创业板准入门槛的要求，但它们会通过各种手段包装企业上市，包括通过财务信息造假等手段影响营业收入增长率、利润率、资产周转率等指标来增强市场信心。同时，在上市门槛被实质性提高的形势下，巨额申购资金面对数量较少的上市企业，必然出现供不应求的情况，最终导致创业板市场出现泡沫。

针对上述问题，中国创业板应制定和执行合理的上市条件，适当

降低上市门槛。通过降低入市条件，进一步扩大创业板的市场容量，使更多的中小创新企业能够进入创业板市场融资。首先，可以适度降低上市公司最低股本的要求。一方面可以增加中小企业达到上市条件的可能性，另一方面过多的股本资金会加大公司的盈利压力，资金效率低，也会加大公司的投资压力，上市公司若将资金投资于不熟悉的行业，会影响公司的正常发展。参考其他国家创业板的最低股本要求，我国关于在创业板上市公司的最低股本应定在2000万元左右。其次，应放宽对盈利持续增长的要求。硬性要求企业在上市前的盈利状况、盈利增长等会造成"重历史"而"轻未来"，又有违企业成长周期规律。中小企业一般都规模小、资本不充足、风险大，难以实现盈利的连续性，因此若放宽对盈利持续增长的要求，会给创新能力强、技术先进、营业收入达到一定规模但盈利能力不足的中小企业创造上市的机会。国际上一些创业板市场对在上市之前营业收入已显露出良好发展势头的公司将准许上市，而不考虑其当前收益好坏，这种着眼未来成长而不是一味看重历史业绩的做法值得借鉴。因此，可以考虑对创新型、成长型企业采取用收入要求指标替代盈利能力要求。

（二）创业板市场询价制度的规范

创业板市场的询价制度存在较多的问题，主要表现在有资格参与询价的机构数量较少且很少有约束条件，在询价过程中自然就存在垄断行为。受到利益的驱使，发行人、承销商就容易与询价机构合谋来抬高发行价格。投资者在网上申购近80%的新股，却没有询价过程的参与权和知情权，只能被动接受发行人、承销商、询价机构联合确定的价格。发行人、承销商或保荐人与询价机构大多存在这样或那样的人际或业务联系，询价机构一般不会对发行人、承销商申报的价格提出异议。因此，创业板上市公司的询价过程大多流于形式。

由于这种垄断性发行价格的存在，应该在真正意义上建立有效的询价机制，不断增加询价机构的数量，对发行人、承销商、询价机构的价格咨询过程进行全面监督，防止垄断行为的发生。考虑设立一个专门负责对发行人、承销商、询价机构的监管机构，以杜绝三者之间的利益输送。

（三）创业板审核制度的规范

我国创业板审核制度不尽完善。在目前的证券发行审核制度下，发审委审核通过是一个公司在创业板市场发行上市的必经之路。伴随着股票发行制度的改革，发审委员会的地位和权力逐渐增加，决定性也日益明显。对于拟在创业板上市的企业而言，最关键的就是顺利通过发审委的审核，获得资本市场的准入资格。与IPO上市之后的巨大利益相比，前期的付出往往是微不足道的，所以为了尽可能的降低发行审核过程中的风险，企业往往会选择多种途径与发审委建立联系。

1.发审委员会的成员由会计师事务所、律师事务所、券商与基金公司、政府部门（证监会、银监会、国资委等）、其他机构（交易所、大学、评估机构等）的代表人员组成。因而拟在创业板上市的公司往往会选择与发审委委员存在关联的会计师事务所和律师事务所为其提供服务，以此来获得更多的信息和寻租机会。从这方面来看，提高发审委员会成员的中立性是值得考虑的。可以通过尝试提高专家、学者等与市场利益相关性较小的委员比例，也可以提高投资者委员的比例，包括风投和经验丰富的个人投资者，也包括来自基金公司等机构的专业机构投资者代表。

2.创业板发行审核缺乏效率性，审核所需时间或长或短，缺乏有效的监管措施。从上报资料到审核通过，短的要半年，长的期限不可预测，对急需快速融资的创业板上市企业极其不利。另外，上市审核的结果也很难预测。即使上市公司满足创业板上市条件，却无法准确预测是否能通过发审委员会的审核。发审委委员的好恶及其他因素都有可能影响发行审核的结果。不仅如此，创业板尚缺乏有效的监督措施促使发审委员会勤勉尽职，干好干坏都一样。上市公司一旦出现什么问题，创业板发审委员会不会承担任何责任，甚至会出现"踢皮球"的现象，将责任推给发行人或者是保荐人、律师事务所等中介机构。证监会规定了谈话提醒、批评、解聘等法律责任形式作为发审委委员会的约束惩罚机制，但是没有得到很好的实施。因此创业板需要完善对发审委委员的约束与惩罚机制。

首先，应明确发审委员会委员的法律身份。发审委是公私结合的特殊组织结构形式，但行使的发审权具有行政权力的性质。因此，明确委员的法律身份是其依法行使权力，接受法律约束的基本前提。证监会是国务院直属事业单位，依法对证券市场行使监督管理职权。发审委是证监会的内设机构，有法定的职权，但是来自证监会以外的发审委委员受聘于证监会行使行政权力，但不属于国家公务人员，受监管的力度也小于国家公务人员。因此，明确发审委员会成员的法律身份，有明确的法律法规对其行为进行约束是十分必要的。

其次，在明确其法律身份的基础上，依据不同的身份背景制定更加详细的问责形式。例如，对于国家公务人员可以采用将其在发审委的工作与其所在单位的工作相连，充分利用其政治声誉、职级晋升等政治约束，强化发审委委员的责任感和使用感。而对于来自会计师事务所和法律事务所的委员会成员则应当注重对其经济利益和证券从业资格的约束，以进一步扣罚薪酬和取缔其证券从业资格等形式问责。

最后，应加强对中国证监会发行核准权的监管，减少或防止权力寻租现象发生。应该在立法或制度设计上尽量使发行审核公开化，提高审核工作效率，尽量减少发行审核工作中隐蔽操作的可能性，杜绝审核进度的随意性。对发审委委员在行使权力过程中的违法犯罪行为依照刑法相关规定追究刑事责任。

由于我国创业板市场股票发行实行的核准制存在诸多浓厚的行政色彩，本应独立行使审核权的证券交易所在我国却处于证监会的分支机构，交易所在人事任免上也依赖于证监会，这在无形中与以往的行政审批制度有很大的相像。在我国核准制下，监管部门集监管权和审核权于一身，重审批，轻监管。对企业实行实质性审核，不仅要对申请人提供材料的形式性、程序性和真实性进行审核，还要对其盈利能力、发展前景等做出实质性判断，替股民做投资价值分析。因此，不断规范和完善发行审核制度需要一个较长时间的过程。随着时间的推移，可以逐步尝试将发行审核权限下放到深圳证券交易所。

目前在我国创业板的发行体制中，由证监会组织的发行审核委员会负责核准新股发行，但是目前我国待上市企业资源丰富，而发行审核委员会的人员有限，排队等候发行审核的企业数量很多，这就严重影响审核的速度和效率。如果把审核权限下放到深交所，监管部门可以将更多精力放在政策的制定和监管市场运行方面，可以从整体上提高经济运行质量。

二、中国创业板市场的交易制度规范

（一）在竞价机制的基础上引入做市商制度

我国创业板交易规则中规定"我国创业板市场采用无纸化的电脑集中竞价交易机制"，指股票发行人按照交易者出价高低，出价先后顺序进行股票交易。公开的集中竞价，则是所有有关购售该证券的买主和卖主集中在证券交易所内公开申报、竞价交易，每当买卖双方出价吻合就构成一笔买卖，交易依买卖组连续进行，每个买卖组形成不同的价格[1]。在交易过程中会出现买单卖单不均衡和大额交易引起股价剧烈波动的情况，进而出现人为操纵股价的行为。股票往往在上市之初涨停，之后一段时间又会出现跌停，波动剧烈。而海外创业板市场多采用竞价制与做市商制度并存，以混合式市场为主的模式，能有效地抑制市场价格的波动。

---

[1]　王小龙：《商法与经济法》，中国政法大学出版社 2014 年版，第 154 页。

做市商制度不同于竞价交易方式，指在股票市场上，由具有一定实力和信誉的证券公司作为特许交易商，每只股票可能有几家做市商，不断向社会公众投资者报出指定股票的买卖价格和股票数量，创业板市场则通过电子报价系统自动对全部做市商的报价进行收集、排序并对外公布，公众投资者在做市商报价的基础上作出买卖要求，然后证券公司以其自有资金和股票与公众投资者进行交易的过程。做市商制度就是通过不断地与公众投资者进行股票的买卖来维持证券市场的流动性，并能起到证券市场价格稳定器的作用。通过做市商制度可以防止内幕交易、操纵股价、交易风险等违规行为的产生，提高创业板市场运作质量和运作效率。另外，做市商处理大宗股票交易的能力更强。在做市商制度下，所有的证券投资者都是直接与做市商进行交易，做市商持仓做市，对其做市的证券持有充足的库存，并拥有大量的资金，因此，做市商可以直接消化掉大宗的买盘或卖盘，从而使大宗交易更为便捷。更重要的是，做市商直接消化大宗交易，而不使买卖盘直接对冲，能最大限度地减缓大宗交易对市场价格的巨大影响。

我国创业板市场应逐步引入做市商制度，要求上市公司至少选定一个做市商，与其签订做市协议。做市商制度是多对一的关系，一家上市公司由一组做市商为其服务。同时，做市商还能为交易提供充足的交易资金，规定要求，做市商必须保持一定的资金和证券存货头寸来应付投资者的双向买卖需求。作为创业板市场典范的美国 NASDAQ 市场，采用的就是做市商制度，做市商制度被认为是 NASDAQ 市场运作成功的三个重要因素之一，其成功培育了一批龙头企业（如微软、思科、英特尔等）。NASDAQ 的做市商制度也纷纷被其他创业板市场所效仿，如日本、英国、法国、德国及其他国家的创业板市场。引入做市商制度也是建立我国多层次资本市场的需要。我国的资本市场包括主板、中小板、创业板及场外交易市场等，已经形成了功能和定位各不相同的多层次的资本市场。这种多层次的资本市场也要求针对其不同功能、不同定位，设置多样的交易制度。

做市商制度已经成为全世界创业板市场的主流交易制度，我国创业板市场成立只有 4 年多，各方面都不够健全，风险高、流动性差，股价容易被操纵，全面执行做市商制度的条件还不够成熟，但若在现有竞价机制的基础上引入做市商制度，将二者有机结合，实现二者的优势互补。在这种混合交易制度中，做市商能够发挥增强市场流动性和避免股价异常波动的作用，并极大地震慑操纵市场的行为，对促进创业板市场的健康有序发展能够做出积极的贡献。我国创业板也可以适当借鉴相关国家的经验，在竞价机制的基础上引入做市商制度，为成长中的中小企业创造一个健康有序的融资渠道。另外，从法律制度的规定上也应适时做修订，赋予做市商一定的权利，保障做市商的利益，保证做市商制度的实施。

（二）完善股票禁售期制度

公司上市后要维持业绩的稳定性，防止公司上市后发生主要资金抽逃和主要管理人员辞职的问题，因此，股票限售期制度成了保持上市公司经营连续稳定的一项重要措施。尤其是成立时间不长又具有高成长性的高科技公司，人才等无形资产是公司最宝贵的财富，这类企业的创始人或核心管理人员的离任将给上市公司的经营发展造成巨大的影响。为保护投资者的利益，必须将发起人股东和管理层股东的利益与公司发展联系起来，实施股票限售制度。韩国科斯达克市场对股票限售期作出了明确的规定，最大股东与特殊关系人自企业上市之日起一年内不得出售所持股份，第一年至第二年内每月最多出售所持股份的 5%。海外创业板市场的股票禁售期限不完全相同，但大都对这一制度做出了具体的要求。借鉴境外创业板市场经验，我国创业板市场也对公司管理层股份作出了明确的限售规定，对董事、监事、经理等高级管理人员持有的股份制定了一套限售制度。但是，我国创业板市场仍存在严重的高管离职、股票套现等现象。这就要求创业板市场在参照我国国情的情况下，完善相应的法律法规，通过适当延长股票锁定期限和降低锁定期限到期之后的股票限售比例等办法，明确规定具体的股票锁定期限和股票交易数量限制，建立适合我国的股票禁售期制度。同时，通过示范、宣传、鼓励企业采用国际通行的滚动式锁定方法，对高层管理人员任职期间所持有股份的交易进行制约。

三、中国创业板市场的市场监管制度规范

（一）建立健全监管规范，建立多层次的监管体系

对创业板市场进行监管，是为了使创业板的系统性风险降到最低化，使非投资者自身原因带来的风险降到最小。创业板上市公司规模小于主板市场，企业发展的不确定性、技术风险、市场风险和经营风险都比较大，资产与业绩评估分析的难度较高，出现内幕交易和操作市场的风险也比较大，给投资者带来的投资风险更大。因此创业板应严格规范市场监管标准，建立完善的监管制度体系。

建立健全监管规范，为创业板市场的发展提供保障和依据，并且建立相应的制度体系，为创业板市场的监管提供依据。在监管体系中应根据创业板企业的特殊性制定不同于主板市场的监管方法，以防范风险为基础，建立风险评估指标体系和早期预警系统。该体系应包括公司面临的各类风险和识别依据，各项参数及其相互关系，以及具体指标和适度值。该体系运行前，可选择部分公司进行试点，待该体系得到有效检验后再逐步推广。针对我国创业板上市公司规模小、股本少、股价更易被炒作的现实情况，监管部门应采取创新的监管手段，依托证券交易所现有的股票交易监察系统搭建创业板上市公司股价异动监管平台，充分发挥监管优势，及时发现并查处、严厉打击操纵股价等违规行为，维护创业板市场健康平稳的运行。

我国创业板市场应采取"监管与自律"的双重监管架构。目前我国证券市场具备证监会、证券交易所、证券业协会等监管机构，但

是没能做到严格意义上的分级监管。分级监管模式分为一线监管和二线监管，由证券交易所和证券业协会等自律组织负责一线监管，根据法律授权监管上市公司和上市程序，由政府专设的证监会负责二线监管，证监会作为法定机构承担发起、制定和执行法律法规的职责。分级监管模式的采用，可以促进自律机构的自我管理，又能够将监管的一切行为较为完善的纳入监管法律体系，是世界上创业板市场监管模式的发展方向，我国的创业板监管也应该采用这种模式。

（二）完善保荐人制度

《创业板首发办法》中规定发行人首次在创业板发行股份时，须由保荐人推荐。保荐人制度的价值则在于通过明确保荐人和保荐代表人的职责，完善责任追究机制，充分发挥保荐人提高上市公司质量、监督审核上市公司行为、保护投资者利益、稳定证券市场的重要功能。

由于我国保荐人与主承销商身份的重叠，往往出现上市公司与保荐人勾结做假，保荐人"荐而不保"等问题。保荐是对申请上市公司信息披露真实性及达到上市标准的担保，而承销是为取得销售的最佳业绩，以利益最大化为目的，二者的职能有着很大的区别。作为保荐人的同时还担任主承销商，必定会为了取得最佳的销售业绩，与上市公司联手做假。因此追求利益最大化的保荐人不再重视上市公司的内在价值和质量。另外，我国保荐人制度未区分保荐人在发行上市前与上市后的角色，由一家保荐机构同时承担发行上市前的辅导、审核、推荐和发行上市后的督导。上市前与上市后的工作不加以区分，推荐人与监督人的职责不加以区分也导致保荐人本身定位不清。

针对保荐人制度的缺陷，应从以下几个方面着手改革：

1. 应将保荐人与主承销商身份剥离。保荐人和主承销商的身份同一，使得保荐人缺乏了必要的独立性。保荐人不可能完全做到首先对被保荐公司的质量负责，对信息披露的可靠性负责，对持续督导发行人履行规范运作、信守承诺、信息披露等义务负责，而只能是主要对自身的利益目标负责。若将两者的身份不加以剥离，将导致作为主承销商的保荐人成为发行人的重要利益关系人。极有可能发生的情景便是保荐人只顾眼前的短暂利益而与发行人构成一种利益共同体，无法做到对发行人的尽职调查、审慎推荐，那么保荐人制度和职能就会大打折扣。只有将保荐人与其主承销商的身份剥离，保荐人才能作为独立的第三方，审慎地发表专项意见，持续督导发行人规范运作。

2. 将推荐上市与持续监督的职责分离。不同于我国的由一家保荐人承担上市审查与持续督导两种角色，马来西亚保荐人制度中的保荐机构分为上市保荐人和保荐人两种。上市保荐人承担公司上市申请阶段和上市后一年内的保荐工作，主要职责是辅导和推荐；保荐人则承担公司上市满一年后的保荐工作，主要职责是辅导和监督。香港则将保荐人职责分为保荐人、合规顾问、财务顾问，保荐人负责新申请发行上市前阶段的辅导和推荐工作，合规顾问负责发行上市后的持续协助和督导责任，独立财务顾问负责发行人上市后重大交易和安排的审查。这两种制度安排对保荐人在上市前与上市后的角色不同作了区分，把保荐人作为辅导推荐人的角色和监督人的角色分解开来由多个保荐机构承担，避免角色冲突，可以更好地发挥保荐人的担保、推荐和监督作用。

3. 强化保荐人责任。强化保荐人的尽职调查和审慎推荐的职责，在企业成长性、自主创新方面，要求保荐人出具专项意见。在持续督导方面，要求保荐人督促企业合规运作，真实、准确、完整、及时地披露信息，督导发行人持续履行各项承诺，并定期对发行人发布的定期报告进行跟踪调查。我们看到保荐制度的核心是保荐代表人和保荐机构的担保责任。强化保荐责任，提高新股发行上市质量，是资本市场长远发展的一个保证。对于失职的保荐人可以适当加重处罚，短期内可以使保荐人更加尽职尽责，长期来看则能够减少上市公司的造假概率，这样就能实现保荐人制度的根本目的，提高证券市场的总体效率。从其他国家金融中介机构制度的实施来看，无不辅之以严格的法律责任制度，以增加中介机构的违法成本，使中介机构更好地承担责任。

4.加强对保荐代表人的管理。目前保荐项目的签字保荐模式为同一个保荐代表人可同时签主板和创业板各两家在审企业，同一个项目需要两个保荐代表人共同签字，即"双人双签"制。在现有签字模式下，由于部分保荐机构的项目较多，很难做到每个保荐代表人签字保荐本人实际保荐的项目，保荐通道显得比较紧张。而项目的实际完成人出于自身利益和内部考核等原因，往往选择性地向保荐代表人披露项目的风险和存在的问题，导致保荐代表人无法全面客观地保荐项目。因此，应保证现有的保荐代表人必须签字实际进行全面尽职调查的项目。在责任承担方面，应当重点强化保荐机构的权利和义务，弱化保荐代表人的作用，规范其合理流动。要重点强化保荐机构的质量控制和风险控制制度，每年根据保荐机构的实际业务的执业效果来评价其质量控制和风险控制水平，作为对保荐机构综合评价的依据。同时，逐步放宽对保荐代表人的注册限制，加强监督其执业经验和从业记录，加强对保荐代表人的统一管理。

（三）严格规范信息披露制度

信息披露是创业板存在和发展的基石，增强市场透明度是我国创业板监管的重心所在。目前我国创业板市场信息存在披露不充分，含有误导性或造假信息，造成创业板市场信息不对称，信息披露不全面、不及时、披露的信息质量不高等问题，直接影响投资者的决策，相关利益者也会利用不对称的信息进行内幕交易，操纵市场，赚取暴利。

我国创业板市场应加强信息披露的监督，对不实披露进行定期的通报和处罚，同时进一步规范信息披露制度，提高信息披露质量，保证信息披露的真实有效、公平公正，防止由于信息不对称导致利益分配失衡。我国最新颁布的信息披露细则中除了沿袭主板市场的相关规定外，还要求发行人的控股股东、实际控制人应当对招股说明书出具确认意见，并签名、盖章，扩大了投资者的信息接受范围，将创业板市场易发生操纵上市公司等潜在的犯罪责任主体拓宽，并针对公众传媒出现对股票价格有重大影响的误导性消息等事件，规定限制发行人及与本发行有关的当事人以广告、说明会等方式为公开发行股票进行道歉及澄清。我国创业板市场具有特殊性，为了充分发挥创业板的作用，信息披露的具体规则应该适应其特点：第一，强调风险披露和提示。风险是信息披露的重点，创业板信息披露应明确风险披露范围，如有关市场营销、技术、财务、法律、公司核心人员更换等可能影响投资者判断的重大不确定性因素，并要求发行人对这些风险因素进行定量或定性分析。第二，强调成长性信息的披露，建立成长性信息披露制度。建立创业板公司成长性信息披露制度，强制要求上市公司进行成长性信息披露，该信息要独立于年度财务报告，能够使投资者充分了解上市公司的成长性。该报告不仅要列明能够量化的成长性信息指标，还要提供同期比较数据，以便于考核上市公司成长的持续性，便于投资者作出决策判断。高成长性是创业板上市公司的特点，创业板市场应该要求发行人披露反映企业短期发展历程的活跃业务记录和展现企业发展潜力的业务发展目标，更应当强调上市公司及其所属行业在科技含量、成长性、稳定性、市场竞争状况、盈利能力等方面的信息。第三，强调信息披露的时效性。信息披露的时效性影响投资者对风险的判断，减少时滞性带来的投资风险。海外创业板市场如香港创业板市场、德国新市场、东京证券交易所，不仅要求上市公司披露年报、中期报告，还要求披露季度报告，而且年报和中报的披露时间较主板市场也将相应缩短。第四，强调信息披露的事前监督。信息披露的监管多停留在事后查处上，事前的有效预防和主动检查不足。创业板市场应加强对信息披露的事前监督，促使上市公司按法定要求行为，从而减轻虚假信息带给市场的巨幅波动，有利于证券市场的稳定，又可保障投资者的合法权益。第五，完善信息披露监管体系。我国已建立以基本法律法规、证监会部门规章、深交所自律规则为内容的上市公司信息披露监管体系，但不够完善，各部门之间缺乏协调。处于监管一线的证券交易所权力不足，对上市信息披露违规的处罚力度较轻，难以达到威慑效果。因此有必要完善多层次信息披露监管体系，提高监管水平。证券交易所应承担更多的日常的信息披露监管工作，发挥一线监管职能。证监会则对上市公司进行宏观监管，统一制定证券市场政策和上市公司信息披露规范，时时关注现有的规则体系是否符合市场运行规律。另外，要充分发挥会计师事务所等独立中介机构的监管职能。我国创业板上市公司信息披露监管的独立机构包括会计师事务所、律师事务所、资产评估机构、资信评估机构等，建议对这些行业加强管理，提升行业形象，增强其独立性，对各种违法违规行为进行坚决惩处。对于违法、违规的中介机构和个人实行严格的市场进入制度，一次违法或违规，多年禁入，后果严重的则实行终身禁入制度，以便促使中介机构有效发挥其监督职能。

（四）加强对募集资金的管理

在对募集资金的管理和使用方面，保荐机构应加大核查力度，对存在超募资金使用问题的上市公司，采取严厉的惩罚措施，追究保荐机构的连带责任，并要求其提供会计师事务所、审计师事务所出具的鉴定报告。

此外，对于超募资金还可考虑建立独立的第三方托管账户，以完善超募资金的管理制度，监督超募资金的使用方向。如在证券业协会设立一个管理超募资金的基金，发行人使用合理规模的募集资金投资计划完成之后，如果再有新的发展规划，可以再次提出申请，完成上市募集程序和符合募集规定，但不需要通过上市来募集资金的，可以从专项基金中募集。这符合资源优化配置原则，也是对投资者利益最切实的保护，还可减少不择手段使用超募资金的违法行为。为了更好地保护发行人、投资者的经济利益，还应建立欺骗发行的民事诉讼和严格的民事赔偿制度，从最大程度上增加发行人、承销商、询价机构等关联人的违法、违规成本，使其违法成本远远大于非法所得，进而形成道德压力和法律约束力。

四、中国创业板市场的退市制度规范

创业板作为一个支持高新技术产业发展的市场，其退市制度的推出有利于创业板市场健康长远的发展，也有助于整个资本市场动态平衡的发展，形成优胜劣汰的机制，促进资本市场规范、健康、合理、稳定的发展。借鉴海外创业板退市的经验，结合我国创业板市场的实际情况，提出以下几点建议：

（一）完善创业板市场退市标准

《创业板上市规则》对在创业板上市的公司退市标准和程序有明确的规定，退市制度中规定的退市标准共包括13项，设立的目的是使创业板市场成为一个良好的融资环境，推行竞争机制，优胜劣汰。但是这些规定在针对性和可操作性上仍然不够完善，现行的退市标准很容易被企业通过各种方法来规避。如作为退市标准之一的连续亏损，上市企业往往通过报表重组、盈余管理等会计手段来避免出现3年连续亏损。因此，创业板需要进一步对各项指标进行细化和量化，并且对不同科技产业的上市要求和退市标准进行差异化处理，建立完善的可执行的退市标准。要明确上市公司、监管机构和交易所的各方职责，并在上市公司进行退市操作时能够对不同类型的公司进行有效的区分，使各项指标具有可操作性。在标准方面，可以引入关于公司股票市值、持股市值、总资产、公众持股人数等数量指标，同时也可以引入公司高管违规、改变筹集资金用途等非数量指标，并保持各项退市标准之间的有机联系，各指标之间相互匹配、相互制约，增强退市标准的客观性。另外，我国创业板市场的退市程序也应简化，避免上市公司利用各项宽限期条款进行交叉操作，从而规避退市的情形。例如，增加直接终止上市情形，扩大直接退市的适用范围；明确暂停上市及恢复上市的条件和标准；对上市公司实行重大资产重组与首次发行审核等同的条件，取消资产重组的政策倾斜，推动业绩较差的上市公司主动退市；对业绩较差的上市公司实行先退市后破产机制等。

（二）增加企业退市时对投资者的保护措施

我国创业板市场上市公司退市的原因往往是由于上市公司违规操作或者经营不善造成的，对投资者存在一定的不公平性，尤其是对抗风险能力更弱的中小投资者。上市公司退市的原因包括暗箱操纵、非法挪用资金、不正当关联交易、虚假陈述等严重违法行为。我国现行法律对投资者的权利得不到全面的救济，因此必须完善对中小投资者的赔偿制度，防止由于上市公司一股独大导致中小投资者因信息不对称而受到财产的损失。退市制度保证了资本市场的质量，但同时也要考虑投资者的利益，这就要求我国创业板规则在此方面进行相应的规范，完善上市公司退市时对中小股东的相关立法保护，制定相关司法救济。同时，也要建立对上市公司高管、控股股东、保荐机构以及会计师、律师事务所等相关机构的责任追究机制和对投资者的赔偿机制，明确各自责任，防止相关利益方侵害中小投资者的利益。应针对不同情况，规定不同的责任追究及相关赔偿规定。如建立高管责任追究制度等。对于财务造假、恶意退市而导致投资损失的，应由控股股东承担主要责任，保荐机构、律师事务所等中介机构应承担连带责任，而中小投资者相应承担较小的损失。规定控股股东对恶意退市承担主要责任，能够大大降低上市公司违规的可能性，还能使中小投资者的损失有了赔偿来源，保护了中小投资者的合法利益。要切实落实这一政策，可以考虑从以下几方面入手：第一，查明上市公司退市的原因，加强对控股股东、高管人员的审计监督。第二，建立对退市公司高管人员失职的责任追究制度，明确责任形式。第三，加强上市公司的诚信建设，强化高管人员的诚信责任，督促高管人员严格履行其应尽的职责，对严重违法违规、严重失信的高管人员坚决采取市场禁入等措施。第四，配合创业板退市制度，建立股东集体诉讼制度和民事损害赔偿制度。目前我国的创业板市场尚不具备这样的配套机制，因此，建立风险处理配套机制对降低市场风险、保证创业板市场稳健发展具有重要意义。

（三）建立退市制度的转板机制

海外创业板市场上市公司在符合主板上市条件时，便可以向主板提出申请转板，成为主板的上市公司。对于公司是否需要转板，目前没有一致的结论，转板与否也并非是必要的，它取决于公司的自主选择。国外成功的创业板市场如美国纳斯达克市场的退市制度都是以多层次证券市场为依托而建立的。

创业板市场退市机制的建立还有赖于我国多层次资本市场的不断完善，尤其是三板市场的建设。在由主板、创业板、三板市场构成的多层次资本市场的流通过程中，凡是已在主板上市却不满足主板上市条件的企业以及不满足创业板上市条件的上市公司均退至三板市场，这就解决了后续的市场流通问题。而不满足三板市场上市条件的企业则直接退市，结束整个交易活动。目前，我国多层次资本市场体系建设正在逐步成熟，包括主板市场（上海和深圳交易所）、二板市场（中小企业板、创业板市场）、场外交易转让系统和各地的产权交易所。特别是场外交易市场的建设，可以为创业板退市的公司提供一个转板的渠道。基于我国资本市场现行分层的基础上，应该建立适当的转板制度，可考虑上市公司在满足一些条件后，自愿升到要求更高的一板，而如果公司上市后，经营不善，导致各项指标不再满足所在板块的要求，可以实行强制的降板机制。这样就可以既保证了创业板市场的整体质量，又保护了投资者的利益。需要注意的是，海外创业板市场曾经出现过因转板速度过快或时间把握不好而影响创业板市场发展的案例。

所以，我国的创业板市场应在摸索一段时间后，对创业板市场转板条件和转板操作流程等作出明确规定，建立健全转板机制，适度把握转板节奏和时机，这样才能让转板机制发挥应有的作用。

（四）提高退市后重新申请上市的标准

目前，我国创业板市场上市公司终止上市之后，将直接退市，一般不能进行转板处理，即由保荐人在代办股权转让系统代为登记，这使得退市制度非常严格，直接剥夺了创业板上市公司的转板机会。一方面有利于上市公司改善和提高经营管理水平；另一方面，退市后的公司不再是上市公司，也可以避免壳资源的过度炒作。但是，上市公司退市后如符合代办股份转让系统条件，可自行委托主办券商向中国证券业协会提出在代办股份转让系统进行股份转让的申请。在创业板市场上市的公司股票暂停上市或退市后，申请恢复上市的条件必须大幅提高。例如，暂停上市的公司重新上市时公司每股净资产应大于1元，且未分配利润为正数；上市公司退市后重新申请上市的其各项指标要求不应低于IPO最低标准，如最近3年必须连续盈利，最近3年净利润累计不少于2000万元，且持续增长，或者最近一年盈利，且净利润不少于800万元等。

五、中国创业板上市公司股权激励制度规范

创业板企业实施股权激励目的在于让公司高管长期持有股票，以激发上市公司高管的主人翁意识，激励其不断提高公司业绩。但现实情况与理想并不一致，股权激励制度的推出确实促进一些上市公司提高了经营业绩，但也滋生了诸多问题，如一些公司的股权激励成为管理层牟取暴利的寻租工具，创业板企业高管在持有公司一

段时间并达到其预期收益之后行权，短时问涌现大批暴富阶层，急剧拉大公司管理层与职工薪酬差距，并未达到股权激励的长期效果。同时，还引发上市公司治理问题、财务舞弊、监管不利、操纵股价、信息披露违规等问题，究其原因是我国股权激励制度不够完善。

（一）优化股权激励方案设计

我国上市公司股权激励方案存在如下问题：首先，股权激励模式较为单一。据统计，上市公司中已推出股权激励方案的公司中，大约有70％的上市公司选择了股票期权模式，而限制性股票、股票增值权等模式的使用较少，由此，我国上市公司股权激励模式较为单一。其次，股权激励计划涉及面小。多数上市公司中只有少数的高管、关键技术人员可以获得激励，容易造成获得激励的高管等人员抛售获利，造成管理层与企业职工薪酬差距拉大，普通员工因没有获得股权激励而失去工作积极性。再次，股权激励强度偏大。有一部分上市公司用于股权激励的股份达到了规定的上限（即总股份的10％）。另一部分上市公司虽然激励股份数所占比例较低，但总数却很大。因此，总体来说，我国上市公司在激励强度上偏大。最后，上市公司在制定股权激励方案并没有考虑在市场低迷时期，股票期权可能失效，给予公司董事和高管过多的激励数量会导致价值分配不均衡等问题①。

针对上述问题，首先，应对股权激励行权价格的制定方法进行修改。我国创业板市场中高科技企业较多，风险较大，股价波动较大，可以借鉴国外经验，采用股东价值增值法、指数化股票期权定价法，在行权是根据股票指数的变化或股东价值的变化相应调整行权价格。

---

① 杨石宝、葛菁：《上市公司股权激励存在的问题与对策》，载《经济研究导刊》2014 年第17 期。

其次，企业管理者有不同的风险偏好，在推行股权激励政策的同时，还可以结合其他激励手段，如给管理者创造良好的工作环境、给员工相应的业务培训、提高其技术水平等，还可以与提高企业福利相结合，最终的目的都是激发人才的潜力，让其更好地服务于企业。再次，企业在实施股权激励计划的时候，要严肃、客观地设置行权条件，不仅要设置前置条件，更要设置激励对象获得股票后的约束条件，以防止在我国弱有效的资本市场中出现激励对象集中抛售，甚至套现离职等现象出现①。最后，不同股权激励模式对企业业绩有不同的影响，企业应依据自身情况如发展规模、发展阶段和发展战略规划来选择适宜的激励模式。

（二）改善股权激励的效应

创业板上市公司推行股权激励政策的确吸引了大量的优秀人才，给企业的发展注入了充沛的活力。但同时也出现了创业板上市公司推出股权激励计划后，有核心人员因个人发展等原因离职的情况。这点充分说明上市公司应根据自身的实际情况采用科学合理的激励方式。首先，上市公司应围绕自身发展战略，结合发展现状，确定股权激励的目标，制定科学合理的股权激励方案，公司采取股权激励计划之前应审慎考虑股权激励的利弊得失，并结合本公司的实际情况、员工特点等诸多因素设计条款，尽可能避免股权激励后出现的员工离职或集中抛售等不利于企业发展和股东利益的情况。其次，创业板公司不能把股权激励当作留住人才的唯一途径。除了物质激励外，企业文化的建立如培养员工对企业的认同感和归属感等也是至关重要的。可以考虑股票期权与其他激励方式搭配起来使用，扩大激励对象、适当提高行权价格等，以激励管理人员更努力地工作。再次，上市公司要根据企业发展的不同时期调整激励目标，使激励对象的行为与公司的战略

---

① 张静：《创业板企业股权激励制度分析》，载《中国商贸》2012 年第 29 期。

目标保持一致，从而有效地提高激励对象的工作积极性，更好地为企业服务，促进企业的可持续发展。在激励时间上，应该倾向于长期激励，避免期限过短导致的逆向选择和道德风险。最后，在激励方式上，对股票来源、行权价格、行权期限、行权比例等条款采取比较灵活的设计。总之，企业应结合自身的特点，因地制宜，设计适合本企业长期发展的股权激励方案，这样才能使股权激励充分发挥其积极效用[①]。

（三）建立规范的创业板绩效评价体系

我国创业板上市公司在股权激励实施的过程中应建立完善有效的业绩评价指标。我国创业板上市公司大多是高科技、高成长、具有成长潜力的中小型企业。与主板上市公司相比，创业板上市公司更关注企业在科技创新、技术进步、开拓进取及人力资源等各方面的能力。但创业板上市公司股权激励的行权条件却与我国的主板上市公司基本一样，只有资产收益率、净利润等财务类指标，没有体现出创业板上市公司技术领先的特点。事实上，原有评价指标涉及的非财务评价指标较少，财务指标体系作为评价指标不够全面。财务评价指标单一，容易导致过度关注短期激励效应，而长期激励效应不足。过于简单的财务指标使股权激励的行权条件易于实现，无法全面、准确、客观地评估激励对象的工作成效，并会带来诸多负面影响，包括企业短期行为、高风险经营、人为篡改财务数据等。创业板上市公司应建立一套完整的评价体系，对财务评价指标做相应的扩充，引入包括偿债能力、成长能力、管理能力、盈利能力等财务指标，并赋予不同权重，对上市公司经营业绩进行全面系统的考核。除财务评价指标外，还应引入反映创业板上市公司市场表现、创新能力、增长潜力、规范管理

---

① 杨石宝、葛菁：《上市公司股权激励存在的问题与对策》，载《经济研究导刊》2014 年第 17 期。

等方面的一些非财务指标，促进上市公司提高核心竞争力，提高经营绩效，实现长期稳定、持续的发展。

（四）健全和完善职业经理人市场

经理人市场的完善程度影响着股权激励制度的有效性，我国的经理人市场仍不够完善，不能有效监督和约束经理人，不能通过有效的渠道和契约确保我国经理人的培育、选拔和使用。我国国有上市公司中，绝大多数经营者是由政府任命的，约占73%，由董事会任命的占20%，其他方式任命的占7%。通常情况下，行政任命的经营者都需在职5—10年甚至更长时间。而股权激励机制很容易同行政任命发生冲突。一旦冲突出现，经营者只能无条件地服从组织的调动安排，其结果是股权激励机制难以实施下去。另一方面，经理人的利益与股东的长期利益难以保持一致，从而减弱股权激励效应。因此，必须不断完善经理人市场，经理人市场应引入竞争机制，由行政任命机制转向市场引入机制聘用经理人；应加快职业经理人市场的培育，建立公开、公平、竞争的经理人选拔和聘用机制，使优秀经理人能够脱颖而出，促进高素质经理人队伍的快速形成和发展。健全完善的职业经理市场可提供很好的市场竞争机制，通过良性的竞争和淘汰机制，由市场来选择优秀的经理人，由市场来确定经理人的价值。

第四章
中国创业板市场的
运行分析

第一节　中国创业板市场的企业选择

一、自主创新型企业的内涵、确定标准

创业板的推出是为了进一步完善我国资本市场，给处于创业发展时期的中小企业提供直接融资的平台。该市场是以自主创新企业及其他成长型创新企业为服务对象，为了推进自主创新型企业的发展，促进以市场为导向、企业为主体、产学研相结合的技术创新体系建设，以科技部为主的国家相关部委采取了以开展创新型企业试点工作为手段的"创新型企业"认定工作。自主创新型企业的选拔采取自愿申报的方式，中央企业向国务院国资委、中央级转制院所向科学技术部递交申报材料。民营科技企业和科技型中小企业等依靠技术创新发展的企业向本地方的技术创新引导工程或创新型企业试点工作协调小组办公室申报，尚未建立联合工作机构的向地方科技主管部门申报。

自主创新型企业的试点范围主要在国有骨干企业、转制院所、高新技术企业和其他主要依靠技术创新发展的企业中选择。主要看重企业的"六新"和"两高"性质。在《第五批创新型企业试点工作实施方案》中规定自主创新型企业的选择条件是：第一，具有企业发展的关键技术和自主知识产权。近3年获得过授权发明专利，软件、集成电路、农业企业获得过著作权、集成电路布图设计权或植物新品种权等；主持或参与制定过行业、国家或国际技术标准的。第二，具有持续创新能力。研发费用占年主营业务收入比例处于同行业前列；有较高水平的研发机构，具有行业技术领先地位；重视科技人员和高技能人才的培养、吸引和使用；有良好的产学研合作关系。第三，具有较强的盈利能力和较高的管理水平。资产负债率处于安全水平，公司治理结构健全，具有良好的社会诚信形象；通过质量管理等相关认证，制药企业通过国家GMP认证；知识产权管理制度和管理体系比较健全。第四，具有行业带动性和自主品牌，能够带动行业技术进步。主导产品市场占有率在全国同行业中位居前列，有较大的主营业务收入规模，发展潜力大；拥有省部级以上名牌产品或知名商标；新产品和新服务或采用新工艺带来的销售收入占当年主营业务收入的20%以上。第五，具有明确的创新发展战略和良好的企业文化。企业主要负责人重视技术创新并将技术创新规划或技术创新成为企业发展规划的重要内容；制定健全的鼓励创新的薪酬激励和奖励制度；工会组织健全，正常开展活动，企业劳动关系和谐；职工技术创新活跃，积极提出合理化建议。

二、高新技术企业的确定标准

高新技术企业是指在《国家重点支持的高新技术领域》内，持续进行研究开发和技术成果转化，形成了企业核心的自主知识产权，并以此为基础开展生产经营活动，并且是在中国大陆境内（不含港、澳、台）注册一年以上的居民企业。

《高新技术企业认定管理办法》第十条对于高新技术企业认定需满足的条件做出了如下规定：第一，在中国境内（不包括港、澳、台地区）注册的企业，近 3 年内通过自主研发、受让、受赠、并购等方式，或通过 5 年以上的独占许可方式，对其主要产品和服务的核心技术拥有自主知识产权。第二，产品（服务）属于《国家重点支持的高新技术领域》规定的范围内。第三，具有大学专科以上学历的科技人员占企业当年职工总数的 30% 以上，其中研发人员占企业当年职工总数的 10% 以上。第四，企业为获得科学技术（不包括人文、社会科学）新知识，创造性运用科学技术新知识，或实质性改进技术、产品和服务而持续进行了研究开发活动，且近 3 个会计年度的研究开发费用总额占销售收入总额的比例符合如下要求：最近一年销售收入小于 5000 万元的企业，比例不低于 6%；最近一年销售收入在 5000 万元至 20000 万元的企业，比例不低于 4%；最近一年销售收入在 20000 万元以上的企业，比例不低于 3%。其中，企业在中国境内发生的研究开发费用总额占全部研究开发费用总额的比例不低于 60%。企业注册成立时间不足 3 年的，按实际经营年限计算。第五，高新技术产品或服务收入占企业当年总收入的 60% 以上。第六，企业研究开发组织管理水平、科技成果转化能力、自主知识产权数量、销售与总资产成长性等指标符合《高新技术企业认定管理工作指引》的要求[1]。

三、其他成长型企业

首先，所有在创业板上市的企业都属于创业企业。而创业企业，是指处于初创期或成长期的企业，这一概念是从企业设立时间和企业

---

[1] 张艳伟：《创业板上市审核与保荐重点》，中国法制出版社 2011 年版，第 81—82 页。

规模方面对企业成长阶段的认定。创业企业概念只是对同处于初创期或成长期企业的一个统称，并不存在一个精确的外延范围。

其次，在创业板上市的创业企业必须具有成长性。成长性是拟创业板上市公司的核心特征。企业在创业板发行上市时，保荐人必须对该企业的成长性进行尽职调查和审慎判断并出具专项意见，由此也给投资者提供一些判断该企业是否具有良好的发展前景的依据。

最后，不是任何自主创新型的企业都适合在我国创业板市场上市，要求同是成长型创业企业和自主创新型企业才适合我国的创业板市场。不能否认的是，成长型创业企业中的大部分属于自主创新型企业，但也包括其他类的企业，如果一个企业不具有自主创新的能力，但是他属于成长型的创业企业，那么它同样适合在我国创业板上市。

总之，并不是只有自主创新型企业和高新技术型企业才适合在我国创业板上市，其他一些具有发展潜力的成长性企业同样适合在我国创业板市场发行上市，我们不能局限于某几类企业，而是应该充分利用创业板市场的优势，为我国更多的优秀企业提供上市融资途径，以此促进中国经济的发展。

第二节　中国创业板市场的定价机制分析

中国资本市场的现状和发展趋势决定了中国创业板股票发行定价与发行方式应采用市场化定价机制。股票发行市场化定价机制即券商和发行人在符合《公司法》和《证券法》等法律法规的前提下，根据市场供求关系，共同协商确定合理公开的发行程序、合适的发行方式、较为公平合理的发行价格。在向投资者发行股票的过程中，核心是发行方式和发行价格的确定。

一、创业板市场定价机制功能

创业板市场化定价机制具有如下功能：第一，市场化定价机制是发行人和投资者通过互动的过程寻求真实的市场供需平衡点，而不是机械地采用固定的估价理论或方法来确定股票的发行价格，市场化程度越高，越有助于降低创业板市场的风险。第二，市场化定价机制可以带动整个资本市场的全面发展，同时也包括估值方法的理论和技术的发展。第三，市场化定价机制可以有效地避免道德风险的产生。股票定价是对主观估值分析的综合过程，最容易引发相关机构为自身利益而引起道德风险的发生。如在行政定价方式下，由于投资人、监管者只注重机械性地套用市盈率方法来确定发行价格，这样就会使上市公司在财务报表上的粉饰行为难以避免。而在市场化定价机制下，市场监管的主要目标在于通过相关规则维护资本市场的秩序，不介入商业协议和决策，促使市场各个参与方强化"按规则行事"的理念，增强市场的信誉与信用。

二、中国创业板市场定价流程

据相关资料显示，目前在我国创业板上市的公司发行新股时的定价方法是在初步询价阶段由网下机构投资者基于真实认购意图报价，发行人与保荐人（主承销商）根据初步询价结果，综合考虑发行人募集资金需求、承销风险等因素，协商确定本次发行价格。任何投资者如果参与网上申购，则均视其为已经接受该公司的发行价格。我国创业板市场上市发行定价的流程可以概括为：1.新股推介和安排询价，即主承销商向询价对象提供投资价值研究报告；2.初步询价后配售对象申报价格和拟申购数量；3.确定发行价格区间；4.网下累计投标询价；5.确定发行价格。在创业板市场发行定价过程中承销商无自由配售股份的权力，采取中签的方法来确定申购中标者。

中国证监会《证券发行与承销管理办法》中规定，发行人可以通过询价的方式确定发行价格，也可以与主承销商确定发行价格。询价分为初步询价和累计投标询价。发行申请经证监会核准后，发行人及其主承销商应当在刊登首次公开发行股票招股意向书和发行公告后向询价对象进行推介和询价，并通过网络向社会公众投资者进行推介。发行人及其主承销商应通过初步询价确定发行价格区间，在发行价格区间通过累计投标询价确定发行价格。

1. 询价对象。询价对象是机构投资者，是指符合证监会《证券发行与承销管理办法》规定的证券公司、证券投资基金管理公司、信托投资公司、财务公司、保险机构投资者和合格境外机构投资者（QFII），以及其他经证监会认可的机构投资者①。询价对象必须符合如下条件：一是依法设立，最近 12 个月未因重大违规行为被相关监管部门给予行政处罚、采取监管措施或受到刑事处罚；二是依法可进行股票投资；三是信用记录良好，具有独立从事证券投资所必需的机构和人员；四是具有健全的内部风险评估和控制系统并有效执行，风险指标符合有关规定；五是被中国证券业协会从询价对象中去除时间已满 12 个月的机构投资者。

2. 初步询价。承销商应在询价时向询价对象提供投资价值研究报告，发行人、承销商、询价对象不得以任何形式公开披露投资价值研究报告的内容。投资价值研究报告应由承销商的研究人员撰写并署名，承销商不得提供承销团之外的机构撰写的投资价值研究报告。询价对象应在综合研究发行人内在投资价值和市场状况的基础上独立报价，并将报价依据和报价结果以书面形式同时提交给承销商。初步询价结束后，公开发行股票数量在 4 亿股以下，提供有效报价的询价机

---

① 证券公司经批准可以经营证券自营或证券资产管理业务；依托投资公司经相关监管部门重新登记满两年，注册资本不低于 4 亿元，最近 12 个月有活跃的证券市场投资记录；财务公司成立两年以上，注册资本不低于 3 亿元，最近 12 个月有活跃的证券市场投资记录。

构不足 20 家的；或者公开发行股票在 4 亿股以上，提供有效报价的询价机构不足 50 家的，发行人及主承销商不得确定发行价格，并中止发行。

3. 累计投标询价。初步询价确定发行价格区间后，发行人和主承销商在发行价格区间内通过累计投标询价确定发行价格，未参与初步询价或者参与初步询价但无有效报价的询价对象，不得参与累计投标询价和网下配售。询价对象不得协商报价或故意压低或抬高价格，主承销商的证券自营账户不得参与本次发行股票的询价、网下配售和网上发行。

此外，主承销商还可采用可比公司定价法，即对可比较的或者有代表性的公司进行分析，尤其关注相似业务公司新近发行的股票价格以及相似规模的其他公司新近首次公开发行的股票价格，以获得估值基础。主承销商审查可比公司股票发行的初次定价及它们在二级市场的表现，然后根据发行公司的特点进行价格调整，为新股发行进行估价。通过比较相似的同行业的公司上市市盈率，剔除不同因素的干扰，确定一个发行价的估值。

我国创业板上市公司的股票发行遵循主板发行定价流程，实现公开定价。虽然在理论上该方法能较客观地反映市场对新股的需求，再综合考虑发行人、承销商和投资者的各个因素，得到一个较公正的反映公司价值的股票价格，但是在实际操作中却与理论有很大的差别。就中国创业板市场现状而言，超募现象经常出现，发行价格并不能真实地反映公司的基本价值，投资者纷纷寄希望通过"打新股"来炒高股票价格，导致创业板市场的畸形发展。市场询价方式确定的发行价格是以收集到的市场需求信息为基础，之前我国实行的固定价格方式则是由发行人和主承销商制定，在得到市场信息之前就确定。市场询价方式比固定价格发生定价更加准确，更有利于股票的发行。市场询价方式能够更好地反映市场对新股的需求和上市公司的筹资要求，定价也相对准确、合理。

三、创业板市场定价影响因素

创业板市场具有高风险、高市盈率、高成长的特点，其上市条件、股价波动、盈利能力等都与主板市场有所区别。而股票的价值也是通过企业的内在价值衡量，在分析创业板企业 IPO 定价机制时，我们应充分考虑上市公司内外因素的影响。

（一）**内在因素**。根据企业价值评估理论，股票的价格有企业的内在价值决定，股票的价格围绕企业的内在价值上下波动。影响创业板企业 IPO 定价的内部因素主要包括企业经营效率、获利能力、资本结构、发展能力、创新能力等内部情况，具体反映企业能力的指标包括偿债能力指标、营运能力指标等[1]。

（二）**外在因素**。与内在因素相对的，还有与许多不直接影响企业运营，但却影响企业 IPO 定价判断的外在因素。主要包括行业分布、承销商等级、市场波动情况、股票发行情况、企业所在地等。这些因素可能会对企业的 IPO 定价过程发生不确定性的影响。这种影响无法量化计算，只能根据企业经验予以判断。

1.行业分布。创业板上市公司分布在 13 个不同的行业，行业分布不同，使得上市公司所面临的行业竞争情况也不同，投资者会根据企业所处行业的竞争情况做不同的投资判断。因此，不同行业的上市公司对投资者的吸引力是不同的，使得投资者在购买与否及购买数量上会做不同的决定，从而会对新股的发行定价产生影响。所以，行业分布情况对企业 IPO 定价有着一定影响。

2.企业所在地。企业所在地指的是企业的注册地，注册地点的划分标准依据是是否属于经济发达地区。根据实际情况，经济发达地区

---

① 戴培琪：《我国创业板 IPO 定价实证分析》，载《生产力研究》2012 年第 11 期。

在政策、资金、人力资源等方面都要比经济欠发达地区优越，企业会根据不同的外部资源采取相应的经营决策。

3.承销商等级。企业在 IPO 上市之前，应寻找合适的承销商，承销商主要由证券公司承担，负责对企业 IPO 上市的整个过程进行组织和指导，如企业改制、企业辅导及保荐上市等。具体负责准备资料、咨询、审核报批、与相关机构协调、企业 IPO 发行定价等，承销商的实力会不同程度地影响企业发行上市的工作质量和进度。按证监会2010 年公布的证券公司分类结果，承销商从 AAA 级到 CCC 级，共有9 个级别。

4.股票发行情况。在经济学中，价格受到供需关系的影响，在资本市场也不例外。股票发行数量的多少也对股价有一定的影响，股票发行规模对 IPO 定价具有反向修正作用。换言之，IPO 发行的股票数量越多，承销商为了控制发行风险，越倾向于调低 IPO 的发行价格。因此在考虑创业板 IPO 定价问题时，股份发行数量在企业各种价值指标核算中占有很大权重。

5.市场波动情况。随着我国证券市场逐渐发展，证券市场作为"经济运行的晴雨表"作用逐渐显现，证券市场受企业经营效益、国家宏观经济政策（财政和货币政策）、行业规划政策影响越来越明显。所以，新股发行定价受到证券交易市场总体走势影响。

第三节　中国创业板市场的价格分析

一、创业板市场价格情况分析

选取 200 家创业板上市公司作为分析的样本（即代码为

300105—300304 之间的创业板上市公司）。200 家上市公司的发行价格介于［9—110］元人民币之间，算数平均数是 30.1 元，其中，发行价格低于平均数的企业数量为 127 家，占 63.5%；高于平均数的企业数量为 73 家，占 36.5%。在这 200 家上市公司中，发行价格最高的为汤臣倍健股份有限公司，发行价格是 110 元；发行价格最低的是东宝生物技术股份有限公司，发行价格是 9 元。

表 4.3.1 创业板上市公司发行价格分布（200 家）

发行价格区间	上市公司数量（家数）	比例%
（9，20）	50	25%
（20，30）	73	36.5%
（30，40）	36	18%
（40，50）	17	8.5%
（50，60）	12	6%
（60，70）	7	3.5%
（70，80）	2	1%
（80，90）	1	0.5%
（90，100）	1	0.5%
（100，110）	1	0.5%
合计	200	100%

资料来源：根据深圳证券交易所网站数据整理而成，http://www.szse.cn/main/chinext/scsj/sctjyb/。

从具体价格区间来看，发行价主要集中在［20—40］元，此区间的上市公司数量有 109 家，占比 54.5%；发行价格在［9—20］的公司数量为 50 家，占比 25%；发行价在［40—60］元的上市公司有 29 家，占比 14.5%；发行价格在［60—110］元的公司数量为 12 家，占比 6%。

从行业分布来看，制造业企业最多，有 146 家，占 73%，其次是信息技术产业，有30家，占15%，其他行业的企业均比较少，合并占比为12%。其中采矿业的平均发行价最高，为49.85元；科研服务、文化传播和公共环保紧随其后，分别为48.1元、46.85元和44.17元；批发零售和运输仓储发行价最低，均为20元。发行价高的创业板企业主要集中在采矿、文化传播、科研服务和公共环保行业，说明上市公司主承销商和投资者在确定发行价时，看好这些行业的成长性。

表4.3.2　创业板各行业平均发行价（200家）

行业	家数	平均发行价	占比
C 制造业	146	29.13	73.00%
I 信息技术	30	28.06	15.00%
A 农林牧渔	3	23.97	1.50%
B 采矿业	3	49.85	1.50%
M 科研服务	3	48.10	1.50%
R 文化传播	4	46.85	2.00%
N 公共环保	4	44.17	2.00%
E 建筑业	3	37.19	1.50%
Q 卫生	1	23.50	0.50%
L 商务服务	1	21.90	0.50%
F 批发零售	1	20.00	0.50%
G 运输仓储	1	20.00	0.50%
合计	200		100%

资料来源：同表4.3.1。

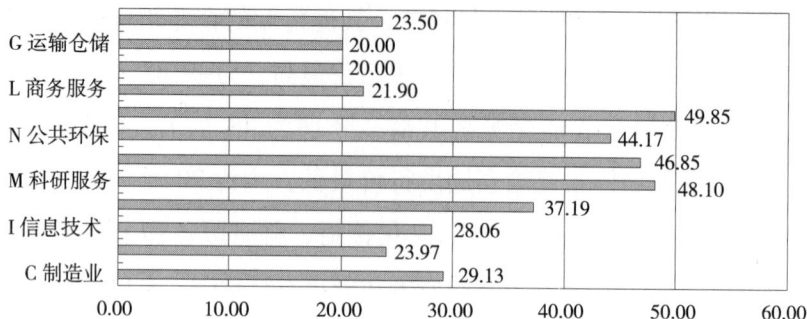

图 4.3.1　创业板各行业平均发行价①

二、创业板市场 IPO 抑价情况分析

IPO 抑价是指首次公开发行的股票上市后，首日市场交易价格远高于发行价格，交易价格与发行价格出现了较大的价差，从而导致首次公开发行产生较高的超额收益率。据统计，截至 2014 年 3 月，我国的创业板市场共有 379 只股票在创业板上市。其中 327 只股票存在 IPO 抑价现象，首批上市的 28 只股票全部为抑价发行，抑价率均值高达 106.18%；后续上市的 351 只股票中，有 299 只存在 IPO 抑价现象，抑价率均值为 35.54%。在创业板市场抑价发行的 327 只股票平均抑价率为 41.6%。

仍选用上述 200 家公司（代码为 300105—300304 之间的创业板上市公司）进行分析，以上市公司首日发行价和收盘价相比为标准，169 家上市公司抑价发行，平均抑价率为 35.13%，最高涨幅达 198.89%。抑价率在（0.0%～30.0%）的上市公司有 94 家，在 200 家公司中占比为 47%；抑价率在（30.0%～60.0%）的上市公司有 50 家，占比为 25%；抑价率在（60.0%～100%）的上市公司有 19 家，占比为 9.5%；首日抑价率高于 100% 的上市公司共有 6 家，占比为 3%，上市首日破发的有 31 家，占 15.5%。

① 资料来源：同表 4.3.1 并加工计算。

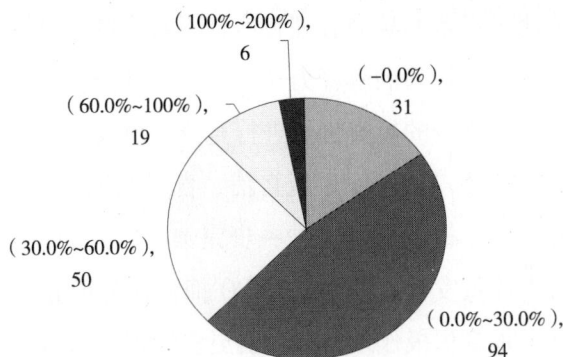

图4.3.2 创业板上市公司首日股份涨幅分布图①

从行业角度看,创业板首日平均抑价率最高的是卫生行业为78.51%,其次是农林牧渔业,平均抑价率为64.97%;平均抑价率最低的行业是采矿业,仅为14.41%。

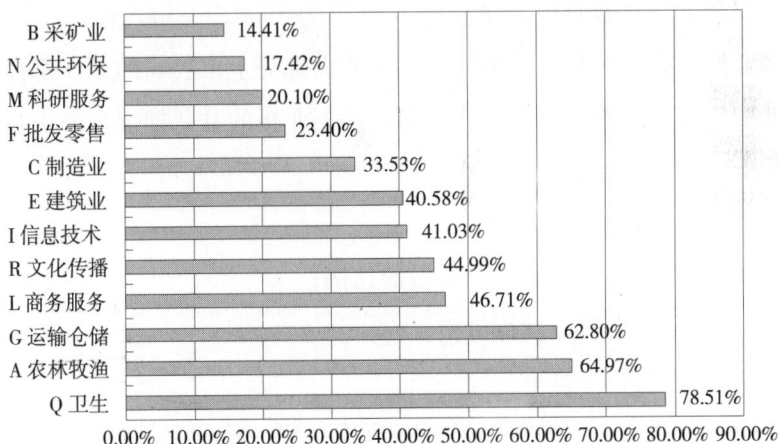

图4.3.3 创业板各行业上市公司首日涨幅统计②

一般来讲,首日换手率、发行市盈率、中签率、新股发行价格、募集资金净额以及社会公众持股数量是影响创业板市场IPO抑价率的

---

① 资料来源:同表4.3.1并加工计算。
② 资料来源同表4.3.1并加工计算。

重要因素，表明投资者的从众心理和信息不对称理论对我国创业板市场的 IPO 抑价现象有较强的解释力。一方面，投资者在进行 IPO 投资时并没有对发行人自身的投资价值进行充分了解及分析，更多的是受到投资者自身的情绪，如过度乐观自信、盲目跟风等心理因素影响。另一方面，我国创业板市场需要进一步完善发行人的信息披露制度，同时引导投资者注重发行人的信息。IPO 抑价作为证券市场的一种正常现象，发挥了很多积极作用，如吸引更多投资者入市、为股票的成功发行提供保障、为急于从证券市场融资的企业创造机会等。但是过高的 IPO 抑价率也会造成诸多不利影响，如财务造假使得市场投机炒作成风，市场泡沫急剧增大导致金融风险等。

三、抑价率回归方程

选定 327 家创业板上市公司（代码为 300029—300356）[①]，其中存在抑价的有 275 家，占 84.1%，说明大部分上市公司的 IPO 都存在抑价现象。下面我们用回归方程对中国创业板的 IPO 抑价现象进行回归分析。设置变量如下：

（1）Y 代表抑价率

（2）X1 代表流通股占总股份的比例；

（3）X2 代表股票发行价格；

（4）X3 发行市盈率。

$$Y = 0.4267990678 - 0.1725900281 * X1 - 0.002015986278 * X2 + 0.0003009310965 * X3$$

$$(4.3.1)$$

（2.083809）　　　（ - 0.184437）　　　　（ - 1.593554）　　　　　（0.353654）

$R^2 = 0.010683$　　DW = 1.246886　　S. E. = 0.287239

根据 275 家上市公司的四项指标，通过 Eviews5.1 软件计算，得

---

① 本书做数学回归计算时，创业板市场有 355 家上市公司，其中前 28 家上市公司在深圳证券交易所网站无相关数据。

到上式结果。从回归方程的 t 统计量、R^2 来看，中国创业板市场抑价率与股价发行市盈率、股票发行价格、流通股占总股份的比例等指标之间的线性关系并无明显的相关性，相关系数极低。也就是说，根据选定的几个解释变量，中国创业板市场抑价率与这些变量之间没有相关关系，即抑价率与股票价格、市盈率、流通股占总股份的比例不相关。该结论与历史经验总结并不一致，这需要增加变量或改变经济计量分析方法等作进一步研究。当然，抑价率的实证研究并非本书的研究核心所在。

四、创业板市场市盈率情况分析

（一）发行市盈率分析

从发行市盈率来看，仍选用前述 200 家公司数据（代码为 300105—300304 之间的创业板上市公司），其发行市盈率的算数平均数为 30.1，其中发行市盈率最高的是新研股份，为 150.82，发行市盈率最低的是美晨股份，为 18.12。总体来说，这 200 家创业板公司的发行市盈率多集中在30—80 倍，其中在 30—40 倍（不含 40 倍）的有 46 家，占 23%；在40—50 倍（不含 50 倍）的有 29 家，占 14.5%；在 50—60 倍（不含60 倍）的有 30 家，占 15%；在 60—70 倍（不含 70 倍）的有 32 家，占 16%；在 70—80 倍（不含 80 倍）的有 16 家，占 8%。

表 4.3.3　创业板上市公司发行市盈率分布（200 家）

发行市盈率	上市数量（家数）	比例（%）
（18—30）	16	8.00%
〔30—40）	46	23.00%
〔40—50）	29	14.50%
〔50—60）	30	15.00%
〔60—70）	32	16.00%

发行市盈率	上市数量（家数）	比例（%）
〔70—80）	16	8.00%
〔80—90）	18	9.00%
〔90—100）	5	2.50%
〔100—150）	8	4.00%
合计	200	100%

资料来源：同表4.3.1。

从市盈率的波动情况来看，我国创业板市场自2009年成立至今不到5年，市盈率波动范围较大，在26.91—127.65倍之间，多数年份在40倍以上，市盈率波动比较频繁，波动系数为3.74（见表4.3.4）。从市盈率的波动范围和波动系数来看，说明我国创业板市场的投资风险很高，这也充分体现了高风险高回报的投资理论。

表4.3.4 我国创业板市场市盈率统计数据

指标	市盈率
最小值	26.91
最大值	127.65
均值	53.43
中值	47.37
波动系数	3.74

资料来源：同表4.3.1。

（二）高市盈率情况分析

从行业的角度来看，2013年12月，采矿业加权平均市盈率为87.9，处于各板块中的最高值；农林牧渔板块加权平均市盈率为85.19，仅次于采矿业；商务服务业加权平均市盈率为75.81；卫生板块加权平均市盈率为69.09；信息技术板块加权平均市盈率为

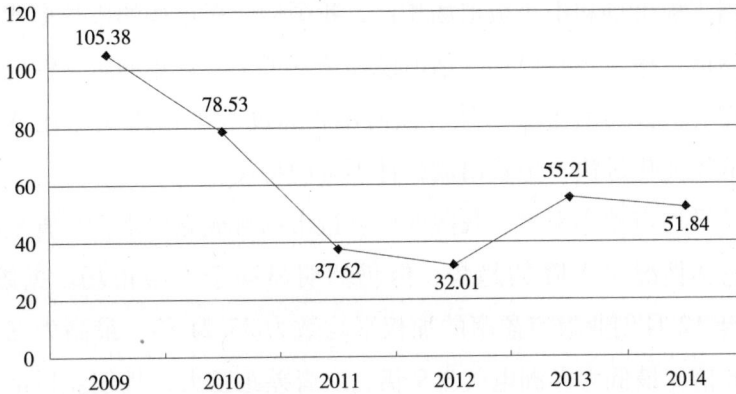

图 4.3.4 我国创业板市场各年市盈率波动变化（取年末值）

64.85；文化传播板块加权平均市盈率为 58.94；公共环保板块加权平均市盈率为 56.75；水电煤气板块加权平均市盈率为 53.15；批发零售板块加权平均市盈率为 51.21；制造业板块加权平均市盈率为 49.19；建筑板块加权平均市盈率为 47.28；科研服务板块加权平均市盈率为 45.43；仓储运输板块加权平均市盈率为 41.37，处于最低值。

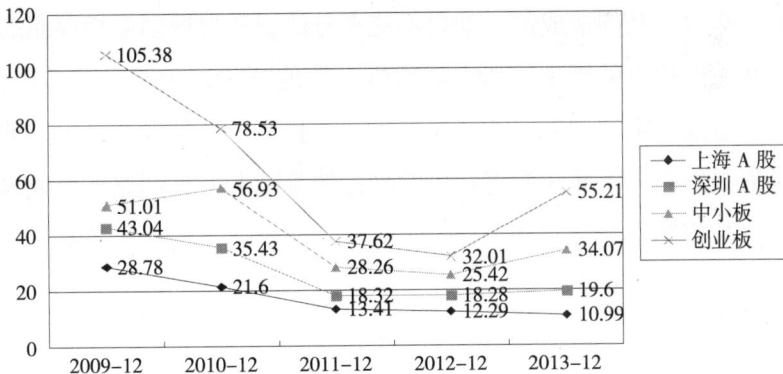

图 4.3.5 国内主板市场和创业板市场平均市盈率①

---

① 资料来源：《深圳证券交易所统计年鉴 2013》，载深圳证券交易所网站：http://www.szse.cn/main/marketdata/wbw/marketstat/和《上海证券交易所统计年鉴 2013》，载上海证券交易所网站：http://www.sse.com.cn/researchpublications/publication/yearly/。

与我国主板市场和中小板市场相比，我国创业板市场的市盈率普遍较高。高市盈率使一些公司的估值已经透支了未来数年的乐观性成长估计，创业板公司的上市业绩、预期增长速度与上市之初相比下降过大，业绩变化过快，呈现出成长性不足的特征。

从平均市盈率来看，我国的创业板市场自成立以来，尽管平均市盈率总体情况呈下降的趋势，但仍然明显高于主板市场。据统计，2013 年 12 月创业板市盈率的加权平均数为 55.21 倍，最高为三五互联 876 倍，最低为九洲电气 3.9 倍，二者差距巨大，且创业板市场的平均市盈率大幅高于同期的主板市场和中小板市场。

第四节　中国创业板市场的风险机制研究

创业板高风险是由创业板自身的特点和现阶段我国处于经济转型期的特殊情况共同造成的，如果不能充分认识和把握创业板存在的风险，并采取相应的措施，那么就很难有效地防范和化解风险的产生，势必会造成严重的后果，扰乱证券市场的秩序，令投资者对中国证券市场失去信心。下面我们将在风险理论的基础上分析创业板市场风险的产生与控制。

一、风险理论

（一）风险偏好理论

目前，学术界对风险的内涵还没有确切统一的认识，从不同的角度研究，不同的学者有不同的定义。主要包括风险是事件未来可能结果发生的不确定性；风险是损失发生的不确定性；风险是指可能发生损失的损害程度的大小等。不同的投资者对同一种风险的认识不同，又由于每个投资者对风险的承受能力不同，因此，不同的投资者对风险的偏好是不同的。一般而言，风险偏好可以归纳为三类，即风险规避、风险中立、风险爱好。风险规避者对风险所带来的损失更为看重，所以对风险往往采取规避的态度，用效用函数进行理解则是边际效用随着风险递增而降低。风险爱好者对风险所带来的收益更为看重，所以会冒高风险来取得高收益，用效用函数进行理解则是边际效用随着风险递增而上升。风险中立者对风险的态度居于风险规避者和风险爱好者中间，用效用函数进行理解则是边际效用随着风险递增而维持不变。对于选择在创业板上市的投资者来说，他们属于风险爱好者，由于中小企业特别是创新型企业尚不成熟，面临着较大的经营风险。因此，选择中小企业特别是创新型企业就是选择了高风险，然而高风险背后带来的是高收益的可能性。创业板的投资者对风险的承受能力较强，愿意承受较大的风险，从而获得更高收益的机会。

（二）马柯威茨组合投资理论

马柯威茨的组合投资理论是以理性投资者及其基本行为特征为基本假设，论述了怎样在一定风险水平上收益最高的资产组合方法。为了更容易理解这个问题，它对投资者的决策方法和行为特征都做了如下的假设：一是每一种投资都可以由一种预期收益的可能分布来代表；二是投资者都利用预期收益的波动来估计风险；三是投资者仅以预期收益和风险为依据决策，在同一风险水平上，投资者偏好收益较高的资产或资产组合，在同一收益水平上，投资者偏好风险较小的资产或资产组合；四是投资者在一定时期内总是追求收益最大化。

（三）资本资产定价模型

资本资产定价模型（CAPM）是在马柯威茨资产组合理论的基础上，以夏普、林特纳、莫辛为代表的一些经济学家从实证角度出发，探索证券投资在现实中产生。CAPM 阐述了在投资者采用马柯威茨的理论进行投资管理的条件下市场均衡状态的形成，把资产的预期收益与预期风险之间的理论关系用一个简单的线性关系表达出来了，即认为一个资产的预期收益率与衡量该资产风险的 β 值之间存在正相关关系。

假设条件：（1）从投资者角度说：投资者的预期收益率、标准差、投资期限、分析处理信息方法、对风险的厌恶性、对利润的永不满足性等都相同。（2）从市场的角度来看：要求所在的资本市场完全、无税负、无交易成本，资产任何一部分都可单独买卖，存在无风险的利率，市场完全竞争，信息充分，免费，立即可得。

（四）风险溢价理论

风险溢价是经济学的一个核心概念，对资本成本、资产选择决策、经济增值估计都具有非常重要的理论意义。风险溢价是投资者在面对不同风险的高低且清楚高风险高报酬、低风险低报酬的情况下，投资者对风险的承受度影响其是否要冒风险获得较高的报酬，或是只接受已经确定的收入，放弃冒风险可能得到的较高报酬。确定的收入与较高的报酬之间的差，即为风险溢价。衡量风险时，通常的方法就是使用无风险利率，即政府公债的利率作为标的来与其他高风险的投资比较。高于无风险利率的报酬，这部分即称为风险溢价。高风险投资获得高报酬，低风险就只有较低的报酬，风险与风险溢价成正比关系。"风险溢价"一词有两个不同的含义：一是事后的或者已实现的风险溢价，这是实际的、通过历史数据观察得到的市场收益率（以指数收益率代替）与无风险利率（通常以政府债券收益率代替）之间的差值；二是事前的或者预期的风险溢价，这是一个前瞻性的溢价，即预期未来的风险溢价或者以当前经济状态为条件的风险溢价。

（五）道德风险理论

道德风险是指交易一方具有另一方难以监督的行为或难以获得的信息，在签订合同后，有可能采取有悖于合同规定的行为，通过损害另一方的利益，来最大化自己的利益。道德风险是在金融交易完成之后，出现信息不对称时产生的，具体可分为两种：一种是股权合约中的道德风险即委托—代理问题，它是指在所有权和控制权分离的情况下，公司经理人对利润最大化的追求远没有股东那么强烈。因此，具有控制权的经理人即代理人会从自身利益出发，而不是按照股东即委托人的意愿行事，这样，道德风险就产生了。另一种是债务合约中的道德风险，因为债务合约要求借款人支付固定的利息和本金，其余的收入都归借款人所有，这样借款人就有动力参与风险程度超过贷款人意愿的投资项目，而不是之前贷款人所认知的风险较低的项目，这样道德风险就产生了。

（六）高风险高收益理论

高风险高收益理论即广义上的风险投资理论。指在"成三败七"的高风险投资规律下，风险投资收益率大于普通投资收益率的高风险与高效益对等理论。风险投资指通过一定的方式筹集风险资本并投资于高成长过程中的中小型高新技术企业，同时注重对所投资的风险企业进行经营和管理，最终通过出售高回报率的股权获得高额收益的一种投资方式。

高风险高收益理论的基础是以契约资本化的形式促成生产要素的最优整合，并通过信息不对称实现垄断地位；提供差别化的产品或服务，创造未来"稀缺"，实现非同时竞争的垄断利润。此理论的基本模型为：投资报酬率＝无风险报酬率＋风险报酬率。相比普通投资，风险投资的风险较高，只有大约30%成功率，因此风险投资要求的风险报酬率较高，最终导致较高的风险投资报酬率。

风险投资的高收益取决于及时有效的退出，其方式主要有三种：首次公开发行（IPO）、售出和股票回购、清算或破产，售出和回购是主要的退出方式。主板市场对上市公司的规模、运营的标准较高，处于发展时期的新兴企业在主板市场实现IPO较为困难。因此中小高新技术企业亟需一个融资平台，这就为风险投资者提供了集资机会的创业板市场。创业板市场与主板市场相比，其上市条件较低，为风险投资者提供了良好退出渠道。风险投资者可以收回资金投资于新的风险项目，为新兴企业的发展提供了巨额融资。风险投资通过培育和扶持新兴企业成长并推动其上市，为创业板市场提供源源不断的上市品种。最要注意的是我们需加强风险意识，理性进入风险投资市场，为上市的高新技术企业提供长久的融资渠道。

二、中国创业板市场的风险分类

创业板市场不仅股票价格波动幅度大，而且波动频率也很快，投资创业板的风险较主板更高。股票市场风险可以分为系统风险和非系统风险，而非系统性风险又可划分为经营性风险与非经营性风险。我国创业板市场面临的主要风险可以划分为三大类：一是创业板市场本身存在的风险；二是上市公司自身风险；三是来自投资者的风险。

（一）创业板市场风险

有些创业板上市公司有着很好的经营状况，有稳定的收入来源，但其股票往往会出现短时间的上下剧烈波动，主要由于创业板市场存在市场风险，这是一种系统风险。经济的、政治的和社会的变动是系统风险的根源，影响着几乎所有创业板股票的价格波动。系统风险只能尽量避免，不可能完全消除。创业板市场上市公司规模小，市场估值比较困难，而且估值结果稳定性差，较大数量的股票交易行为就可能导致股价出现大幅度波动，使股价操作也更为容易。从海外创业板市场的发展经验来看，创业板市场股价的波动幅度显著高于主板市场[1]。

我国创业板市场的规则制度是根据海外成功创业板的经验及我国创业板市场的实际情况建立并逐步完善的。这些规则制度本身就存在一定的瑕疵，并且在运行过程中有产生系统性风险的可能。宏观经济因素的变化、经济政策的调整、经济周期性波动以及国际经济因素的

---

① 黎志明、宋劲松：《深圳创业板市场融资与投资》，中国经济出版社2009年版，第68页。

变化给股票投资者带来宏观经济的风险，社会、政治领域的不确定性也会带来系统风险。稳定的社会、政治环境是经济正常发展的基本保证，对证券投资者也不例外。一国大局出现变化、对外政治关系发生变化等都会反映在证券市场上。

（二）上市公司自身的风险

与主板市场相比，对在创业板上市的企业要求标准较低，因此创业板上市的企业面临的风险也高于主板上市的企业。创业板市场上市公司大多为中小型的高科技企业，一般业务处于初创或成长时期，资产规模小，管理人员经验不足，有些业务属于新兴行业，缺乏稳定的盈利业绩。这些企业一方面具有高成长性，另一方面则具有高风险性，未来的发展具有很大的不确定性。创业板上市公司的特点决定了风险主要集中表现在公司产品的市场风险、管理风险、经营风险、技术风险、道德风险等方面。

1.公司上市门槛低，存在过度包装的道德风险。为了使具备高科技、成长性好的中小企业在创业板市场筹集资金，创业板市场的上市条件相对主板市场较为宽松，对上市公司的规模、盈利能力、开业时间等要求较低，这在无形中就存在着风险。由于创业板市场是一个前瞻性市场，只要公司有较好的发展前景和成长空间，都可以在创业板上市。但是，公司的发展前景和成长空间是有不确定性的，这又是其风险的存在。

创业板市场包含大量的民营企业，其中鱼龙混杂，在强大的经济利益推动下，抱着上市圈钱的畸形心态，在创业板市场较低上市门槛和风险投资市场条件下，就可能出现质次价高的公司。如果投资银行承销、推荐此类垃圾公司，投资者将会承担很大的风险。

2.上市公司的产品市场风险。创业板市场上市公司一般是生产高科技产品的公司，公司规模较小且处于初创阶段，而当今世界技术更新速度很快，今天是生产高科技产品，很快技术会过时，企业竞争力减弱，变成普通的公司。上市的高科技企业能否成功最终取决于企业所开发的产品能否被市场所接受。在创业板市场上市的公司由于企业经营历史相对较短，产品的市场不确定性也带来了企业盈利和成长的不确定性。造成的原因可能是产品质量、性能、品种等不能满足市场需求，技术不过关，广告宣传不够，或缺乏完善高效的营销体系等，其根源在于，高新技术及其产品变化迅速，寿命周期短，更新速度快，非常容易被更新的技术所替代。

3. 上市公司的管理风险。管理风险指企业在生产经营过程中由于企业领导者创新意识不强、决策失误和企业组织结构不合理等导致企业效益下滑甚至出现亏损。破产的不确定性。由于高科技企业是知识密集型企业，其经营是建立在高新技术基础上的，这就决定了高科技企业的管理比一般企业更为复杂。中国的中小高科技企业尤其是民营企业，大多是有限责任制或合伙制，大多施行家族式管理，排外保守心理严重，难以做到决策的科学性和民主化。而且普遍存在法人治理结构不健全、产权关系不清、财务账目混乱、员工素质较低等弊端。这直接导致许多企业不能针对高新技术企业及其发展的经营管理特点进行管理转型，所以上市公司夭折的可能性较大，并最终威胁到创业板市场上市资源的质量和数量。创业板上市公司大多是中小企业，其经营管理可能不如大公司规范，不可避免地存在治理结构不完善，缺乏民主、科学的管理体系等问题。而且因为企业规模小，股权可能过度集中于少数大股东手中，造成大股东和所选出的管理层对企业决策权过大，这种随意性将导致投资决策的重大失误。

4. 上市公司的经营风险。上市公司经营风险因素主要包括：项目投资决策失误，草率上马；不注意技术更新，企业在行业中的竞争力下降；不注意市场调查，不注意开发新产品；销售决策失误，过分依赖大客户、老客户，没有寻找新客户、新渠道；市场公开占有率、盈利模式、经营管理等都处于较低水平；政府产业政策的调整、竞争对手实力的变化等。企业的经营风险主要还是取决于公司内部的决策失误或管理不善。

如果上市公司的决策人员和管理人员在经营管理过程中出现决策失误会导致公司盈利水平变化，致使投资者预期收益下降；同时，处于成长期的创业企业主营业务单一，一旦出现行业变化或产品竞争力减弱的情况就会导致企业的产销量急剧下降，企业盈利能力明显下降。

5.上市公司的道德风险。道德风险是指一些企业为了上市而采取虚假和恶意包装或上市后进行虚假和误导性信息披露，从而造成上市公司投资者所获信息的不对称或不完全，这种由公司道德风险产生的短期行为将对投资者的合法权益构成较大的威胁，直至影响创业板市场的健康发展。《证券法》规定信息披露是上市公司的主要义务，公司应遵循及时性、真实性和完整性要求，应通过招股说明书、上市报告、定期报告和临时报告准确披露最新、最近的信息。与公司重大决策相关的信息决定着未来股价的走势，市场承受的是公司提供虚假信息的风险，将直接导致投资者损失。因此，道德风险是目前我国证券市场发展和规范的一大障碍。

创业板市场较低的上市标准和外部有限的监管将更有可能导致一些急功近利的企业和金融中介急于上市融资而忽略公司业务、管理和投资者利益保护的违法行为，这些行为包括上市公司的虚假陈述、管理层不履行应尽义务、保荐人虚报价格、保荐人和上市公司串通欺诈投资者等。公司因急于筹资或进入市场"圈钱"而利用创业板市场上市标准宽松、操作空间较大的特点，进行恶意包装，对业务记录、市场发展前景等事关投资利益的重要内容进行不实陈述，一旦上市后就出售股权套现。

6.上市公司的技术风险。创业板的主体是高科技企业，技术优势是多数高科技企业赖以生存发展的根基。因而，技术落后、技术研发或市场化的失败也就成了挫败高科技企业的利器。由于技术风险的存在，普通投资者针对创业板公司长期投资的风险较主板公司要大。那些以技术领先为支柱的企业，必然反复将大量现金投资在技术研究上。一方面，这种投入意味着风险，因为你无法判定下一次是否能够成功；另一方面，这样的企业长期无法现金分红，投资者收益只能来自于股价上涨，一旦技术失败，多年累积的涨幅就可能毁于一旦。

7. 上市公司的关联交易风险。关联交易是指在交易方之间发生转移资源或义务的事项，否认是否收取价款。在创业板市场中，关联交易不仅可能发生在上市公司与母公司之间，而且可能发生在同一股东投资的若干家企业之间，如果不严格限制，一些上市公司的资金将难以保证，投资者权益将面临严重损失的风险。

（三）来自投资者的风险

创业板市场内在的专业性、风险性决定了其投资者必须是能够充分了解市场风险状况，具备相关专业知识和分析能力，并能承担较强风险的专业机构投资者，而不适合众多散户投资者的大量介入，但在我国证券投资者中，存在众多中小散户，投资理念不成熟，风险意识较差。这些散户只要签订《创业板市场投资风险揭示书》，承诺自行承担风险，那么他们进入创业板市场投资几乎没有其他限制。我国创业板市场以中小投资者参与为主，在投资决策时往往带有很大的盲目性，投资者的过分热情和盲目追捧会扰乱市场投资行为，整个市场将因非理性投资行为而受到严重冲击，这样使得我国不成熟的投资群体和创业板市场都会产生巨大的风险。

1. 投资者的专业技术知识不够。投资者投资的前提是对上市公司的基本情况要有一个全面的认识，从而做出合理的投资判断。在创业板上市的企业大多是高科技企业，产品技术含量高，对其发展前景做出高水平的合理判断需要多学科甚至最前沿的专业技术知识。但我国大多数投资者对创业板上市公司进行分析判断的专业知识以及分析能力都不够，甚至很多投资者选择投资企业都带有很大的随机性和盲目性，这些使得个人投资者的投资风险大大增加。

2.过度投机的风险。个人投资者的心里因素比较复杂，不同程度地存在贪心、从众、侥幸或赌博心理。在风险投资市场上，投资者往往抱着以小博大的心态，而我国股民却不具备承担高风险的心态。企业发生风险之后，一些股民跑到管理机构闹事，这是只许赢不许输的心态反映。这就是盲目炒作的风险，不管上市公司做什么，今后怎么发展，效益如何，对企业的实质不闻不问，只知道盲目追涨，这样的结局一定是高风险。

3.市场投资者结构问题。创业板市场从整体上缺乏成熟的风险投资者群体，缺少相对稳定、具有较强风险承受能力和熟悉风险投资运作的投资机构，中小投资者在创业板市场中占较大比重。由于中小投资者资金实力、专业知识、技术分析能力、信息来源、心态经验等方面的局限性，加之创业板市场信息高度不对称，在操作上存在羊群效应，易于增大市场的价格波动风险。个人投资者风险承受能力较低，证券市场也不够成熟，这将导致我国创业板市场的不稳定[1]。

三、中国创业板市场的风险结构分析

（一）行业结构过于集中

中国创业板市场存在行业结构风险，制造业等产业的行业集中度非常高。截止到2014年3月，创业板上市公司总数已达379家，在股本发行量方面，制造业的发行量最大，占比68.76%；发行量排第二的是信息技术业，占比14.92%；水电煤气、运输仓储、商务服务等行业的发行量和融资额比重较低[2]。

---

①　曹红辉、李蓉、刘志阳：《创业板投资》，经济管理出版社2013年版，第230—245页。
②　资料来源：创业板网站 http://www.szse.cn/main/chinext/scsj/sctjyb/—股票行业分布。

表 4.4.1 创业板市场流通股本行业分析

行业名称	股票数	流通股本	占比
农林牧渔	6	869,344,411	1.85%
采矿业	4	668,646,416	1.42%
制造业	267	32,337,577,609	68.76%
水电煤气	1	107,619,863	0.23%
建筑业	5	792,272,240	1.68%
批发零售	3	474,446,662	1.01%
运输仓储	3	191,070,575	0.41%
信息技术	67	7,014,580,324	14.92%
商务服务	3	449,879,512	0.96%
科研服务	7	1,067,407,771	2.27%
公共环保	5	1,068,189,186	2.27%
卫生	2	406,744,644	0.86%
文化传播	6	1,580,189,328	3.36%
总计	379	47,027,968,541	100.00%

资料来源：根据深圳证券交易所网站数据整理而成，http://www.szse.cn/。

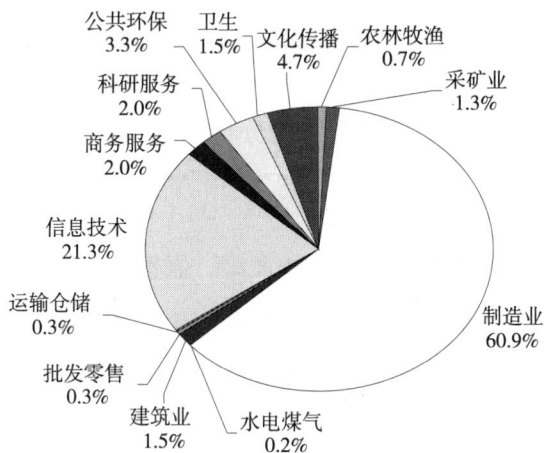

图 4.4.1 创业板上市公司的行业总市值分布①

————————

① 资料来源：同表4.4.1并加工计算。

目前我国创业板上市公司所属的行业较为集中，从行业总市值的比较看，我国创业板上市公司过多集中于制造业，且行业分布数量过窄，行业集中度风险较为明显，必须在未来的发展中着力解决。

（二）市盈率偏高，市场估值偏高

我国创业板上市公司 IPO 发行的市盈率相对于主板和中小企业上市公司明显偏高，发行价也普遍较高。据统计，2013 年 12 月创业板市盈率的加权平均数为 55.21 倍，明显高于上海 A 股市场、深圳 A 股市场和中小板市场的 10.99 倍、19.6 倍和 34.07 倍。创业板市场的高市盈率与投资者的过高预期和投机行为有关，使得创业板市场股票的估值过高。由于创业板市场股票估值过高，发行首日破发的情况不断出现，379 家上市公司中存在破发情况的有 52 家，占比 13.72%[1]。

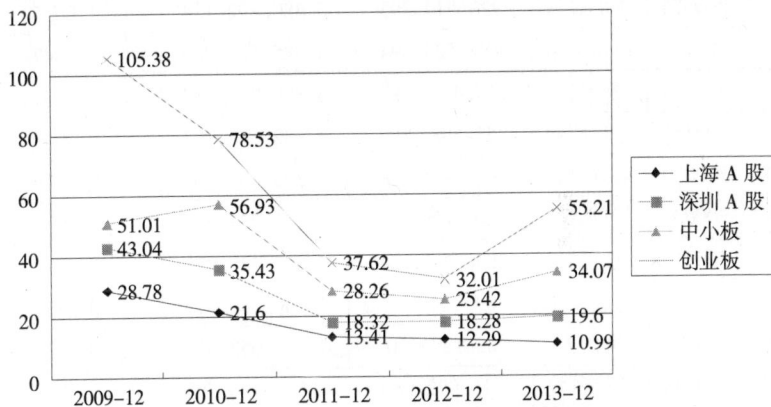

图 4.4.2　国内主板市场、创业板上市公司 IPO 发行的市盈率

从指数的涨跌幅情况看，创业板也明显高于主板和中小板市场。创业板的涨跌幅在多数交易时间超过±2% 的波动幅度，波动幅度较主板和中小板市场大。此外，创业板上市公司的交易活跃度也出现明显

---

[1]　资料来源：《深圳证券交易所统计年鉴 2013》，载深圳证券交易所网站：http://www.szse.cn/main/marketdata/wbw/marketstat/和《上海证券交易所统计年鉴 2013》，载上海证券交易所网站：http://www.sse.com.cn/researchpublications/publication/yearly/。

的分化迹象。下表是 2014 年 3 月创业板市场交易活跃度最好的 20 只股票，虽然只占 379 只股票的 5.27%，但成交总金额已达到整个创业板市场成交总额的 22.7%，充分说明这些上市公司交易活跃，市场认可度高，有可能发展成为创业板市场未来的龙头企业。

表 4.4.2　2014 年 3 月创业板交易活跃度最高的 20 只股票

排序	代码	股份名称	成交股数（股）	成交金额（元）	占市场总额中的比例（%）
1	300027	华谊兄弟	556,764,939	14,300,869,554	2.668
2	300104	乐视网	250,419,921	10,910,029,009	2.0354
3	300017	网宿科技	81,826,468	9,580,094,344	1.7873
4	300315	掌趣科技	261,131,659	8,541,798,263	1.5936
5	300028	金亚科技	338,445,683	6,037,503,726	1.1264
6	300074	华平股份	223,914,393	5,389,892,114	1.0055
7	300002	神州泰岳	184,523,594	5,385,527,989	1.0047
8	300376	易事特	84,436,306	5,380,239,587	1.0037
9	300383	光环新网	53,598,205	5,332,606,392	0.9949
10	300059	东方财富	312,388,368	5,293,885,267	0.9876
11	300070	碧水源	151,675,790	5,113,721,683	0.954
12	300010	立思辰	254,299,224	4,823,478,278	0.8999
13	300373	扬杰科技	89,874,303	4,746,680,525	0.8855
14	300024	机器人	89,129,150	4,576,659,329	0.8538
15	300088	长信科技	215,092,086	4,561,196,708	0.8509
16	300068	南都电源	443,264,250	4,479,589,092	0.8357
17	300133	华策影视	156,372,527	4,394,785,132	0.8199
18	300286	安科瑞	136,618,039	4,352,059,033	0.8119
19	300369	绿盟科技	47,370,408	4,319,124,527	0.8058
20	300056	三维丝	132,335,030	4,147,622,426	0.7738
小计			4,063,480,343	121,667,362,978	22.6983
市场总额			24,955,875,457	536,018,219,059	100

资料来源：创业板网站 http://www.szse.cn/main/chinext/scsj/sctjyb/——成交最活跃的二十种股票（股数）。

四、中国创业板市场的风险控制

针对我国创业板市场现存的风险因素，以下分别从创业板市场、上市公司、投资者三个不同的角度来分析控制创业板风险产生的措施。

（一）创业板市场的风险控制

从创业板市场的角度来说，创业板市场的组织者和监管者需建立健全创业板市场运行的法律保障体系，通过健全的法律保障体系来确保上市公司的规范运作，为投资者创造一个相对安全的投资环境，减少创业板系统风险的产生。其中主要包括以下几点：首先，要健全创业板市场的监督管理制度。一方面，证监会等有关部门要逐步完善创业板市场的监管制度，严格执行各项制度，严防创业板市场的过度炒作。另一方面，要加强对创业板上市公司的日常监管，尤其是加强对信息披露制度的监管，切实提高所披露信息的真实性、准确性、完整性、及时性，最大程度地降低因监管不力而导致的创业板市场的投资风险。其次，要健全创业板市场的风险控制制度。我国创业板市场与主板市场不同，实行的是直接退市制度，退市风险远大于主板，不符合条件的公司将直接摘牌，无须进入代办股份转让系统。这就意味着，最后接手的投资者将血本无归。因此，改变我国创业板市场的退市制度势在必行，证券业监督管理部门需根据我国创业板市场的实际情况，并借鉴国外成功的创业板市场制度，建立新的更加合理的退市制度，减少创业板投资者的风险。

（二）上市公司的风险控制

从上市公司的角度来说。首先，创业板的成功关键在于能吸引到高增长的企业上市，以及对风险的控制。这需要健全发行审核制度，从源头加强对风险的把控。在审核上市公司的资质时要做到成熟一家通过一家，杜绝企业为满足上市条件的包装与弄虚作假行为，将上市公司自身的风险最大程度地消灭在萌芽之中。其次，要加强对上市公司违规的处罚力度，提高上市公司违规成本。一旦发现上市公司的违规行为，应立即实施调查，并对其违规行为进行严厉查处，对相关责任人提出警告或惩罚。这样不但是对本公司错误行为进行纠正，同样也是对其他公司的一种威慑。最后，要加强公司管治的要求。如纳斯达克对公司上市后的要求十分严格，对财务披露、业务记录、利润要求划分严格，要求公司管理层有一定延续性等。香港创业板对上市后公司管治的要求，包括审核委员会、符合资格的全职会计师、至少两名独立董事以及要求由执行董事担任监察主任，以促使发行人遵守上市规则及符合适当的商业守则。

（三）投资者的风险控制

从投资者的角度分析，创业板市场的组织者和监管者应注重培养投资者成熟理性的投资观念，在入市之前通过各种宣传媒介使投资者对创业板市场的功能、定位及特点有较充分的认识，了解创业板市场的风险，做好承担风险的准备。同时，应尽量争取专业性和抗风险能力较强的机构客户，引进国际上成熟的创业板管理经验，不断优化中国创业板市场投资者的结构，减少因投资者专业知识不足、投资过于盲目等原因导致的风险。

第五章
中国创业板市场的发展
与经济带动效应

改革开放以来，中国经济取得了长足的进步。随着市场经济体制的不断完善，中国的资本市场体系也日益健全。在上海、深圳的主板、中小企业板市场的基础上，创业板市场于 2009 年 10 月正式开板运行。对中国而言，创业板市场的推出和发展对现代多层次资本市场的形成具有重要而深远的意义。创业板市场作为主板市场和风险投资制度之间的沟通机制，大大扩充了资本市场的服务对象，拓宽了高新技术企业的融资渠道。截止到 2014 年 3 月，中国创业板市场上市公司上升到 379 家，相当于 2009 年 36 家的 10.53 倍；IPO 融资规模从 2009 年的 204.09 亿元上升到 2371.91 亿元，增长 10.62 倍；市场融资总规模从 2009 年的 204.09 亿元上升到 2014 年的 2496.23 亿元，增长了 11.23 倍[①]。

---

① 根据深圳证券交易所网站提供的上市公司集资金额一览表中的数据，http://www.szse.cn/main/files/2013/11/04/540674458435.html。

第一节　中国创业板市场上市公司的竞争力分析

开板运行 5 年来，尽管我国创业板市场正在逐步完善和发展，但是各上市公司的经营绩效却各不相同，股票价格、利润水平等方面的差异化日趋明显。面对创业板市场上众多上市公司的重大信息披露和繁杂的财务数据，投资者如何通过各上市公司的总资产、营业收入、利润率、流动比率、营业收入增长率等诸多财务指标来评价其债务偿还能力、经营状况、盈利水平和未来发展空间，进而对各个上市公司的市场竞争力水平乃至对整个创业板市场作一个客观准确的判断，这是一个非常值得深入研究的课题。灰色关联分析作为一种多元统计方法，已经被国内学者广泛应用于投资分析中。中国创业板作为一个聚集高成长、高风险、创新企业的资本市场，其上市公司的发展规模、成长速度以及所处行业都有很大的区别。书中将以创业板前 355 家上市公司的 12 个不同的财务指标作为研究变量，通过灰色关联分析方法对各上市公司的市场竞争力水平进行 MATLAB 实证研究。

国外学者有很多关于资本市场上市公司竞争力的文献，研究视角集中在上市公司组织结构、人力资本、商业模式、管理控制系统等方面对其经营绩效的影响。国内一些学者对上市公司竞争力进行了分析，但大多数研究是针对某一行业上市公司的竞争力分析，或者研究某一个区域上市公司的竞争力，对于创业板市场上市公司竞争力的研究却非常少。笔者通过利用灰色关联分析方法，借助 MATLAB 软件对创业板市场上市公司竞争力进行经验研究，从而为创业板市场的有效运行提供科学的政策依据。

一、中国创业板市场上市公司的竞争力分析

（一）上市公司数据的选择

本书采用四类共 12 项财务指标对创业板市场上市公司进行竞争力分析，第一类是体现上市公司债务偿还能力的指标，即流动比率、速动比率、经营现金净流量；第二类是体现上市公司经营状况的指标，即总资产周转率、应收账款周转率、营业收入；第三类是体现上市公司盈利水平的指标，即每股净资产收益率、主营业务利润率、净利润；第四类指标是体现公司未来发展潜力的指标，即总资产、主营收入增长率、净利润增长率。根据深圳证券交易所网站所创业板所提供的上市公司各项财务数据，通过计算可以得到 12 项财务指标①。

（二）数学模型与研究方法

灰色关联分析法（Gray Relation Analysis，GRA）是一种多因素统计分析方法，是以各因素的样本数据为依据，用灰色关联度来描述因素间关系的强弱、大小和次序。在系统发展过程中，若两个因素变化的趋势具有一致性，即同步变化程度较高，也就是两者关联程度较高；反之则较低。因此，灰色关联分析法是根据因素之间发展趋势的相似或相异程度（即灰色关联度）作为衡量因素间关联程度的一种方法。

灰色系统关联分析的具体计算步骤如下：

1. 确定参考数列和比较数列。反映系统行为特征的数据序列，称为参考数列。影响系统行为的因素组成的数据序列，称为比较数列。

2. 原始数据的变换。由于系统中各因素的量纲不一致，所以这样的数据很难直接进行比较和分析，因而需要消除原始数据的量纲，转

---

① 由于目前创业板市场 379 家上市公司的 12 项财务指标数据并不全面，因此，本书选取的是创业板前 355 家上市公司数据作为分析依据。

换为可比较的数据序列。目前，原始数据的变换有以下几种方法：①均值变换；②初始值变换；③标准化变换。

3. 计算灰色关联系数 $L_{0i}(k)$。灰色关联系数的计算公式为：

$$L_{0i}(k) = \frac{\Delta_{\min} + \rho\Delta_{\max}}{\Delta_{0i}(k) + \rho\Delta_{\max}} \tag{5.1.1}$$

其中，$\Delta_{0i}(k)$ 表示 k 时刻量的绝对差值；$\Delta_{\min}$ 和 $\Delta_{\max}$ 分别表示所有比较序列各个时刻绝对差值中的最小值和最大值；$\rho \in (0,1)$ 为分辨系数，其意义是削弱因最大绝对差值太大而引起的失真，提高关联系数之间的差异显著性，一般情况下取 0.1—0.5[①]。

关联系数反映了比较序列在某一时刻的紧密程度，其范围 0 < L ≤1。

4. 求关联度 r_{0i}。关联度分析实质上是对数据进行几何比较和分析，若比较序列在各个时刻都重合在一起，即关联系数均为 1，那么比较序列的关联度就一定为 1。关联度是比较序列各个时刻的关联系数的平均值。

关联度的计算公式为：

$$r_{0i} = \frac{1}{N}\sum_{k=1}^{N} L_{0i}(k) \tag{5.1.2}$$

其中，N 为比较序列的长度（数据个数）。

5. 关联排序。在一般情况下，各因素只要能构成关系、算出关联度，则总是有序的。通常是用关联度的大小对因素间的关联程度进行排序。

（三）中国创业板市场上市公司的竞争力分析

灰色关联分析法的具体计算过程在本书中仅以华谊兄弟（300027）2013 年第一季度的数据为例进行介绍。

[①] 本书的分辨系数取值为 0.15。公司的相关财务指标，是依据深交所网站提供的数据计算得到。数据比较多，在此省略，具体请登陆 http://disclosure. szse. cn/m/chinext/bndb-gqw300001. htm。

1. 确定序列。灰色关联分析法需要对所研究问题进行定性分析，之后确定参考序列和比较序列。我们将最优样本序列确定为参考序列，而将样本公司的各项财务指标值确定为比较数列。

2. 原始数据的变换。在一般情况下，原始数据之间不具有相同的量纲，所以数据很难直接进行分析和比较。因此，需要消除原始序列数据的量纲，将其转换为可比较的数据序列。常用的原始数据变换方法有均值变换法、初始值变换法和标准化变换法等。本书采用初始值变换法，即每个指标值除以最优样本数值。以华谊兄弟的总资产指标为例，通过无量纲化后，该指标的最优样本值为1，华谊兄弟的该项指标值则为 0.731647。

3. 计算灰色关联系数。通过 MATLAB 软件，对创业板上市公司 355 * 12 矩阵进行计算最优样本值与样本无量纲化的绝对差值，就会得到绝对差值矩阵。以华谊兄弟的总资产指标为例，该指标的最优样本值为1，华谊兄弟的无量纲化指标值为 0.731647，那么绝对差值为 0.268353。华谊兄弟的各项财务评价指标可同理计算，这样就得到了绝对差值矩阵，然后计算该矩阵中的绝对差值最大值和最小值，可得：

$$\Delta_{min} = 0$$

$$\Delta_{max} = 0.953716$$

通过灰色关联系数的计算公式，可以计算出华谊兄弟的总资产指标的关联系数：

$$L_{0i}(k) = \frac{\Delta_{min} + \rho\Delta_{max}}{\Delta_{0i}(k) + \rho\Delta_{max}}$$

$$= \frac{0 + 0.15 \times 0.953716}{0.268353 + 0.15 \times 0.953716}$$

$$= 0.347724$$

因此，0.347724 就是华谊兄弟的总资产指标的关联系数。

4. 计算关联度。根据关联度计算公式，可以得到华谊兄弟的关联

度，即

$$\frac{0.347724+0.320304+\cdots+0.317630}{12}=0.352092$$

据此，对所有创业板公司的关联度进行计算，以上各步骤的计算结果见表 5.1.1 所示。

表 5.1.1　创业板公司关联度得分计算过程表（以 **300027** 为例）

计算指标	最优样本		300027			
	参考序列	无量纲化	比较序列	无量纲化	绝对差值	关联系数
总资产	6,714,936,134	1	4,912,962,969	0.731647	0.268353	0.347724
营业收入	775,268,574	1	530,238,356	0.683942	0.316058	0.320304
净利润	160,622,500	1	160,622,500	1.000000	0.000000	1.000000
利润率	78.0%	1	30.3%	0.388328	0.611672	0.442122
利润增长率	2060.2%	1	458.8%	0.222681	0.777319	0.276732
流动比率	10236.7%	1	184.2%	0.017991	0.982009	0.131708
速冻比率	9736.3%	1	139.1%	0.014283	0.985717	0.131574
总资产周转率	50.5%	1	11.7%	0.232235	0.767765	0.161680
应收账款周转率	2705.3%	1	46.2%	0.017092	0.982908	0.132286
净资产收益率	6.6%	1	6.3%	0.949642	0.050358	0.829767
营业收入增长率	7239.7%	1	124.8%	0.017238	0.982762	0.133570
经营现金净流量	206,931,888	1	23,060,204	0.111439	0.888561	0.317630
关联度得分						0.352092

资料来源：根据深圳证券交易所网站 2013 年一季度数据计算整理而成，http://www.szse.cn/。

5.关联排序。根据对创业板公司关联度的大小进行排序，我们认为关联度越大的公司，其竞争力越强。根据以上灰色关联分析方法和 MAT-LAB 计算结果，我们对前 355 家创业板上市公司的竞争力进行排名，由于篇幅所限，书中仅列出前、后 50 位，如表 5.1.2、表 5.1.3 所示。

表 5.1.2　中国创业板上市公司竞争力排名（前 50 位）

排序	股票代码	股票简称	所属行业	关联度	排序	股票代码	股票简称	所属行业	关联度
1	300027	华谊兄弟	R 文化传播	35.209%	26	300215	电科院	M 科研服务	22.777%
2	300223	北京君正	C 制造业	33.293%	27	300058	蓝色光标	L 商务服务	22.763%
3	300251	光线传媒	R 文化传播	28.759%	28	300002	神州泰岳	I 信息技术	22.639%
4	300146	汤臣倍健	C 制造业	27.918%	29	300124	汇川技术	C 制造业	22.612%
5	300226	上海钢联	I 信息技术	27.630%	30	300298	三诺生物	C 制造业	22.383%
6	300307	慈星股份	C 制造业	27.037%	31	300088	长信科技	C 制造业	22.301%
7	300005	探路者	C 制造业	26.784%	32	300015	爱尔眼科	Q 卫生	22.050%
8	300035	中科电气	C 制造业	26.690%	33	300107	建新股份	C 制造业	21.955%
9	300068	南都电源	C 制造业	26.203%	34	300257	开山股份	C 制造业	21.909%
10	300071	华谊嘉信	L 商务服务	25.930%	35	300333	兆日科技	I 信息技术	21.823%
11	300185	通裕重工	C 制造业	25.715%	36	300259	新天科技	C 制造业	21.547%
12	300288	朗玛信息	I 信息技术	25.432%	37	300326	凯利泰	C 制造业	21.440%
13	300097	智云股份	C 制造业	25.010%	38	300348	长亮科技	I 信息技术	21.378%
14	300118	东方日升	C 制造业	24.796%	39	300204	舒泰神	C 制造业	21.319%
15	300104	乐视网	I 信息技术	24.701%	40	300195	长荣股份	C 制造业	21.286%
16	300228	富瑞特装	C 制造业	24.507%	41	300115	长盈精密	C 制造业	21.280%
17	300144	宋城股份	N 公共环保	24.493%	42	300239	东宝生物	C 制造业	21.193%
18	300308	中际装备	C 制造业	24.473%	43	300099	尤洛卡	C 制造业	21.127%
19	300062	中能电气	C 制造业	24.310%	44	300235	方直科技	I 信息技术	21.111%
20	300083	劲胜股份	C 制造业	24.133%	45	300128	锦富新材	C 制造业	21.107%
21	300039	上海凯宝	C 制造业	23.854%	46	300171	东富龙	C 制造业	21.086%
22	300191	潜能恒信	B 采矿业	23.537%	47	300314	戴维医疗	C 制造业	20.938%
23	300183	东软载波	I 信息技术	23.403%	48	300346	南大光电	C 制造业	20.887%
24	300026	红日药业	C 制造业	22.908%	49	300043	星辉车模	C 制造业	20.798%
25	300003	乐普医疗	C 制造业	22.902%	50	300196	长海股份	C 制造业	20.751%

资料来源：同表 5.1.1。

表 5.1.3 中国创业板上市公司竞争力排名（后 50 位）

排序	股票代码	股票简称	所属行业	关联度	排序	股票代码	股票简称	所属行业	关联度
306	300340	科恒股份	C 制造业	17.991%	331	300213	佳讯飞鸿	C 制造业	17.510%
307	300299	富春通信	I 信息技术	17.987%	332	300167	迪威视讯	I 信息技术	17.481%
308	300268	万福生科	C 制造业	17.981%	333	300168	万达信息	I 信息技术	17.481%
309	300152	燃控科技	C 制造业	17.976%	334	300036	超图软件	I 信息技术	17.398%
310	300130	新国都	C 制造业	17.970%	335	300354	东华测试	C 制造业	17.357%
311	300262	巴安水务	E 建筑业	17.954%	336	300116	坚瑞消防	C 制造业	17.342%
312	300205	天喻信息	C 制造业	17.924%	337	300092	科新机电	C 制造业	17.317%
313	300290	荣科科技	I 信息技术	17.919%	338	300029	天龙光电	C 制造业	17.281%
314	300169	天晟新材	C 制造业	17.911%	339	300023	宝德股份	C 制造业	17.261%
315	300073	当升科技	C 制造业	17.906%	340	300135	宝利沥青	C 制造业	17.246%
316	300264	佳创视讯	I 信息技术	17.888%	341	300137	先河环保	C 制造业	17.216%
317	300352	北信源	I 信息技术	17.865%	342	300059	东方财富	I 信息技术	17.141%
318	300011	鼎汉技术	C 制造业	17.863%	343	300242	明家科技	C 制造业	17.018%
319	300324	旋极信息	I 信息技术	17.849%	344	300091	金通灵	C 制造业	16.986%
320	300355	蒙草抗旱	E 建筑业	17.847%	345	300143	星河生物	A 农林牧渔	16.916%
321	300087	荃银高科	A 农林牧渔	17.840%	346	300188	美亚柏科	I 信息技术	16.845%
322	300105	龙源技术	C 制造业	17.838%	347	300051	三五互联	I 信息技术	16.844%
323	300021	大禹节水	C 制造业	17.795%	348	300256	星星科技	C 制造业	16.803%
324	300117	嘉寓股份	E 建筑业	17.769%	349	300065	海兰信	C 制造业	16.712%
325	300025	华星创业	I 信息技术	17.720%	350	300201	海伦哲	C 制造业	16.658%
326	300101	国腾电子	C 制造业	17.707%	351	300313	天山生物	A 农林牧渔	16.504%
327	300292	吴通通讯	C 制造业	17.665%	352	300164	通源石油	B 采矿业	16.317%
328	300173	松德股份	C 制造业	17.626%	353	300098	高新兴	C 制造业	16.154%
329	300277	海联讯	I 信息技术	17.620%	354	300136	信维通信	C 制造业	16.057%
330	300161	华中数控	C 制造业	17.563%	355	300344	太空板业	C 制造业	15.790%

资料来源：同表 5.1.1。

二、竞争力分析的主要结论

（一）**中国创业板市场上市公司的行业分布非常不均匀，与多层次资本市场体系的发展要求有较大差距。**从创业板设立之初来看，它不仅是为了构建中国多层次资本市场体系，为中小企业提供融资便利。更重要的是，创业板市场作为前瞻性市场，是定位于专门协助高成长的新兴创新型公司，特别是具有广阔发展前景和增长潜力的高科技公司筹资并进行资本动作的市场。在创业板市场上市的公司需要满足"六新"、"两高"的标准。截至 2014 年 3 月，中国创业板市场 379 家上市公司中，制造业、信息传播软件和信息技术业所占比重高达 88.13%，占绝对优势；而剩余 45 家所属农林牧渔业、采矿业、建筑业、批发零售业等行业的企业所占比重仅为 11.87%。

显然，中国创业板市场上市公司的行业分布失衡，体现在"新服务"标准的文化体育和娱乐业、卫生和社会工作等行业的企业亟待发展。因此，在制造业、信息传播软件和信息技术业企业发展的同时，应积极培育和支持其他行业企业进入中国创业板市场。

（二）**中国创业板市场上市公司的竞争力水平差异较大。**根据表 5.1.2、5.1.3 可知，位居第一的华谊兄弟（股票代码 300027）与排在最后的太空板业（股票代码 300344）之间的竞争力差距非常大，关联度数值分别为 35.209%、15.790%。从所属行业的分布来看，华谊兄弟所属行业为文化传播业，太空板业为制造业。在中国创业板市场 379 家上市公司中，文化体育和娱乐业仅 6 家，而其中华谊兄弟的竞争力水平却遥遥领先。从财务指标上看①，华谊兄弟的总资产不是最多，流动比率、速动比率指标值也并非很大，但是其营业收入、利

---

① 数据详见深圳证券交易所网站—上市公司信息，http://www.szse.cn/main/chinext/scsj/zshq/。

润水平、利润率、利润增长率、总资产周转率、净资产收益率、营业收入增长率、存货周转率、每股收益值、每股经营性现金流等财务指标均远远高于各制造业上市公司，其应收账款周转率、每股净资产指标值也比较大。这充分说明，尽管华谊兄弟的偿债指标值并非最大，但是其发展潜力、经营状况、盈利水平都非常好，说明该公司具有很强的竞争力水平。

而所属行业为制造业的太空板业，其利润、利润率、净资产收益率、营业收入增长率、每股收益、每股经营性现金流等财务指标均明显处于较差水平，说明太空板业的竞争力水平非常低。

（三）中国创业板市场上市公司竞争力前、后50家公司中，制造业的集中度都很高。在中国创业板市场上市公司竞争力前50强的企业中，制造业企业的比重为68%，占绝对优势。上市公司竞争力较弱的后50家企业中，制造业企业依然很多，所占比重高达60%。

从267家制造业企业的竞争力来看，位居制造业第一的北京君正（股票代码300223）与最后的太空板业（股票代码300344）的竞争力水平差距非常大。两家上市公司竞争力的差异主要表现在：一是北京君正的总资产、营业收入增长率指标较太空板业要高，说明前者的未来发展潜力比后者大；二是北京君正的流动比率、速动比率指标值远远大于太空板业，说明二者的偿债能力有很大的差异；三是北京君正的总资产周转率、应收账款周转率、营业收入指标值远远大于太空板业，说明前者的经营状况优于后者；四是北京君正的每股收益、净利润、利润增长率指标值大于太空板业，说明前者的盈利水平高于后者。根据深交所网站的数据，信息技术业在创业板上市公司中所占比重位居第二，数量上占有相对优势。与制造业企业竞争力状况相似，位居信息技术业第一的上海钢联（股票代码300226）与最后的方直科技（股票代码300235）竞争力水平差距也很大。

（四）中国创业板市场上市公司竞争力水平良莠不齐，应建立严

格的市场退出机制。根据对中国创业板上市公司竞争力的分析，当上市公司竞争力明显不足，在净资产、股票市值、成交量等方面达到法律规定的退市标准或不满足维持上市的最低要求时，应按照法定程序退出创业板市场，并根据相关法律法规承担相应的责任。创业板市场通过严格的退市制度使上市公司有进有出，优胜劣汰，不仅能够促使管理者改善经营状况，提高公司质量，而且能够推动上市公司的整体发展，实现金融资源在全社会范围内的有效配置，进而促进实体经济的发展。

目前，我国证券市场依然缺乏严格的退市制度，上市公司的退市率极低。多层次资本市场的生命力就在于其流动性，这种流动性既要体现同一市场上股权的流动性，又能使股权在不同市场间具有流动性。因此，创业板市场退出制度的建立必然依赖于其他层次市场相应制度的完善，也就是说在创业板市场之外需要一个非常科学、不断完善的三板市场。只要创业板上市公司的竞争力不足，相关财务指标达到法律规定的退市标准，则使其直接退至三板市场。简言之，只有在真正意义上建立符合市场经济发展要求的场外代办股份转让系统，不断完善与创业板市场紧密衔接的三板市场，才能形成创业板市场乃至整个证券市场完整、有效的退出机制。

第二节　中国创业板市场上市公司的聚类分析

从目前创业板市场上市公司行业分布来看，主要集中在第二产业的制造业。尽管我国创业板市场正在逐步完善和发展，但是各上市公司的经营绩效却各不相同，股票价格的差异化也日趋明显。面对数百家上市公司所披露的重大事项和庞杂的财务数据，投资者如何评价其债务偿还能力、经营状况、盈利水平和未来发展空间，对各上市公司乃至对整个创业板市场作一个客观准确的判断，这是一个非常值得研究的课题。聚类分析方法作为一种多元统计方法，已经被国内外学者广泛被应用于投资分析中。中国创业板作为一个聚集高成长、高风险、创新企业的资本市场，其上市公司的发展规模、成长速度以及所处行业差异性很大。书中将以不同的财务指标作为研究变量，通过系统聚类分析方法对创业板市场上市公司进行 MATLAB 实证研究。

国外学者更多的是关于资本市场上市公司的有关研究，视角集中在上市公司 IPO 发行、股价波动、不同国家二板市场间的信息传递等方面，得到的结论各有不同。国内一些学者对上市公司进行了聚类分析，但有些研究仅仅是针对某一行业上市公司的聚类分析，而有些文献则只限于创业板的初步建立时期的上市公司聚类分析，结论难免有些局限。本书借鉴国内外学者的相关研究成果，在分析2009—2013 年中国创业板上市公司基本发展状况的基础上，利用系统聚类分析方法，借助 MATLAB 软件对创业板市场中数量众多的上市公司进行分类研究，为创业板市场的有效运行提供科学的政策借鉴。

一、中国创业板市场上市公司的聚类分析

（一）上市公司数据的选择

根据深圳证券交易所提供的创业板市场 2014 年 3 月的行业分布，379 家上市公司广泛分布在 13 个行业门类中（见表 5.2.1）。其中，267 家上市公司属于制造业，67 家上市公司属于信息传播软件和信息技术业，分别占整个创业板市场上市公司总数的 70.45%、17.68%。其余 45 家上市公司分别属于农林牧渔业、采矿业、建筑业、批发零售业等 11 个门类，占创业板市场上市公司总数的 11.87%。

表5.2.1　创业板上市公司的行业分类

行业	农林牧渔业（A）	采矿业（B）	制造业（C）	电力热力燃气及水生产和供应业（D）	建筑业（E）	批发零售业（F）	交通运输仓储和邮政业（G）	信息传播软件和信息技术业（I）	租赁和商业服务业（L）	科学研究和技术服务业（M）	水利环境和公共设施管理业（N）	卫生和社会工作（Q）	文化体育和娱乐业（R）
合计	6	4	267	1	5	3	3	67	3	7	5	2	6

资料来源：根据深圳证券交易所网站数据整理而成，http://www.szse.cn/。

本书采用四类指标对创业板市场前355家上市公司进行聚类分析，第一类是体现上市公司债务偿还能力的指标，即资产负债率、流动比率、速动比率；第二类是体现上市公司经营状况的指标，即总资产周转率、应收账款周转率；第三类是体现上市公司盈利水平的指标，即每股净资产收益率、主营业务利润率；第四类指标是体现公司未来发展潜力的指标，即主营收入增长率、净利润增长率。根据深圳证券交易所网站所创业板所提供的上市公司各项财务数据，通过计算可以得到四类共九项财务指标[1]。

（二）数学模型与研究方法

聚类分析是通过数据建模来简化数据的一种统计分析方法，目前已经广泛应用于商业、生物、地理等领域。聚类是将数据分类的不同的类或者簇这样的一个过程，所以同一个簇中的对象有很大的相似性，而不同簇之间的对象有很大的相异性。传统的统计聚类分析方法包括系统聚类法、分解法、加入法、动态聚类法、有序样品聚类、有

---

[1]　本书所取的是创业板前355家上市公司的九项财务指标，是依据深交所网站提供的数据计算得到，由于数据比较多，在此省略，具体请登陆 http://disclosure.szse.cn/m/chinext/bndbgqw300001.htm。

重叠聚类和模糊聚类法等。采用 k—均值、k—中心点等算法的聚类分析工具已被加入到 SPSS、SAS 等许多著名的统计分析软件包中。从实际应用的角度看，聚类分析是数据挖掘的主要任务之一，而且聚类能够作为一个独立的工具获得数据的分布状况，观察每一簇数据的特征，集中对特定的聚簇集合做进一步分析。

1. 聚类距离和相似系数

距离和相似系数是两种相似性度量，其中距离是用来度量样品之间的相似性，相似系数则用于度量变量之间的相似性。

距离　在欧式空间中，两个向量 x_i、x_j 除了用它们的夹角余弦来度量它们的相似程度外，还可用它们的距离来度量。常用的距离有以下几种：欧式距离、Minkowski 距离、切比雪夫距离。本书侧重使用欧式距离：

$$d_{ij} = \sqrt{\sum_{m=1}^{M} (x_{mi} - x_{mj})^2} \qquad (5.2.1)$$

相似系数　假设测定了 n 个变量 x_1，x_2，$\cdots$，x_n 的 M 组数据，记作：

$$x_{1m}，x_{2m}，\cdots，x_{nm}，m=1，2，\cdots，M$$

这样，n 个变量就可以看做是 $\Re^k$ 空间中的 n 个向量，则向量 x_i、x_j 之间的相关性，即相似系数可以定义如下：

$$r_{ij} = \frac{\sum_{m=1}^{M} (x_{mi} - \bar{x_i})(x_{mj} - \bar{x_j})}{\sqrt{\sum_{m=1}^{M} (x_{mi} - \bar{x_i})^2 (x_{mj} - \bar{x_j})^2}} \qquad (5.2.2)$$

式中，$x_i = \frac{1}{M}\sum_{m=1}^{M} x_{mi}$，$x_j = \frac{1}{M}\sum_{m=1}^{M} x_{mj}$。

相似系数（或相关系数）具有以下的性质：

（1）$|r_{ij}| \leqslant 1$，$\forall ?i,j$。

（2）$r_{ij} = r_{ji}$，$\forall ?i,j$。

$|r_{ij}|$ 越接近于 1，说明 x_i，x_j 越相似或相关；$|r_{ij}|$ 越接近于 0，说明 x_i，x_j 越不相似或不相关。当 $|r_{ij}|=1$ 时，说明 $x_i = ax_j$，即 x_i，x_j 是完全线性相关的；当 $|r_{ij}|=0$ 时，说明 x_i，x_j 是正交的。

2. 系统聚类法

聚类开始时将 n 个变量或 p 个变量各自作为一类，并规定样品（或变量）之间的距离和类与类之间的距离，然后将距离最近的两类合并成一个新类（简称为并类），再计算新类与其他类之间的距离，重复进行两个最近类的合并，每次减少一类，直至所有的样品（或变量）合并为一类。最后形成一个亲疏关系图谱（聚类树形图或谱系图），通常从图上能清晰地看出应分成几类以及每一类所包含的样品（或变量）。除此之外，也可借助统计量来确定分类结果。

在聚类分析中，通常用 G 表示类，假设 G 中有 m 个元素（即样品或变量），不失一般化，用列向量 x_i（$i=1, 2, \cdots, m$）来表示，d_{ij} 表示元素 x_i 与 x_j 之间的距离，D_{KL} 表示类 G_K 与类 G_L 之间的距离。类与类之间用不同的方法定义距离，就产生了最短距离法、最长距离法、重心法、类平均法、离差平方和法等以下不同的系统聚类方法。

类平均法将类与类之间的平方距离定义为样品对之间平方距离的平均值。G_K 与 G_L 之间的平方距离为：

$$D_{KL}^2 = \frac{1}{n_K n_L} \sum_{x_i \in G_K, x_j \in G_L} d_{ij} \tag{5.2.3}$$

类间平方距离的递推公式为：

$$D_{MJ}^2 = \frac{n_K}{n_M} D_{KJ}^2 + \frac{n_L}{n_M} D_{KJ}^2 \tag{5.2.4}$$

类平均法很好地利用了所有样品之间的信息，在很多情况下它被认为是一种比较好的系统聚类法。

在上式中增加 D_{KL}^2 项，将其进行推广，得到类间平方距离的递推公式为：

$$D_{MJ}^2 = (1 - \beta)\left[\frac{n_K}{n_M}D_{KJ}^2 + \frac{n_L}{n_M}D_{KJ}^2\right] + \beta D_{KL}^2 \tag{5.2.5}$$

（三）中国创业板市场上市公司的聚类分析

根据深圳证券交易所提供的创业板前 355 家上市公司相关财务数据，利用 MATLAB 软件，先引入 pdist 函数计算样品数据之间的欧氏距离；然后通过 linkage、inconsistent 函数，利用类平均法进行系统的聚类分析。在计算深度为 100 的条件下，得到的后十次并类的不一致系数（见表 5.2.2）。在并类的过程中，如果某一次并类所对应的不一致系数较上一次有大幅增加，说明该次并类的效果不好，而它的上一次并类效果是比较好的。不一致系数的增加幅度越大，说明上一次并类的效果越好。在类的个数尽量少的前提下，参照不一致系数的变化可以确定最终的分类个数①。

表 5.2.2　inconsistent 函数的输出矩阵

所有链接长度的均值	所有链接长度的标准差	链接个数	不一致系数
0.9843	0.8209	337.0000	5.2220
1.0039	0.8625	339.0000	5.2509
1.0227	0.9286	340.0000	6.8750
1.0523	1.0165	342.0000	7.0530
1.1078	1.1343	348.0000	6.9697
1.1336	1.2207	350.0000	7.0081
1.1591	1.3094	351.0000	6.8221
1.1863	1.4034	352.0000	6.7962
1.2217	1.5510	353.0000	8.0283
1.2718	1.8135	354.0000	9.7600

---

① 由于包含创业板市场前 355 家上市公司，这样在 MATLAB 系统聚类分析所生成的树形图显得比较拥挤，如果叶节点默认为 30，就会忽略一些底层节点，因此由软件生成的树形图在此省略。

通过表 5.2.2 的 inconsistent 函数输出矩阵中最后十次聚类的不一致系数可以看出，前七次的不一致系数没有明显的变化，而后三次并类的不一致系数分别为 6.7962、8.0283、9.7600，增量分别为 - 0.0259、1.2321、1.7317。这说明倒数第三类的并类效果是比较好的。也就是说，根据 MATLAB 软件的 zscore、obslable、taverage 语句对上市公司的偿债能力、经营状况、盈利水平和未来发展潜力等。

表 5.2.3　创业板上市公司分类后的各项财务指标

分类和指标		偿债能力			经营状况		赢利水平		发展潜力	
		资产负债率	流动比率	速动比率	总资产周转率	应收账款周转率	净资产收益率	利润率	营业收入增长率	利润增长率
第一类	上海钢联	42%	186%	160%	38.55%	2705.26%	0.88%	1.18%	65.86%	- 60.17%
第二类	其它公司均值	20%	851%	759%	9.82%	96.87%	1.34%	11.02%	23.79%	- 9.81%
第三类	智云股份	25%	333%	223%	4.45%	25.89%	0.23%	3.79%	7239.73%	- 124.52%

九项基本财务指标进行计算，可以将中国创业板市场前 355 家上市公司分为三类（见表 5.2.3）。即第一类是上海钢联电子商务股份有限公司（股票简称为上海钢联，属于信息技术业）；第三类是大连智云自动化装备股份有限公司（股票简称为智云股份，属于制造业）；第二类为剩余的 353 家上市公司[①]。

二、聚类分析结论

（一）**中国创业板市场上市公司的行业、产业分布有明显的不均衡性**。从表 5.2.1 数据可以看出，创业板市场上市公司的行业分布较广，大部分行业门类的上市公司比较少，上市公司集中分布于制造业

---

① 资料来源：根据深圳证券交易所网站数据整理而成，http://www.szse.cn/。

和信息技术业，这与我国目前是世界制造业大国以及信息技术产业迅猛发展的整体形势相符。但是，流通行业的创业板上市公司仅有3家，所占比重为0.85%。更值得注意的是，金融保险业中上市公司还处于空白阶段，这与创业板市场的发展要求还有很大的差距。从创业板前355家上市公司在三次产业中的分布结构来看，属于第一产业的上市公司有6家，占2%；第二产业的有252家，占71%；第三产业的有97家，比例达到27%。显然，中国创业板市场上市公司的第二产业集中度比较高，第一、三产业的上市公司数量较少，尤其是快速发展中的第三产业，上市公司在创业板中的比重亟待提高。

（二）**中国创业板上市公司可以分为三类**。很显然，与第二类353家上市公司速动比率759%、应收账款周转率96.87%指标相比较（见表5.2.3），作为第一类的上海钢联电子商务股份有限公司，它与第二类上市公司相对应的两个指标值160%、2705.27%则表现的很低和畸高，也就是说该公司的偿债能力相对较低、经营状况较差；盈利水平则明显低于第二类公司的平均值；从未来发展潜力上看，尽管上海钢联电子商务股份有限公司的营业收入增长率较高，但是其利润增长率则明显低于第二类上市公司，说明该公司发展潜力相对较差。

与第二类353家上市公司财务指标相比较，作为第三类公司的大连智云自动化装备股份有限公司的资产负债率较高，且流动比率和速动比率均低于第二类上市公司的平均值，偿债能力明显很低；总资产周转率和应收账款周转率均低于第二类上市公司的平均值，经营状况比较差；而赢利水平也明显低于第二类公司；其营业收入增长率表现为畸高，利润率却最低，说明公司未来发展潜力不足。值得注意的是，从2013年整个创业板市场来看，355家上市公司的平均利润增长率为－10.28%。而大连智云自动化装备股份有限公司在营业收入增长率为7239.73%的利好形势下，它的利润增长率却下降为－124.52%。其中原因除了受整个宏观经济形势的负面作用之外，不排除智云股份的企业自身经营水平等因素的影响。

（三）**中国创业板市场上市公司的基本财务指标分析具有较强的相似性**。根据 MATLAB 聚类分析所得到不一致系数的变化，仅有上海钢联电子商务股份有限公司、大连智云自动化装备股份有限公司两家信息技术业和制造业企业的基本财务指标与其他公司有所区别，其余 353 家上市公司均处于同一类别中。因此，可以粗略地认为，在对体现上市公司偿债能力、经营状况、盈利水平和未来发展潜力等九项基本财务指标的分析过程中，整个创业板市场上市公司的财务基本面具有很大程度上的相似性。从总体上讲，中国创业板市场在开板运行时间比较短的前提下，上市公司的数量有了显著增加，不同产业背景的上市公司在财务指标的数学分析中具有一致性，绝大多数上市公司在国家宏观经济政策框架内运行相对稳定，符合我国创业板市场运行初期公司选择的基本要求。

第三节　中国创业板市场的经济带动效应

创业板市场的推出为广大规模小、成长性好的中小企业提供了全新的融资平台，有效地缓解了在创业板上市的中小企业融资困难的问题，大大提高了融资效率。创业板市场作为主板市场和风险投资制度之间的沟通机制，扩充了资本市场的服务对象，拓宽了中小企业、高新技术企业的融资渠道，对调整资本市场结构、促进技术创新具有重要意义。在短短不到 5 年的时间里，创业板市场取得了如此快速的进展，中国资本市场已形成了沪深主板市场、中小企业板市场、创业板市场互相促进和互相补充的良好局面。在中国资本市场多层次格局不断完善的过程中，创业板市场作为其中的新宠，究竟对中国实体经济

的快速发展产生何种程度的带动作用，这是一个非常值得研究的
课题。

国外学者对创业板市场的经济效应研究并不多见，更多的是关于
金融市场结构或是股票市场对经济增长的作用等方面的分析。国内多
数学者的研究角度则限于创业板市场对中小企业融资的促进作用、如
何构建多层次资本市场体系以及 IPO 抑价发行等方面，而有些国内学
者则以创业板的流动性为变量，将其对主板市场的溢出作用做了初步
的探讨。本书吸取国内外学者在金融体系、股票市场、创业板市场与
经济增长等方面的相关研究成果，根据 2009—2013 年中国创业板上
市公司融资规模，利用投入产出法对创业板市场融资的直接经济效应
进行量化研究。

一、中国创业板市场融资的直接经济效应研究

（一）创业板市场上市公司融资数据分析

根据深圳证券交易所提供的最新市场统计月报数据，截止到
2014 年 3 月，创业板市场 379 家上市公司的 IPO 融资规模为 2371.91
亿元，比 2009 年创业板市场建立之初的 204.09 亿元增加 10.62 倍[①]。
此外，2011—2014 年 3 月，中国创业板市场还增发融资 124.32 亿元，
累计融资规模达到 2496.23 亿元。

（二）数学模型与研究方法

沃西里·列昂惕夫创立的投入产出法有效地揭示了产业间技术经
济联系量化的比例关系，因此，该理论也被称为产业关联理论。产业
关联是指产业间以各种投入品和产出品为连接纽带的技术经济联系。
其中投入和产出可以是各种有形产品和无形产品，也可以是实物形态
或价值形态的投入品或产出品；技术经济联系和联系方式可以是实物

---

① 数据详见深圳证券交易所网站 http://www.szse.cn/main/chinext/scsj/sctjyb/

形态的联系或联系方式，也可以是价值形态的联系和联系方式①。由于实物形态的联系方式难以用计量方法准确衡量，而价值形态的联系方式可以从量化比例的角度来进行产业关联的研究，所以本书使用价值形态的技术经济联系方式进行产业关联分析（见表2.1.1）。

1. 产业后向直接关联系数。产业后向关联系数是指一个产业与向本产业提供生产要素的产业或部门的生产技术联系，产业的后向关联度用直接消耗系数表示。直接消耗系数表示产业间的后向直接关联度，在投入产出表中是第二象限中第 i 产业投入价值占第 j 产业总产值的比例，公式表示为：

$$a_{ij} = \frac{x_{ij}}{X_j} \quad (i,\ j=1,\ 2\cdots,\ n) \tag{5.3.1}$$

式中：a_{ij}——第 j 产业对第 i 产业的直接消耗系数

　　　　x_{ij}——第 j 产业对第 i 产业的直接消耗值

　　　　x_j——第 j 产业的总产值

用矩阵形式则表示为：$A = Q\hat{X}^{-1}$

式中：

$$A = \begin{bmatrix} a11 & a12 & \cdots & a1n \\ a21 & a22 & \cdots & a2n \\ \vdots & \vdots & & \vdots \\ an1 & an2 & \cdots & ann \end{bmatrix} \quad Q = \begin{bmatrix} x11 & x12 & \cdots & x1n \\ x21 & x22 & \cdots & x2n \\ \vdots & \vdots & & \vdots \\ xn1 & xn2 & \cdots & xnn \end{bmatrix}$$

$$\hat{X}^{-1} = \begin{bmatrix} \frac{1}{x1} & 0 & \cdots & 0 \\ 0 & \frac{1}{x2} & \cdots & 0 \\ \vdots & \vdots & & \vdots \\ 0 & 0 & \cdots & \frac{1}{xn} \end{bmatrix}$$

---

① 苏东水：《产业经济学》，高等教育出版社2000年版，第246—251页。

矩阵 A 即为直接消耗系数矩阵，直接消耗系数越大，说明一产业对另一提供要素的产业的直接需求越大，产业之间的直接关联度越大。

2. 产业前向关联系数。前向关联度是指一产业与需求本产业产品或服务的产业的生产技术联系的程度。直接分配系数表示产业间的前向关联度，在投入产出表中是价值流量表第一象限产业所在行的各个分配值与该行对应的产业总产出之比，用公式表示为：

$$r_{ij} = \frac{x_{ij}}{X_i} \ (i, j = 1, 2\cdots, n) \tag{5.3.2}$$

式中：r_{ij}——第 i 产业对第 j 产业的直接分配系数

x_{ij}——第 i 产业分配给第 j 产业作为中间产品使用的价值量

x_i——第 i 产业的总产值

直接分配系数越大，说明产业对产业的直接供给推动作用越强。

（三）中国创业板市场融资的直接经济效应研究

中国创业板市场融资的直接经济效应主要研究中国创业板市场前355家上市公司首次募股发行和增发融资对国内经济的直接带动效应，通过对《2007年中国投入产出表》42 * 42产业部门的中间流量数据计算得到的直接消耗系数的分析和处理，可以得到作为中国金融业的创业板市场与国民经济其他产业之间的直接关联关系。

1. 中国创业板市场的国内直接密切关联产业分析。计算中国创业板市场直接经济效应的基本方法是利用 MATLAB 软件，根据价值型投入产出表的中间流量数据、总产出数据的行矩阵、列矩阵可以计算出直接消耗系数矩阵和直接分配系数。然后对直接消耗系数和直接分配系数进行排序、加总和求均值，对中国创业板市场与各个产业部门进行结构分析。

（1）中国创业板市场与国内相关产业之间的后向直接关联关系测算。通过 MATLAB 程序计算可得，与中国创业板市场有后向直接关联的产业共有 34 个，其他 8 个产业与创业板市场的直接关联系数为零① （见表 5.3.1）。在 34 个直接关联产业中，与中国创业板市场后向直接关联密切的产业有 8 个，其余 26 个产业虽然与创业板市场有直接关联关系，但是关联度小于后向直接消耗系数和的平均值 0.0074。在 8 个直接关联度较大的产业中，创业板市场融资 1 万元，需要直接消耗 8 个密切相关联产业中间产品 2526 元，消耗其余 26 个非密切相关联产业的中间产品价值 579 元。即中国创业板市场融资 1 万元，需要直接消耗金融业 642 元、租赁和商务服务业 445 元、住宿和餐饮业 377 元、房地产业 264 元、造纸印刷及文教体育用品制造业 257 元、信息传输和计算机服务及软件业 254 元、交通运输及仓储业 201 元、电力热力的生产和供应业 86 元。

表 5.3.1　42 * 42 部门中国创业板市场的后向直接关联产业及其直接关联度

产业名称	产业代码	关联系数	产业名称	产业代码	关联系数
金融业	32	0.06419	纺织服装鞋帽	08	0.00220
租赁和商务服务业	34	0.04452	食品制造及烟草	06	0.00208
住宿和餐饮业	31	0.03770	电气机械及器材	18	0.00153
房地产业	33	0.02641	建筑业	26	0.00127
造纸印刷及文教	10	0.02572	卫生、社会保障	40	0.00113
信息传输、计算机	29	0.02538	研究与试验发展业	35	0.00094
交通运输及仓储业	27	0.02009	木材加工及家具	09	0.00080
电力、热力的生产	23	0.00860	通信设备、计算机	19	0.00079
石油加工、炼焦	11	0.00626	工艺品及其他	21	0.00074
教育	39	0.00615	水的生产和供应业	25	0.00069
文化、体育	41	0.00583	金属制品业	15	0.00066

① 资料来源：根据《2007 年中国投入产出表》42 个产业部门金融业的直接消耗系数计算而得。

产业名称	产业代码	关联系数	产业名称	产业代码	关联系数
居民服务和其他	38	0.00551	水利、环境	37	0.00064
仪器仪表及文化	20	0.00399	综合技术服务业	36	0.00047
批发和零售业	30	0.00395	公共管理	42	0.00036
交通运输设备	17	0.00306	非金属矿物制品业	13	0.00015
邮政业	28	0.00293	纺织业	07	0.00012
化学工业	12	0.00283	燃气生产和供应业	24	0.00003
通用、专用设备	16	0.00282			
42 产业直接消耗系数均值					0.00739

资料来源：根据《2007 年中国投入产出表》42 个产业部门金融业的直接消耗系数计算而得。

从表 5.3.1 可以看出，5 个与中国创业板市场有后向密切直接关联产业的中间产品直接消耗系数占比为 52.75%，说明金融市场对这些密切相关联产业的需求影响和拉动作用较其他产业明显。

（2）中国创业板市场与国内相关产业之间的前向直接关联关系测算。通过计算可知，42 个产业部门均与中国创业板市场有前向直接关联关系，其中密切关联的产业有 15 个，依次是交通运输及仓储业、金融业、批发和零售业、电力热力的生产和供应业、通信设备和计算机及其他电子设备制造业、化学工业、金属冶炼及压延加工业、建筑业、非金属矿物制造业、租赁和商务服务业、教育、农林牧渔业、食品制造及烟草加工业、房地产业、纺织业[1]（见表 5.3.2）。

很明显，在 15 个前向直接关联度大的产业中，创业板市场每融资 1 万元，被上述产业作为中间投入使用的数量分别为 811 元、642 元、586 元、575 元、454 元、416 元、395 元、282 元、269 元、242

---

[1] 数据详见深圳证券交易所网站，http://www.szse.cn/main/chinext/scsj/sctjyb/

元、234 元、209 元、201 元、188 元、181 元。这 15 个产业在创业板资金的直接供给总量中的比例累计达到 76.1%，其他 27 个产业的直接分配占比仅为 23.9%。

表5.3.2　42 * 42 部门中国创业板市场的前向直接关联产业及其直接关联度

产业名称	产业代码	关联系数	产业名称	产业代码	关联系数
交通运输及仓储业	27	0.08109	居民服务和其他	38	0.01004
金融业	32	0.06419	造纸印刷及文体	10	0.00962
批发和零售业	30	0.05855	纺织服装鞋帽	08	0.00868
电力、热力	23	0.05755	石油加工	11	0.00769
通信设备	19	0.04540	木材加工	09	0.00731
化学工业	12	0.04164	信息传输	29	0.00713
金属冶炼	14	0.03950	金属制品业	15	0.00673
建筑业	26	0.02819	综合技术服务业	36	0.00638
非金属矿物制品业	13	0.02693	石油和天然气	03	0.00564
租赁和商务服务业	34	0.02421	水利、环境	37	0.00413
教育	39	0.02339	卫生、社会保障	40	0.00406
农林牧渔业	01	0.02086	文化、体育	41	0.00373
食品制造及烟草	06	0.02013	金属矿采选业	04	0.00367
房地产业	33	0.01882	工艺品及其他	21	0.00336
纺织业	07	0.01809	水的生产和供应	25	0.00320
通用、专用设备	16	0.01771	非金属矿及其他	05	0.00268
公共管理等	42	0.01446	仪器仪表及文化	20	0.00159
住宿和餐饮业	31	0.01371	燃气生产和供应	24	0.00140
电气机械及器材	18	0.01295	废品废料	22	0.00078
交通运输设备制造业	17	0.01101	邮政业	28	0.00033
煤炭开采和洗选业	02	0.01036	研究与试验发展业	35	0.00032
42 产业直接分配系数均值					0.01779

资料来源：同表5.3.1。

2. 中国创业板市场对国内密切关联行业的直接带动效应。通过上述分析，可以清楚地看出中国创业板市场与其他产业之间的需求拉动作用和供给推动作用，接下来研究创业板市场与其他产业之间的环向关联关系，即分析与中国创业板市场既存在后向直接关联又存在前向直接关联关系的产业。

（1）中国创业板市场的国内环向关联产业类型。在42个产业部门中，与中国创业板市场的后向直接关联、前向直接关联密切的产业共有23个，其中具有环向直接关联关系的产业有5个，分别是金融业、租赁和商务服务业、房地产业、交通运输及仓储业、电力热力的生产和供应业。只有前向直接密切关联而后向直接关系不密切的产业有批发零售业、通信设备和计算机及其他电子设备制造业、化学工业等10个产业，说明创业板市场对这10个产业只有前向直接推动作用。仅有后向直接关联密切的产业有住宿和餐饮业、造纸印刷及文教体育用品制造业、信息传输和计算机服务及软件业3个产业，说明创业板市场对这3个产业仅有直接需求拉动作用。

有5个产业与创业板市场具有环向直接关联关系，说明创业板市场既是这5个产业投入要素的供给者，又是其生产产品的直接需要者。

（2）中国创业板市场的行业直接带动效应。在国民经济42个产业部门中，金融业、租赁和商务服务业、房地产业、交通运输及仓储业、电力热力的生产和供应业与中国创业板市场具有环向直接关联关系（见表5.3.3）。

表5.3.3 42＊42部门中国创业板市场的环向直接关联产业及其直接关联度

环向直接关联产业类型	环向直接关联系数	次序
金融业	0.1284	1
交通运输及仓储业	0.1012	2

续表

环向直接关联产业类型	环向直接关联系数	次序
租赁和商务服务业	0.0687	3
电力、热力的生产和供应业	0.0662	4
房地产业	0.0452	5

　　中国创业板市场对经济的促进作用是通过融资活动来完成的，因此，其直接经济效应则是通过金融市场在中国投入产出表中的后向和前向关联定义来分析。通过 MATLAB 计算可知，在 42 个产业部门中，创业板市场对 5 个产业具有明显的直接拉动和推动作用。也就是说，创业板市场每融资 1 万元，可以直接带动金融业、租赁和商务服务业、房地产业、交通运输及仓储业、电力热力的生产和供应业等 5 个产业增加的产值分别为：1284 元、1012 元、687 元、662 元、452 元。

　　根据深圳证券交易所提供的数据，截止到 2014 年 3 月，中国创业板市场融资总规模为 2496.23 亿元，其中 2009—2014 年 IPO 融资 2371.91 亿元，2011—2014 年增发融资 124.32 亿元。本书将创业板市场融资总规模 2496.23 亿元作为研究变量[①]，将其代入中国投入产出表就可以得到中国创业板市场融资的直接经济效应。由于本书采用的是 2007 年投入产出表，根据 GDP 平减指数可以得到创业板市场融资规模的折算值为 1446.84 亿元[②]。将折算后的创业板市场融资数值代入投入产出表可以得到中国创业板市场对国民经济各主要行业产生的带动作用，其对 5 个产业的直接带动作用分别为 185.77 亿元、146.43 亿元、99.40 亿元、95.78 亿元、65.40 亿元。对 5 个产

---

① 本书以总融资规模 2496.23 亿元为研究变量，认为创业板市场超募资金全部用于国民经济各部门，将资本市场寻租等资金忽略不计。

② 2012 年《中国统计年鉴》中的 GDP 平减指数仅有 2011 年的数据，因此，2012—2014 年的 GDP 平减指数均假定为 2011 年数值，以此将 2014 创业板市场融资值进行折算。

业的环向直接带动作用为 592.78 亿元，相当于 2007 年中国 GDP 的 0.21%。

3. 中国创业板市场融资的直接经济效应　中国创业板市场融资的直接经济效应就是研究其融资规模对国民经济三次产业产生的直接效应之和。具体来讲，就是对 42 * 42 部门投入产出表的中间流量数据进行 MATLAB 分析，分别按照三次产业对直接消耗系数、直接分析系数进行加总，在此基础上就可以量化创业板市场融资对三次产业的直接经济效应（见表 5.3.4）。

表 5.3.4　42 * 42 部门中国创业板市场与三次产业的直接关联度

	第一产业	第二产业	第三产业	合计
后向直接关系度	0.0000	0.0643	0.2462	0.3105
前向直接关联度	0.0209	0.3918	0.3346	0.7472

通过计算得到，中国创业板市场与三次产业的后向直接关联度分别为 0.0000、0.0643、0.2462；前向直接关联度分别为 0.0209、0.3918、0.3346。很明显，中国创业板市场融资 1 万元，对第一产业不具有拉动作用，对第二、三产业的需求拉动作用分别为 643 元、2462 元；对三次产业的供给推动作用分别为 209 元、3918 元、3346 元。将需求拉动作用和供给推动作用合并，根据 GDP 平减指数可以得到，中国创业板市场融资对三次产业的直接经济效应为 30.24 亿元、659.91 亿元、840.33 亿元。因此，中国创业板市场融资对中国经济的直接经济效应为 1530.47 亿元，相当于 2007 年 GDP 的 0.58%[①]。

———————

① 本书采用《2007 年中国投入产出表》的数值，因此，将中国创业板市场融资规模等均折算成 2007 年数据。

二、中国创业板市场融资与主板市场 A 股融资的直接经济效应比较

以上对中国创业板市场融资的直接经济效应进行了数量分析，为了充分研究创业板市场对中国经济带动作用的大小，接下来用同样的方法对中国主板市场 A 股融资的经济效应进行量化，进而使二者对中国经济发展所起的作用有一个科学的比较。

（一）中国主板市场 A 股融资对国内密切关联行业的直接带动效应

根据上海证券交易所和深圳证券交易所提供的数据，截止到 2013 年 12 月，中国股票市场 A 股融资总规模为 53636. 31 亿元，其中上海证券交易所 A 股累计融资 33770. 27 亿元，深圳证券交易所 A 股累计融资 19866. 04 亿元。以中国主板市场 A 股融资总规模 53636. 31 亿元作为研究变量①，将其代入中国投入产出表，就可以得到中国股票市场融资的直接经济效应。由于本书采用的是 2007 年投入产出表，以 2007 年为基准并根据各年 GDP 指数可将主板市场 A 股累计融资折算为 53966. 76 亿元②（见表 5.3.5）。将折算后的主板市场 A 股融资数值代入投入产出表，可以得到中国主板市场对国民经济各主要行业产生的带动作用，其对 5 个产业的直接带动作用分别为 6929. 33 亿元、5461. 44 亿元、3707. 52 亿元、3572. 60 亿元、2439. 30 亿元。对 5 个产业的环向直接带动作用为 22110. 19 亿元，相当于 2007 年中国 GDP 的 8. 31% 。

---

① 本书以总融资规模 53636. 31 亿元为研究变量，认为股票市场超募资金全部用于国民经济各部门，将资本市场寻租等资金忽略不计。

② GDP 指数（国内生产总值指数）从国家统计局网站中查询得到，http://data. stats. gov. cn/workspace/index? a = q&type = global&dbcode = hgnd&m = hgnd&dimension = zb&code = A020102&region =000000&time =1990，2013。

表 5.3.5　中国主板市场 A 股历年融资额及其折算值　单位：亿元

年度	原始 A 股融资额	GDP 指数（上年 = 100）	折算系数	折算后 A 股融资额
1990	10.11	103.80	5.5256	55.86
1991	8.94	109.20	5.0601	45.21
1992	30.74	114.20	4.4309	136.22
1993	217.64	114.00	3.8867	845.90
1994	177.15	113.10	3.4366	608.78
1995	76.97	110.90	3.0988	238.50
1996	290.10	110.00	2.8171	817.23
1997	848.47	109.30	2.5774	2,186.83
1998	716.97	107.80	2.3909	1,714.19
1999	862.04	107.60	2.2220	1,915.48
2000	1,545.24	108.40	2.0498	3,167.48
2001	1,192.22	108.30	1.8927	2,256.55
2002	756.76	109.10	1.7349	1,312.87
2003	644.63	110.00	1.5771	1,016.67
2004	626.93	110.10	1.4325	898.06
2005	330.06	111.30	1.2870	424.79
2006	2,335.24	112.70	1.1420	2,666.84
2007	7,985.10	114.20	1.0000	7,985.10
2008	3,490.52	109.60	0.9124	3,184.78
2009	5,013.20	109.20	0.8355	4,188.73
2010	9,617.62	110.40	0.7568	7,278.89
2011	7,658.68	109.30	0.6924	5,303.12
2012	4,917.31	107.70	0.6429	3,161.47
2013	4,283.69	107.70	0.5970	2,557.20
合计	53,636.31		51.9992	53,966.76

注：折算系数是以 2007 年为 100，根据 GDP 指数计算得到各年 A 股融资额折算成 2007 年数据的系数。

（二）中国主板市场 A 股融资的直接经济效应

中国主板市场 A 股融资的直接经济效应同样是对 42＊42 部门投入产出表的中间流量数据进行 MATLAB 分析，分别按照三次产业对直接消耗系数、直接分析系数进行加总，可以得到主板市场 A 股融资对三次产业的直接经济效应。通过计算得到，中国主板市场与三次产业的后向直接关联度分别为 0.0000、0.0643、0.2462；前向直接关联度分别为 0.0209、0.3918、0.3346。将需求拉动作用和供给推动作用合并，根据历年 GDP 平减指数可以得到，中国主板市场 A 股融资对三次产业的直接经济效应为 1127.91 亿元、24614.24 亿元、31343.89 亿元。因此，中国主板市场 A 股融资对中国经济的直接经济效应为 57086.04 亿元，相当于 2007 年 GDP 的 21.47%[①]。

三、主要结论

（一）**中国创业板市场对较多的产业部门有需求拉动作用**。创业板市场对不同产业部门的需求拉动作用，是指创业板市场对与其具有后向直接关联产业的经济带动作用。在 42 个产业部门中，与中国创业板市场有后向直接关联的产业共有 34 个，其他 8 个产业与创业板市场的直接关联系数为零。这 8 个产业与创业板市场不存在直接关联关系，分别为燃气生产和供应业、农林牧渔业、煤炭开采和洗选业、石油和天然气开采业、金属矿采选业、非金属矿及其他矿采选业、金属冶炼及压延加工业、废品废料业。也就是说，在 42 个产业部门中，创业板市场对 34 个产业部门具有需求拉动作用，对另外 8 个产业部门无经济带动作用。

在 34 个具有直接关联关系的产业中，与中国创业板市场后向直

---

① 本书采用《2007 年中国投入产出表》的数值，因此，将中国股票市场 A 股融资等均折算成 2007 年数据。

接关联密切的产业有 8 个，分别为金融业、租赁和商务服务业、住宿和餐饮业、房地产业、造纸印刷及文教体育用品制造业、信息传输、计算机服务和软件业、交通运输及仓储业、电力、热力的生产和供应业。其余 26 个产业部门虽然与创业板市场有后向直接关联关系，但是其与创业板市场的后向关联系数均小于平均水平 0.0074。因此，可以认为，这 26 个产业与创业板市场的关联度较小。显然，创业板市场对 8 个产业部门的需求拉动作用明显，对其余 26 个产业部门的经济带动作用不大。

（二）**中国创业板市场对所有产业部门均有供给推动作用**。创业板市场对不同部门的供给推动作用，是指创业板市场对与其具有前向直接关联产业的经济带动作用。根据 MATLAB 计算得到的前向关联系数均大于零，因此，42 个产业部门均与中国创业板市场均有前向直接关联关系。其中有 15 个产业部门与创业板市场的前向直接关联系数大于平均水平 0.0178，可以认为，与创业板市场前向密切关联的产业部门有 15 个，分别为交通运输及仓储业、金融业、批发和零售业、电力热力的生产和供应业、通信设备和计算机及其他电子设备制造业、化学工业、金属冶炼及压延加工业、建筑业、非金属矿物制造业、租赁和商务服务业、教育、农林牧渔业、食品制造及烟草加工业、房地产业、纺织业。这 15 个产业在创业板资金的直接供给总量中的累计占比达 76.1%，其他 27 个产业的直接分配占比仅为 23.9%。也就是说，创业板市场对这 15 个部门具有明显的供给推动作用，对其余 27 个产业部门的经济带动作用不大。

（三）**中国创业板市场对部分产业既有需求拉动作用，又有供给推动作用**。创业板市场对不同部门的需求拉动作用和供给推动作用，即创业板市场对与其具有环向直接关联关系产业的经济带动作用①。

---

① 环向关联是指既具有后向密切关联、又具有前向密切关联的产业。

结合（一）（二）的结论，在42个产业部门中，共有23个产业与中国创业板市场具有后向直接密切关联和前向直接密切关联关系，即环向直接关联关系。其中，与创业板市场具有环向直接关联关系的产业部门共有5个，分别是金融业、租赁和商务服务业、房地产业、交通运输及仓储业、电力热力的生产和供应业。

中国创业板市场融资对5个产业部门的环向直接带动作用分别为185.77亿元、146.43亿元、99.40亿元、95.78亿元、65.40亿元，对5个产业的环向直接带动总效应为592.78亿元，相当于2007年中国GDP的0.21%。中国主板市场A股融资对5个产业部门的环向直接带动作用分别为6929.33亿元、5461.44亿元、3707.52亿元、3572.60亿元、2439.30亿元。对5个产业的环向直接带动作用为22110.19亿元，相当于2007年中国GDP的8.31%。显然，与主板市场相比，中国创业板市场经历了短短5年的时间，对中国经济发展的带动作用正在逐步显现。

（四）中国创业板市场对整个经济发展有较明显的带动作用。通过将42个产业部门进行三次产业分类并进行MATLAB计算可知，截止到2014年3月，中国创业板市场融资规模折算为1446.84亿元，对第一产业、第二产业、第三产业的直接经济效应为30.24亿元、659.91亿元、840.33亿元；对三次产业的总的拉动作用、推动作用分别为449.24亿元、1081.08亿元；对整个中国经济的直接带动效应为1530.47亿元，相当于2007年GDP的0.58%[①]。

结合（三）（四）的结论可以看到，中国创业板市场融资对5个环向直接关联产业的直接经济效应较为显著，在创业板市场对整个经济发展带动作用中所占比例达到38.73%。可见，在42个产业部门中，与其他部门相比较，中国创业板市场融资对金融业、租赁和商务

---

① 直接经济效应为拉动效应与推动效应之和。

服务业、房地产业、交通运输及仓储业、电力热力的生产和供应业的
经济带动作用比较大。

　　中国主板市场 A 股融资规模折算为 31088.74 亿元，对第一产业、
第二产业、第三产业的直接经济效应为 1127.91 亿元、24614.24 亿
元、31343.89 亿元；对三次产业的总的拉动作用、推动作用分别为
16756.68 亿元、40323.96 亿元；对整个中国经济的直接带动效应为
57086.04 亿元，相当于 2007 年 GDP 的 21.47%[①]。

　　相对于主板而言，中国创业板市场融资对中国经济的直接带动效
应还有一定的差距。但是，我们有理由相信，随着时间的积累、各项
制度的逐渐规范和资本市场的日益完善，中国创业板市场对经济的带
动作用将会不断加强。

---

① 直接经济效应为拉动效应与推动效应之和。

第六章
结论与展望

一、研究结论总结

我国创业板市场的设立经历了漫长的过程，终于在十几年的希望和等待中在深交所揭开了它神秘的面纱。由于运行时间短，加之有中国特色的中小企业板市场的存在，因此，国内学者一直关心创业板市场的发展研究。从国际经验来看，作为虚拟经济的创业板市场，其成功的前提条件就是要适应实体经济发展的需要。我国自2008年国际金融危机之后，采取了一系列政策措施来刺激和振兴国民经济，国务院下发了《关于进一步加快发展和培育战略性新兴产业的决定》，为中国创业板市场的发展奠定了良好的基础，并把创业板市场的成立变成了现实。本书从中国创业板市场的形成、制度、运行、作用等几方面对其进行了初步研究，纵观全书，可以得到如下观点和研究结论：

（一）关于中国创业板市场现行制度研究

创业板市场的运行制度应以其服务的实际内容为基础而建立，我国选择创业板市场运行制度时应本着提高效率、节约资源、防范风险的原则。本书认为，中国创业板市场是与主板市场相平行的新市场，其运行制度的选择关系着中国创业板市场的前途和命运，因此必须具备科学合理性。在保荐人、独立董事、交易制度、做市商制度、信息披露制度、股份锁定期制度、退市制度、市场监管制度等方面都要本着对各类参与方公平公正且有利于创业板市场健康平稳运行的原则来制定。

1.发行审核制度。首先，我国创业板上市的准入门槛偏高，很多具有成长潜力的中小企业往往达不到上市条件，无法在创业板市场上市。对此，中国创业板应制定和执行合理的上市条件，适当降低上市的准入门槛。通过降低入市条件使得更多中小型创新企业能够进入创业板市场融资。其次，我国创业板审核制度不尽完善。发审委成员不够中立，审核过程也缺乏效率性。对此需改善发审委的构成与职权，采取措施增强发审委委员的中立性，明确发审委委员的法律身份，建立对发审委的问责机制和监管约束机制，尽量使发行审核公开化，提高审核工作效率，防止发行审核过程中腐败现象的产生。

2.交易制度。首先，我国创业板市场采用竞价交易机制，在交易过程中会出现买单卖单不均衡和大额交易引起股价剧烈波动的情况，进而出现人为操纵股价的行为。为稳定创业板市场价格，增强创业板市场的流动性，我国的创业板市场需引入做市商制度。其次，为维持公司上市后业绩的稳定性，防止公司上市后发生主要资金抽逃和主要管理人员辞职的问题，建议完善股票的禁售期制度，防止高管和控股股东套现得利，损害其他投资者的利益。

3.市场监督管理制度。首先，创业板上市公司规模小于主板市场，企业发展的不确定性、技术风险、市场风险和经营风险都比较大，资产与业绩评估分析的难度较高，出现内幕交易和操作市场的风险也比较大，给投资者带来的投资风险更大。因此创业板应严格规范市场监管标准，建立完善的监管制度体系。其次，我国保荐人与主承销商身份的重叠，故往往出现上市公司与保荐人勾结作假，保荐人"荐而不保"的问题。我国保荐人制度未区分保荐人在发行上市前与上市后的角色，由一家保荐机构同时承担发行上市前的辅导、审核、推荐和发行上市后的督导。为此，建议将保荐人与主承销商身份剥离，并将保荐人推荐上市与持续监督的职责分离，以此来提高保荐人的独立性，强化保荐人职责，提高保荐工作质量。最后，我国创业板市场信息存在披露不充分，并含有误导性或造假信息，造成创业板市场信息不对称，信息披露不全面、不及时、信息质量不高等问题，影响投资者的决策，相关利益者也会利用不对称的信息进行内幕交易，操纵市场，赚取暴利。建议我国创业板市场加强信息披露的监督，对不实披露进行定期的通报和处罚，同时进一步规范信息披露制度，提高信息披露质量，保证信息披露的真实有效、公平公正，防止由于信息不对称导致利益分配失衡。

4.退市制度。首先，我国针对创业板上市公司的退市标准和程序有明确的规定，但这些规定在针对性和可操作性上仍然不够完善，现行的退市标准很容易被企业通过各种方法来规避。因此，我国的创业板应对相关考核指标进行细化和量化，建立更完善可行的退市标准。其次，上市公司退市对抗风险能力较弱的中小投资者存在一定的不公平，会损害到这些投资者的利益。同时为加强企业退市时对投资者的保护，应建立对企业的责任追究机制，加强对控股股东、高管人员的审计监督；建立对退市公司高管人员失职的责任追究制度；为配合创业板退市制度，建立股东集体诉讼制度和民事损害赔偿制度。为保证创业板市场的整体质量，保护投资者的利益。对那些经营不善，各项指标不再满足创业板市场要求的上市公司，可以实行强制的降板机制。还可以提高在创业板市场上市公司股票暂停上市或退市后，申请恢复上市的条件。

（二）关于中国创业板市场上市公司竞争力研究

1. 中国创业板市场上市公司的行业分布不均匀，与多层次资本市场体系的发展要求差距较大。中国创业板市场上市公司的行业分布较广，大部分行业门类的上市公司比较少，上市公司集中分布于制造业和信息技术业，这与我国目前是世界制造业大国以及信息技术产业迅猛发展的整体形势相符。但是，流通行业的创业板上市公司仅有 3 家，所占比重为 0.85%。更值得注意的是，金融保险业中上市公司还处于空白阶段，这与创业板市场的发展要求还有很大的差距。从 355 家创业板上市公司在三次产业中的分布结构来看，属于第一产业的上市公司有 6 家，占 2%；第二产业的有 252 家，占 71%；第三产业的有 97 家，比例达到 27%。显然，中国创业板市场上市公司的第二产业集中度比较高，第一、三产业的上市公司数量较少，尤其是快速发展中的第三产业，上市公司在创业板中的比重亟待提高。中国创业板市场上市公司的行业分布失衡，体现在"新服务"标准的文化体育和娱乐业、卫生和社会工作等行业的企业亟待发展。因此，在制造业、信息传播软件和信息技术业企业发展的同时，应积极培育和支持其他企业进入中国创业板市场。

2. 中国创业板市场上市公司的竞争力水平有较大差异。在中国创业板市场 379 家上市公司中，文化体育和娱乐业仅 6 家，而其中华谊兄弟的竞争力水平却遥遥领先。从财务指标上看，华谊兄弟的营业收入、利润水平、利润率、利润增长率、总资产周转率、净资产收益率、营业收入增长率、存货周转率、每股收益值、每股经营性现金流等财务指标均远远高于各制造业上市公司。这充分说明该公司具有很强的竞争力水平。而所属行业为制造业的太空板业，其利润、利润率、净资产收益率、营业收入增长率、每股收益、每股经营性现金流等财务指标均明显处于较差水平，竞争力水平非常低。

3. 中国创业板市场上市公司竞争力前、后 50 家公司中，制造业的集中度都很高。在上市公司竞争力较强的前 50 家中，制造业 34 家，信息技术业 8 家，商务服务 2 家，文化传播 2 家，科研服务、公共环保、采矿业、卫生业各 1 家。显然，在中国创业板市场上市公司竞争力前 50 强的企业中，制造业企业的比重为 68%，占绝对优势。上市公司竞争力较弱的后 50 家中，制造业 30 家，信息技术业 13 家，采矿业 1 家，建造业和农林牧渔业各 3 家。同样，在中国创业板市场上市公司竞争力较弱的后 50 家企业中，制造业企业依然很多，所占比重高达 60%。

显然，在中国创业板市场上市公司中，制造业企业占绝对优势，但是从其自身竞争力来看，267 家制造业企业的竞争力水平有很大的差异。位居制造业第一的北京君正与最后的太空板业的竞争力水平差距非常大。从二者的财务指标上看，两家上市公司竞争力的差异主要表现在：一是北京君正的总资产、营业收入增长率指标较太空板业要高，说明前者的未来发展潜力比后者大；二是北京君正的流动比率、速动比率指标值远远大于太空板业，说明二者的偿债能力有很大的差异；三是北京君正的总资产周转率、应收账款周转率、营业收入指标值远远大于太空板业，说明前者的经营状况优于后者；四是北京君正的每股收益、净利润、利润增长率指标值大于太空板业，说明前者的盈利水平高于后者。

4. 中国创业板市场应建立严格的市场退出机制。根据对中国创业板上市公司的市场表现，当公司竞争力明显不足，在净资产、股票市值、成交量等方面达到法律规定的退市标准或不满足维持上市的最低要求时，应按照法定程序退出创业板市场，并根据相关法律法规承担相应的责任。创业板市场通过严格的退市制度使上市公司有进有出，优胜劣汰，不仅能够促使管理者改善经营状况、提高公司质量，而且能够推动上市公司的整体发展，实现金融资源在全社会范围内的有效配置，进而促进实体经济的发展。

目前，我国证券市场依然缺乏严格的退市制度，上市公司的退市率极低。多层次资本市场的生命力就在于其流动性，这种流动性既要体现同一市场上股权的流动性，又能使股权在不同市场间具有流动性。因此，创业板市场退出制度的建立必然依赖于其他层次市场相应制度的完善，也就是说，在创业板市场之外需要一个科学完善的三板市场。只要创业板上市公司的竞争力不足，相关财务指标达到法律规定的退市标准，则使其直接退至三板市场。

（三）关于中国创业板市场上市公司的相似性研究

1. 中国创业板上市公司可以分为三类。第一类是上海钢联电子商务股份有限公司，它与第二类上市公司相对应的两个指标值 160%、2705.27% 则表现的很低和畸高，也就是说，该公司的偿债能力相对较低、经营状况较差，盈利水平则明显低于第二类公司的平均值；从未来发展潜力上看，尽管上海钢联电子商务股份有限公司的营业收入增长率较高，但是其利润增长率则明显低于第二类上市公司，说明该公司发展潜力相对较差。第三类是大连智云自动化装备股份有限公司，该公司资产负债率较高，且流动比率和速动比率均低于第二类353 家上市公司的平均值，其偿债能力明显很低；总资产周转率和应收账款周转率均低于第二类上市公司的平均值，经营状况比较差；而盈利水平也明显低于第二类公司；营业收入增长率表现为畸高，利润率却最低，说明公司未来发展潜力不足。

2. 中国创业板市场上市公司财务基本面具有较强的一致性。在前355 家上市公司中，仅有上海钢联电子商务股份有限公司、大连智云自动化装备股份有限公司两家信息技术业和制造业企业的基本财务指标与其他公司有所区别，其余上市公司均处于同一类别。通过对上市公司偿债能力、经营状况、盈利水平和未来发展潜力等九项基本财务指标的分析，整个创业板市场上市公司在财务基本面方面具有很大程度上的相似性。

（四）关于中国创业板市场融资的直接经济效应研究

1. 在 42 个产业部门中，与中国创业板市场有后向直接关联的产业共有 34 个，其他 8 个产业与创业板市场的直接关联系数为零。在 34 个直接关联产业中，与中国创业板市场后向直接关联密切的产业有 8 个，分别为金融业、租赁和商务服务业、住宿和餐饮业、房地产业、造纸印刷及文教体育用品制造业、信息传输、计算机服务和软件业、交通运输及仓储业、电力热力的生产和供应业。其余 26 个产业虽然与创业板市场有直接关联关系，但是关联度不大。

2. 42 个产业部门均与中国创业板市场有前向直接关联关系，其中密切关联的产业有 15 个，分别为交通运输及仓储业、金融业、批发和零售业、电力热力的生产和供应业、通信设备和计算机及其他电子设备制造业、化学工业、金属冶炼及压延加工业、建筑业、非金属矿物制造业、租赁和商务服务业、教育、农林牧渔业、食品制造及烟草加工业、房地产业、纺织业。

3. 在 42 个产业部门中，共有 23 个产业与中国创业板市场具有后向直接密切关联和前向直接密切关联关系。其中具有环向直接关联关系的产业部门共有 5 个，分别是金融业、租赁和商务服务业、房地产业、交通运输及仓储业、电力热力的生产和供应业。中国创业板市场融资对 5 个产业部门的直接带动作用分别为 185.77 亿元、146.43 亿元、99.40 亿元、95.78 亿元、65.40 亿元，对 5 个产业的环向直接带动总效应为 592.78 亿元，相当于 2007 年中国 GDP 的 0.21%。

4. 中国创业板市场融资对第一产业、第二产业、第三产业的直接经济效应为 30.24 亿元、659.91 亿元、840.33 亿元；对三次产业的总的拉动作用、推动作用分别为 449.24 亿元、1081.08 亿元；对整个中国经济的直接带动效应为 1530.47 亿元，相当于 2007 年 GDP 的 0.58%。

二、中国创业板市场的前景展望

创业板运行近 5 年来，对于中小企业筹集资本、改善公司治理结构、促进企业成长等方面发挥了重要作用，有力地推动了中国经济的发展。回到创业板设立之初的原始问题，也就是从需求层面来重新思考中国到底需要一个什么样的创业板市场，这一点尤为重要。关于我国创业板市场的定位一直存在着很多争议，在高度电子化、信息化时代，上海、深圳两个证券交易所具有相同的上市标准、运营方式，这种两个主板市场并存的现状所带来的高成本、低效率似乎已经失去意义。因此有学者认为，应将上海、深圳证券交易所合并成主板市场，然后将深交所逐步建设成真正意义上的创业板市场①。

从中小板和创业板的关系来看，有学者认为，中国的中小板市场是为中小企业融资而设立，与创业板市场有很多类似之处，不属于主板市场。如果监管体制和上市资源发生变化，中小板市场很可能成为创业板市场。中小板市场只是中国经济发展的特殊产物，二者的差异在于，中小板市场主要面向已符合现有上市标准、成长性好、科技含量高、行业覆盖面广的各类公司，而创业板市场则主要面向符合国家

---

① 万兰英：《中国创业板市场的理论与实践》，经济管理出版社 2006 年版，第 49 页。

产业规定和政策要求的"六新"、"两高"类企业。目前,一些快速成长的企业在中小板上市,就说明它和创业板市场并无严格区分。

中国创业板市场启动之后,理论界和实务界一致认为,中小企业板的启动是建立创业板市场的前奏,为创业板的建立提供技术、制度等方面的前提和基础。2005年4月,全国人大副委员长成思危提出:"审慎扩大中小企业板,争取早日成为独立的创业板①。"由于创业板市场的上市条件与主板市场明显不同,就会引致出监管和制度规范问题。上市资源的不同,创业板自然就需要一套与主板市场不同的监管系统,而且要求效率更高、监管体系更加完善,必须建立严格的退出机制。如果继续实行现有与主板市场相同的监管体制,创业板也就无所谓存在与否。同时,如果上市资源过少,建立新的监管系统就过多地浪费了行政资源,运行仅6年即关闭的德国新市场就是一个先例,其根本原因就在于监管的缺失与上市资源的劣质化。创业板市场本身独立于主板市场,与主板市场实行不同的交易系统和上市规则,二者是相互平行、相互促进、相互补充的长期资本市场。既要提高效率,又要减少行政资源的浪费,最有效的方法是将创业板市场与中小板市场统一考虑,将传统的大型企业全部集中到主板市场,高成长、高技术、新兴的中小企业统一到创业板市场,使创业板市场与主板市场各有分工、各有所长、各有不同的上市资源,才能科学构建中国多层次的资本市场体系。只有将创业板市场与主板市场、中小板市场做一个客观的划分,中国的高科技企业、高速成长的中小企业、创新型企业、风险投资才能充分衔接,才有一个真正意义上的为"六新"、"两高"企业融资的创业板平台。

从目前的运行来看,中国创业板市场能够为具备一定规模与实力的创新型企业的快速发展提供有效的融资渠道,同时也为风险投资的

①　张学军、唐清利等:《创业板企业上市指引》,法律出版社2009年版,第24、26页。

成功退出提供切实的保障。笔者认为，随着时间的推移、各种规章制度的不断完善，从投入产出和提高效率的角度来看，从企业生命周期的不同发展阶段来综合考虑，中小板市场与创业板市场将会统一为新的创业板市场。从制度安排上看，中小板市场以运行独立、监察独立、代码独立、指数独立而与主板市场相区别，并为有针对性地加强监督管理和制度创新留下空间，以便在条件成熟时整体剥离为独立的创业板市场。在不久的将来，将会有大量优质的中小型、高科技、创新型企业成为我国创业板的上市资源，共同促进我国创业板市场的发展。基于世界范围内交易所的发展趋势、我国证券市场格局发展现状和相关政策，我们有理由认为，我国将来证券市场的总体格局将是：上交所应该成为全国唯一的主板市场，负责大型企业的股票上市交易；深交所是一个独立的创业板市场，并将此市场分为两个层次：第一层次是将现有大型公司和中小型成熟公司整合，类似 NASDAQ 全国市场；第二个层次是小型资本市场，即纯粹的创业板市场，服务于中小规模的成长性企业，高科技公司占较大比重，类似 NASDAQ 小型市场。

三、有待进一步研究的问题

中国创业板市场研究是一项非常复杂而艰辛的工作，由于本人能力有限，特别是工作之余时间非常紧张，研究内容很容易停留在表面。本书对中国创业板市场发展的研究还处于初步阶段，研究视角有待进一步扩展，研究内容也需要不断深化。对此，还有一些问题有待进一步展开进行深入的研究，具体包括以下几个方面：

第一，对中国创业板和中小企业板市场的功能定位及未来发展方向进行深入研究。在我国，创业板、中小板市场都是为中小企业融资而设立的，两个市场有许多类似之处，区分并不严格。创业板市场和中小板市场并存，使得现有资本市场划分存在混乱。基于此，深入研究两个市场的关系将有利于我国多层次资本市场的科学划分和建设，更有利于多层次资本市场的管理和规范，有利地促进资本市场的健康发展。

第二，对创业板市场的风险投资进行定量分析。风险投资作为促进高科技企业发展的助推器，在我国正在迅速发展。同时，作为创业板市场退出机制的一个组成部分，对于健全资本市场各项制度具有重要推进作用。本书仅提及创业板市场的风险存在，对风险投资的现状、风险投资环境、风险投资不足、风险投资管理及风险投资未来发展方向、规范等方面都需要做深入研究。

第三，结合国内学者已有的灰色理论研究方法，建立中国创业板市场风险研究数学模型，对该市场的风险进行计量研究。也就是说，应努力从创业板市场本身、上市公司、投资者三方面来分别建立定量研究范式，通过实证研究来分析创业板市场风险与此三方面的关联度，从而制定相应的风险防范措施。

附　录

首次公开发行股票并在
创业板上市管理办法

第一章　总则

第一条　为了规范首次公开发行股票并在创业板上市的行为，促进自主创新企业及其他成长型创业企业的发展，保护投资者的合法权益，维护社会公共利益，根据《证券法》、《公司法》，制定本办法。

第二条　在中华人民共和国境内首次公开发行股票并在创业板上市，适用本办法。

第三条　发行人申请首次公开发行股票并在创业板上市，应当符合《证券法》、《公司法》和本办法规定的发行条件。

第四条　发行人依法披露的信息，必须真实、准确、完整、及时，不得有虚假记载、误导性陈述或者重大遗漏。发行人作为信息披露第一责任人，应当及时向保荐人、证券服务机构提供真实、准确、完整的财务会计资料和其他资料，全面配合保荐人、证券服务机构开展尽职调查。

第五条　发行人的控股股东、实际控制人、董事、监事、高级管理人员等责任主体应当诚实守信，全面履行公开承诺事项，不得在发行上市中损害投资者的合法权益。

第六条　保荐人及其保荐代表人应当严格履行法定职责，遵守业务规则和行业规范，对发行人的申请文件和信息披露资料进行审慎核查，督导发行人规范运行，对证券服务机构出具的专业意见进行核查，对发行人是否具备持续盈利能力、是否符合法定发行条件作出专业判断，并确保发行人的申请文件和招股说明书等信息披露资料真实、准确、完整、及时。

第七条　为股票发行出具文件的证券服务机构和人员，应当严格履行法定职责，遵守本行业的业务标准和执业规范，对发行人的相关业务资料进行核查验证，确保所出具的相关专业文件真实、准确、完整、及时。

第八条　中国证券监督管理委员会（以下简称中国证监会）依法对发行人申请文件的合法合规性进行审核，依法核准发行人的首次公开发行股票申请，并对发行人股票发行进行监督管理。证券交易所依法制定业务规则，创造公开、公平、公正的市场环境，保障创业板市场的正常运行。

第九条　中国证监会依据发行人提供的申请文件核准发行人首次公开发行股票申请，不对发行人的盈利能力、投资价值或者投资者的收益作出实质性判断或者保证。投资者自主判断发行人的投资价值，自主作出投资决策，自行承担股票依法发行后因发行人经营与收益变化或者股票价格变动引致的投资风险。

第十条　创业板市场应当建立健全与投资者风险承受能力相适应的投资者准入制度，向投资者充分提示投资风险，注重投资者需求，切实保护投资者特别是中小投资者的合法权益。

第二章　发行条件

第十一条　发行人申请首次公开发行股票应当符合下列条件：

（一）发行人是依法设立且持续经营三年以上的股份有限公司。有限责任公司按原账面净资产值折股整体变更为股份有限公司的，持续经营时间可以从有限责任公司成立之日起计算；

（二）最近两年连续盈利，最近两年净利润累计不少于一千万元；或者最近一年盈利，最近一年营业收入不少于五千万元。净利润以扣除非经常性损益前后孰低者为计算依据；

（三）最近一期末净资产不少于二千万元，且不存在未弥补亏损；

（四）发行后股本总额不少于三千万元。

第十二条　发行人的注册资本已足额缴纳，发起人或者股东用作出资的资产的财产权转移手续已办理完毕。发行人的主要资产不存在重大权属纠纷。

第十三条　发行人应当主要经营一种业务，其生产经营活动符合法律、行政法规和公司章程的规定，符合国家产业政策及环境保护政策。

第十四条　发行人最近两年内主营业务和董事、高级管理人员均没有发生重大变化，实际控制人没有发生变更。

第十五条　发行人的股权清晰，控股股东和受控股股东、实际控制人支配的股东所持发行人的股份不存在重大权属纠纷。

第十六条　发行人资产完整，业务及人员、财务、机构独立，具有完整的业务体系和直接面向市场独立经营的能力。与控股股东、实际控制人及其控制的其他企业间不存在同业竞争，以及严重影响公司独立性或者显失公允的关联交易。

第十七条　发行人具有完善的公司治理结构，依法建立健全股东大会、董事会、监事会以及独立董事、董事会秘书、审计委员会制度，相关机构和人员能够依法履行职责。发行人应当建立健全股东投票计票制度，建立发行人与股东之间的多元化纠纷解决机制，切实保障投资者依法行使收益权、知情权、参与权、监督权、求偿权等股东权利。

第十八条　发行人会计基础工作规范，财务报表的编制和披露符合企业会计准则和相关信息披露规则的规定，在所有重大方面公允地反映了发行人的财务状况、经营成果和现金流量，并由注册会计师出具无保留意见的审计报告。

第十九条　发行人内部控制制度健全且被有效执行，能够合理保证公司运行效率、合法合规和财务报告的可靠性，并由注册会计师出具无保留结论的内部控制鉴证报告。

第二十条　发行人的董事、监事和高级管理人员应当忠实、勤勉，具备法律、行政法规和规章规定的资格，且不存在下列情形：

（一）被中国证监会采取证券市场禁入措施尚在禁入期的；

（二）最近三年内受到中国证监会行政处罚，或者最近一年内受到证券交易所公开谴责的；

（三）因涉嫌犯罪被司法机关立案侦查或者涉嫌违法违规被中国证监会立案调查，尚未有明确结论意见的。

第二十一条　发行人及其控股股东、实际控制人最近三年内不存在损害投资者合法权益和社会公共利益的重大违法行为。发行人及其控股股东、实际控制人最近三年内不存在未经法定机关核准，擅自公开或者变相公开发行证券，或者有关违法行为虽然发生在三年前，但目前仍处于持续状态的情形。

第二十二条　发行人募集资金应当用于主营业务，并有明确的用途。募集资金数额和投资方向应当与发行人现有生产经营规模、财务状况、技术水平、管理能力及未来资本支出规划等相适应。

第三章　发行程序

第二十三条　发行人董事会应当依法就本次发行股票的具体方案、本次募集资金使用的可行性及其他必须明确的事项作出决议，并提请股东大会批准。本次发行股票时发行人股东公开发售股份的，发行人董事会还应当依法合理制定股东公开发售股份的具体方案并提请股东大会批准。

第二十四条　发行人股东大会应当就本次发行股票作出决议，决议至少应当包括下列事项：

（一）股票的种类和数量；

（二）发行对象；

（三）发行方式；

（四）价格区间或者定价方式；

（五）募集资金用途；

（六）发行前滚存利润的分配方案；

（七）决议的有效期；

（八）对董事会办理本次发行具体事宜的授权；

（九）其他必须明确的事项。

第二十五条　发行人应当按照中国证监会有关规定制作申请文件，由保荐人保荐并向中国证监会申报。

第二十六条　保荐人保荐发行人发行股票并在创业板上市，应当对发行人的成长性进行尽职调查和审慎判断并出具专项意见。发行人为自主创新企业的，还应当在专项意见中说明发行人的自主创新能力，并分析其对成长性的影响。

第二十七条　中国证监会收到申请文件后，在五个工作日内作出是否受理的决定。

第二十八条　中国证监会受理申请文件后，由相关职能部门对发行人的申请文件进行初审，由创业板发行审核委员会审核，并建立健全对保荐人、证券服务机构工作底稿的检查制度。

第二十九条　中国证监会自申请文件受理之日起三个月内，依法对发行人的发行申请作出予以核准、中止审核、终止审核、不予核准的决定，并出具相关文件。发行人根据要求补充、修改发行申请文件的时间不计算在内。发行人应当自中国证监会核准之日起十二个月内发行股票，发行时点由发行人自主选择；超过十二个月未发行的，核准文件失效，须重新经中国证监会核准后方可发行。

第三十条　发行申请核准后至股票发行结束前，发行人应当及时更新信息披露文件内容，财务报表过期的，发行人还应当补充财务会计报告等文件；保荐人及证券服务机构应当持续履行尽职调查职责；其间发生重大事项的，发行人应当暂缓或者暂停发行，并及时报告中国证监会，同时履行信息披露义务；出现不符合发行条件事项的，中国证监会撤回核准决定。

第三十一条　股票发行申请未获核准的，发行人可自中国证监会作出不予核准决定之日起六个月后再次提出股票发行申请。

第四章　信息披露

第三十二条　发行人应当以投资者的决策需要为导向，按照中国证监会的有关规定编制和披露招股说明书，内容简明易懂，语言浅白平实，便于中小投资者阅读。

第三十三条 中国证监会制定的创业板招股说明书内容与格式准则是信息披露的最低要求。不论准则是否有明确规定，凡是对投资者作出投资决策有重大影响的信息，均应当予以披露。

第三十四条 发行人应当在招股说明书显要位置作如下提示："本次股票发行后拟在创业板市场上市，该市场具有较高的投资风险。创业板公司具有业绩不稳定、经营风险高、退市风险大等特点，投资者面临较大的市场风险。投资者应充分了解创业板市场的投资风险及本公司所披露的风险因素，审慎作出投资决定。"

第三十五条 发行人应当在招股说明书中分析并完整披露对其持续盈利能力产生重大不利影响的所有因素，充分揭示相关风险，并披露保荐人对发行人是否具备持续盈利能力的核查结论意见。

第三十六条 发行人应当在招股说明书中披露相关责任主体以及保荐人、证券服务机构及相关人员作出的承诺事项、承诺履行情况以及对未能履行承诺采取的约束措施，包括但不限于：

（一）本次发行前股东所持股份的限售安排、自愿锁定股份、延长锁定期限或者相关股东减持意向的承诺；

（二）稳定股价预案；

（三）依法承担赔偿或者补偿责任的承诺；

（四）填补被摊薄即期回报的措施及承诺；

（五）利润分配政策（包括现金分红政策）的安排及承诺。

第三十七条 发行人及其全体董事、监事和高级管理人员应当在招股说明书上签名、盖章，保证招股说明书内容真实、准确、完整、及时。保荐人及其保荐代表人应当对招股说明书的真实性、准确性、完整性、及时性进行核查，并在核查意见上签名、盖章。发行人的控股股东、实际控制人应当对招股说明书出具确认意见，并签名、盖章。

第三十八条　招股说明书引用的财务报表在其最近一期截止日后六个月内有效。特别情况下发行人可申请适当延长，但至多不超过一个月。财务报表应当以年度末、半年度末或者季度末为截止日。

第三十九条　招股说明书的有效期为六个月，自公开发行前招股说明书最后一次签署之日起计算。

第四十条　发行人申请文件受理后，应当及时在中国证监会网站预先披露招股说明书（申报稿）。发行人可在公司网站刊登招股说明书（申报稿），所披露的内容应当一致，且不得早于在中国证监会网站披露的时间。

第四十一条　发行人及保荐人应当对预先披露的招股说明书（申报稿）负责，一经申报及预披露，不得随意更改，并确保不存在故意隐瞒及重大差错。

第四十二条　预先披露的招股说明书（申报稿）不能含有股票发行价格信息。发行人应当在预先披露的招股说明书（申报稿）的显要位置作如下声明："本公司的发行申请尚未得到中国证监会核准。本招股说明书（申报稿）不具有据以发行股票的法律效力，仅供预先披露之用。投资者应当以正式公告的招股说明书作为投资决定的依据。"

第四十三条　发行人及其全体董事、监事和高级管理人员应当保证预先披露的招股说明书（申报稿）的内容真实、准确、完整、及时。

第四十四条　发行人股票发行前应当在中国证监会指定网站全文刊登招股说明书，同时在中国证监会指定报刊刊登提示性公告，告知投资者网上刊登的地址及获取文件的途径。发行人应当将招股说明书披露于公司网站，时间不得早于前款规定的刊登时间。

第四十五条　保荐人出具的发行保荐书、证券服务机构出具的文件及其他与发行有关的重要文件应当作为招股说明书备查文件，在中国证监会指定网站和公司网站披露。

第四十六条　发行人应当将招股说明书及备查文件置备于发行人、拟上市证券交易所、保荐人、主承销商和其他承销机构的住所，以备公众查阅。

第四十七条　申请文件受理后至发行人发行申请经中国证监会核准、依法刊登招股说明书前，发行人及与本次发行有关的当事人不得以广告、说明会等方式为公开发行股票进行宣传。

第五章　监督管理和法律责任

第四十八条　证券交易所应当建立适合创业板特点的上市、交易、退市等制度，加强对相关当事人履行公开承诺行为的监督和约束，督促保荐人履行持续督导义务，对违反有关法律、法规、交易所业务规则以及不履行承诺的行为，及时采取相应的监管措施。

第四十九条　证券交易所应当建立适合创业板特点的市场风险警示及投资者持续教育的制度，督促发行人建立健全保护投资者合法权益的制度以及防范和纠正违法违规行为的内部控制体系。

第五十条　自申请文件受理之日起，发行人及其控股股东、实际控制人、董事、监事、高级管理人员以及保荐人、证券服务机构及相关人员即对发行申请文件的真实性、准确性、完整性、及时性承担相应的法律责任。发行人的发行申请文件和信息披露文件存在自相矛盾或者同一事实表述不一致且有实质性差异的，中国证监会将中止审核并自确认之日起十二个月内不受理相关保荐代表人推荐的发行申请。

第五十一条　发行人向中国证监会报送的发行申请文件有虚假记

载、误导性陈述或者重大遗漏的，中国证监会将终止审核并自确认之日起三十六个月内不受理发行人的发行申请，并依照《证券法》的有关规定进行处罚；致使投资者在证券交易中遭受损失的，发行人及其控股股东、实际控制人、董事、监事、高级管理人员以及保荐人、证券服务机构应当依法承担赔偿责任。

第五十二条 发行人不符合发行条件以欺骗手段骗取发行核准的，发行人以不正当手段干扰中国证监会及其发行审核委员会审核工作的，发行人或其董事、监事、高级管理人员、控股股东、实际控制人的签名、盖章系伪造或者变造的，发行人及与本次发行有关的当事人违反本办法规定为公开发行股票进行宣传的，中国证监会将终止审核并自确认之日起三十六个月内不受理发行人的发行申请，并依照《证券法》的有关规定进行处罚。

第五十三条 保荐人出具有虚假记载、误导性陈述或者重大遗漏的发行保荐书的，保荐人以不正当手段干扰中国证监会及其发行审核委员会审核工作的，保荐人或其相关签名人员的签名、盖章系伪造或变造的，或者不履行其他法定职责的，依照《证券法》和保荐制度的有关规定处理。

第五十四条 证券服务机构未勤勉尽责，所制作、出具的文件有虚假记载、误导性陈述或者重大遗漏的，中国证监会将自确认之日起十二个月内不接受相关机构出具的证券发行专项文件，三十六个月内不接受相关签名人员出具的证券发行专项文件，并依照《证券法》及其他相关法律、行政法规和规章的规定进行处罚；给他人造成损失的，应当依法承担赔偿责任。

第五十五条 发行人、保荐人或证券服务机构制作或者出具文件不符合要求，擅自改动招股说明书或者其他已提交文件的，或者拒绝答复中国证监会审核提出的相关问题的，中国证监会将视情节轻重，对相关机构和责任人员采取监管谈话、责令改正等监管措施，记入诚信档案并公布；情节严重的，给予警告等行政处罚。

第五十六条 发行人披露盈利预测，利润实现数如未达到盈利预测的百分之八十的，除因不可抗力外，其法定代表人、财务负责人应当在股东大会及中国证监会指定网站、报刊上公开作出解释并道歉；情节严重的，中国证监会给予警告等行政处罚。利润实现数未达到盈利预测的百分之五十的，除因不可抗力外，中国证监会还可以自确认之日起三十六个月内不受理该公司的公开发行证券申请。

注册会计师为上述盈利预测出具审核报告的过程中未勤勉尽责的，中国证监会将视情节轻重，对相关机构和责任人员采取监管谈话等监管措施，记入诚信档案并公布；情节严重的，给予警告等行政处罚。

第六章　附则

第五十七条 本办法自公布之日起施行。《首次公开发行股票并在创业板上市管理暂行办法》（证监会令第 61 号）、《关于进一步做好创业板推荐工作的指引》（证监会公告〔2010〕8 号）同时废止。

主要参考文献

一、中文文献

[1] 吴宇辉、张嘉昕：《外国经济思想史》，高等教育出版社2007年版，第306—312页。

[2] 皖君：《创业板》，中国科学技术出版社2009年版，第69—70页。

[3] 吴晓求：《证券投资学》，中国人民大学出版社2009年版，第51—54页。

[4] 万兰英：《中国创业板市场的理论与实践》，经济管理出版社2006年版，第14—50页。

[5] 万兰英：《中国创业板市场的理论与实践》，经济管理出版社2006年版，第14—50页。

[6] 隆武华：《守望创业板》，中国财政经济出版社2010年版，第249—260页。

[7] 石育斌：《中国私募股权融资与创业板上市实务操作指南》，法律出版社2009年版，第109—128页。

[8] 汪贻文：《创业板投资全接触》，武汉大学出版社2009年版，第145—152页。

[9] 王军：《我国创业板市场"三高"问题研究》，《投资与证券》2012年第3期，第19—25页。

［10］吴晓求：《中国创业板市场：成长与风险》，中国人民大学出版社 2011 年版，第 142—150 页。

［11］时晋、曾斌：《发审委制度的困境与反思》，《投资与证券》2012 年第 10 期，第 16—23 页。

［12］刘光超等：《企业创业板上市筹备与操作指南》，北京大学出版社 2009 年版，第 16—40 页。

［13］李云丽：《创业板上市最新实例分析与操作实务》，法律出版社 2010 年版，第 99—104 页。

［14］谭岳奇：《创业板上市法律实务及典型案例分析》，法律出版社 2011 年版，第 6—10 页。

［15］张艳伟：《创业板上市审核与保荐重点》，中国法制出版社 2011 年版，第 81—85 页。

［16］房四海：《风险投资与创业板》，机械工业出版社 2011 年版，第 42—71 页。

［17］李宝峰：《创业板上市法律实务》，法律出版社 2011 年版，第 16—30 页。

［18］张洪涛、甄贞、马驰：《保险公司竞争力评价体系研究》，《北京科技大学学报》（社会科学版）2014 年第 1 期，第 102—113 页。

［19］谢永珍、付增清：《国有控股与民营控股上市公司竞争力孰强孰弱》，《山东大学学报》（哲学社会科学版）2011 年第 1 期，第 114—120 页。

［20］王健、王丽芳、周箭：《基于财务视角的上市百货公司竞争力评价实证研究》，《北京工商大学学报》（社会科学版）2013 年第 3 期，第 40—46 页。

［21］黄世英、徐乾：《基于财务指标的辽宁上市公司竞争力评价》，《辽宁师范大学学报》（社会科学版）2009 年第 5 期，第 45—

47 页。

［22］慈斌、吕杰：《基于熵——TOPSIS 法的农业上市公司竞争力评价》，《统计与决策》2012 年第 13 期，第 72—74 页。

［23］王子敏：《江苏通信及相关设备制造业上市公司竞争力分析》，《南京邮电大学学报》（社会科学版）2010 年第 4 期，第 53—58 页。

［24］潘文斌：《上市公司竞争力的主成分预测模型及实证研究》，《经济论坛》2009 年第 5 期，第 118—121 页。

［25］李治国、张辉、于美玲：《我国家电上市公司竞争力研究》，《西南石油大学学报》（社会科学版）2012 年第 1 期，第 90—95 页。

［26］任晖、张慧、陈雪琼：《我国酒店类旅游上市公司竞争力评价》，《重庆工商大学学报》（自然科学版）2014 年第 1 期，第 39—45 页。

［27］梁栩凌、聂铁力：《我国农业上市公司竞争力评价及影响因素分析》，《统计与决策》2013 年第 18 期，第 159—162 页。

［28］成小平：《基于因子分析的我国乳品上市公司竞争力评价研究》，《经济论坛》2013 年第 8 期，第 84—86 页。

［29］董晓晓、李斌：《我国信息技术产业上市公司竞争力实证分析》，《哈尔滨商业大学学报》（社会科学版）2014 年第 1 期，第 61—67 页。

［30］苗杰、银建华：《聚类分析在上市公司绩效评价中的应用》，《昌吉学院学报》2009 年第 4 期，第 94—96 页。

［31］周焯华、陈文南等：《聚类分析在证券投资中的应用》，《重庆大学学报》2002 年第 7 期，第 122—126 页。

［32］徐勇、郑文君等：《创业板上市公司的聚类分析》，《湖北工业大学学报》2009 年第 12 期，第 67—68 页。

［33］李德荣、何莉敏等：《聚类分析和因子分析在股票投资中的应用》，《内蒙古统计》2011 年第 1 期，第 29—31 页。

［34］李嵩松、惠晓峰：《混沌映射同步的上市公司聚类分析》，《哈尔滨工程大学学报》2011 年第 11 期，第 1518—1521 页。

［35］韩海波、张仲杰：《上市公司分类方法新探》，《商业时代》2006 年第 25 期，第 65—67 页。

［36］姜鹏飞：《对沪深 A 股中发电类上市公司的聚类分析》，《中国管理信息化》2013 年第 1 期，第 32—33 页。

［37］朱杰、缪瑞：《上市公司聚类判别分析研究》，《统计与决策》2005 年第 9 期，第 41—43 页。

［38］刘志强、穆春舟等：《中小企业上市公司分类评价》，《工业技术经济》2006 年第 10 期，第 131—138 页。

［39］刘志杰：《创业板对中国中小企业融资难题的作用》，《天津市财贸管理干部学院学报》2009 年第 4 期，第 46—47 页。

［40］于凯丽：《创业板对中小企业融资的作用分析》，《中文核心期刊要目总览》2012 年第 2 期，第 104—105 页。

［41］吴丽娜：《创业板市场及其作用分析》，《商业现代化》2008 年第 6 期，第 256—257 页。

［42］何永良、郭炬：《创业板市场效应分析》，《西安政治学院学报》2001 年第 4 期，第 90—92 页。

［43］曹麒麟、李十六、唐英凯等：《创业投资机构有限认证作用——基于创业板上市公司 IPO 抑价的实证研究》，《软科学》2012 年第 1 期，第 87—93 页。

［44］程德通、林锡斌：《发挥创业板市场对中小企业的支撑和带动作用，促进三明市经济又好又快发展》，《赤峰学院学报》（自然科学版）2010 年第 4 期，第 61—63 页。

［45］李沛、荆伟：《论创业板推出对中小企业融资发展的积极

作用》，《决策探索》2009 年第 10 期，第 33—34 页。

［46］王国伟：《浅析创业板市场对创新型企业成长的作用》，《山西广播电视大学学报》2010 年第 5 期，第 70—71 页。

［47］常红军：《试论我国创业板的特点和设立的作用》，《甘肃社会科学》2009 年第 6 期，第 149—151 页。

［48］刘毅：《中国创业板市场的特征和作用》，《时代金融》2008 年第 5 期，第 29—30 页。

［49］郭乃幸、杨朝军、吴海燕：《中国股市主板与创业板市场溢出效应研究》，《上海管理科学》2013 年第 2 期，第 76—80 页。

二、外文文献

［1］Dilek Cetindamar，Hakan Kilitcioglu. "Measuring the competitiveness of a firm for an award system"，Competitiveness Review：An International Business Journal Vol. 23 No. 1，2013 pp. 7 – 22.

［2］Maggie P. Williams，Dennis W. Taylor. "Corporate propping through related-party transactions The effect of China's securities regulations"，International Journal of Law and Management Vol. 55 No. 1，2013 pp. 28 – 41.

［3］Nixon Kamukama，Kampala，Uganda. "Intellectual capital：company's invisible source of competitive advantage"，Competitiveness Review：An International Business Journal Vol. 23 No. 3，2013 pp. 260 – 283.

［4］Song Zhu，Hao Jiao. "Organizational structure and corporate performance：insights from 6,065 listed corporations"，Chinese Management Studies Vol. 7 No. 4，2013 pp. 535 – 556.

［5］Yang Liu，Jiang Wei. "Business modeling for entrepreneurial firms：four cases in China"，Chinese Management StudiesVol. 7 No. 3，2013 pp. 344 – 359.

［6］Neale G. O'Connor, Sandra C. Vera-Munoz, Francis Chan. "Competitive forces and the importance of management control systems in emerging-economy firms: The moderating effect of international market orientation", Accounting, Organizations and Society 36 (2011) 246 – 266.

［7］Sylvia Veronica Siregar, Yanivi Bachtiar. "Corporate social reporting: empirical evidence from Indonesia Stock Exchange", International Journal of Islamic and Middle Eastern Finance and Management Vol. 3 No. 3, 2010 pp. 241 – 252.

［8］Roxana Wright. "Competitiveness and changing patterns of embeddedness in Romania", Competitiveness Review: An International Business Journal Vol. 20 No. 2, 2010 pp. 126 – 138.

［9］Julian Birkinshaw, Neil Hood, Stephen Young. "Subsidiary entrepreneurship, internal and external competitive forces, and subsidiary performance", International Business Review 14 (2005) 227 – 248.

［10］Mosad Zineldin. "RESEARCH AND CONCEPTS Quality and customer relationship management (CRM) as competitive strategy in the Swedish banking industry", The TQM Magazine Vol. 17 No. 4, 2005 pp. 329 – 344.

［11］Ehsan Elahi. "Risk management: the next source of competitive advantage", foresight VOL. 15 NO. 2, 2013 pp. 117 – 131.

［12］Mahesh Joshi, Daryll Cahill, asvinder Sidhu. "Intellectual capital and financial performance: an evaluation of the Australian financial sector", Journal of Intellectual Capital Vol. 14 No. 2, 2013 pp. 264 – 285.

［13］Qian Long Kweh, Yee Chuann Chan. "Measuring intellectual capital efficiency in the Malaysian software sector", Journal of Intellectual Capital Vol. 14 No. 2, 2013 pp. 310 – 324.

［14］Joseph D. Piotroski. "The London Stock Exchange's AIM experiment: Regulatory or market failure? A discussion of Gerakos, Lang and Maffett", Journal of Accountingand Economics 56(2013)216 – 223.

[15] Pak To Chana, Fariborz Moshirian , David Ngb, Eliza Wu. "The underperformance of the growth enterprise market in Hong Kong", Research in International Business and Finance 21 (2007) 428 – 446.

[16] Samy Ben Naceur, Samir Ghazouani, Mohammed Omran. "Does stock market liberalization spur financial and economic development in the MENA region?", Journal of Comparative Economics 36 (2008) 673 – 693.

[17] Ali A. Bolbol, Ayten Fatheldin, Mohammed M. Omran. "Financial development, structure, and economic growth: the case of Egypt, 1974 – 2002", Research in International Business and Finance 19 (2005) 171 – 194.

[18] Chee-Keong Choong, Ahmad Zubaidi Baharumshah, Zulkornain Yusop, Muzafar Shah Habibullah. "Private capital flows, stock market and economic growth in developed and developing countries: A comparative a-nalysis", Japan and the World Economy 22 (2010) 107 – 117.

[19] J. Benson Durham. "The effects of stock market development on growth and private investment in lower-income countries", Emerging Markets Review 3 (2002) 211 – 232.

[20] Joseph D. Piotroski, Tianyu Zhang, "Politicians and the IPO decision: The impact of impending political promotions on IPO activity in China", Journal of Financial Economics 111(2014)111 – 136.

[21] Jaemin Cho, Jaeho Lee, "The venture capital certification role in R&D: Evidence from IPO underpricing inKorea", Pacific-Basin Finance Journal 23 (2013) 83 – 108.

[22] Pak To Chan, Fariborz Moshirian , David Ngb, Eliza Wu, "The underperformance of the growth enterprise market in Hong Kong", Research

in International Business and Finance 21 (2007) 428 – 446.

［23］Bong-Soo Lee, Oliver Meng Rui, Steven Shuye Wang, "Information transmission between the NASDAQ and Asian second board markets", Journal of Banking & Finance 28 (2004) 1637 – 1670.

［24］Hui Wang, Luojie Xiang, R. B. Pandey, "A multifractal detrended fluctuation analysis (MDFA) of the Chinese growth enterprise market (GEM)", Physica A 391 (2012) 3496 – 3502.

后 记

掩卷之际，感慨万千；寒来暑往，又是三年！

此时的我，内心是那么的平静，终于可以和同事、朋友们一样自由地呼吸了。回想起这么多年奋斗的历程，其中的辛酸与泪水只有自己才真正体会的到！曾经的我，是那样的激情四射，追求着"千淘万漉虽辛苦，吹尽狂沙始到金"；曾经的我，是那样的朝气蓬勃，向往的是"穷且益艰，不坠青云之志"。

"少年易老学难成，一寸光阴不可轻"。一切都成为过去了，虽然青春不再，但我依然保持着年轻的心态，斗志丝毫未衰。无论是生活中追求的，还是学习中向往的，我只是默默地耕耘着，流着自己的汗水，而不去问收获到多少。

时光如流水，回想起历历清晰的点点滴滴，总是让我产生一种莫名的感慨，偶尔还伴随着几丝漂泊的孤单。

2001年，我在单位人事处没有一点儿犹豫就按了手印，辞去政府公务员工作去读硕士研究生。在很多人看来，这是多么冲动的一件事。我有时也世俗地问自己，为什么不去读一个在职的研究生呢?!那样既可以带工资读书，又有进步的机会。不过，人各有志，我追求的是踏踏实实做一件事！全日制读硕士，使我对经济学有了深入的接触与思考，体会到了经济学的魅力所在。读硕士期间，最难忘的是自己经常在家自学，以至于不熟悉考试环境而使计算机成绩不及格。当时我是那样失落,象流浪儿一样四处找寻补考机会,期盼着有人向我伸出帮助之手……

2004年,我参加了京津三所著名大学的博士生入学考试,均取得了优异成绩,最后被南开大学录取。读博士期间,由于学习压力大,三年级的时候我的身体出了点小毛病。那时我每次从北京回天津,父亲都帮我拿着书包,把我送到西直门地铁口,并且目送我走进地铁口。我体会到了默默之中的父爱,那是一种深沉的爱,其深沉如大海高山!三年间,我没有感受过春天,没有感受过凉风习习的金秋,只知道树绿了,树叶圆润了,蝉没完没了地叫着,树叶很快又枯黄飘落了……

2007年博士毕业后,我打算继续进行博士后研究。考虑到孩子不到一周岁,我不想离开这个可爱的小家伙,最后我选择了到中国社会科学院做财政学博士后。在北京的两年时间里,我既潜心于财政学的论文写作,又享受着与父母、妻儿团聚的快乐时光。其实,我内心隐隐地是想调整好身体,还是有那种不服输的劲头!读博士后期间,我在北京市经济与社会发展研究所做兼职工作,同时也在北京师范大学东门口学习保险学。我时常坐27路公交车去上课。为了便于我学习,母亲给我做了一个厚厚的垫子,让我坐着舒服些。可怜天下慈母心,这种亲情让我感激不尽!

2009年博士后出站,我以自荐的形式来到了曹妃甸工作,分管财政局和投资公司工作。现在想来都不理解为什么当时每周工作六天却不感到疲倦,象机器一样不停地运转,我的工作热情空前高涨!一年多时间,我一心投入到工作中,白天与金融机构谈融资事宜,晚上经常把厚厚的文件拿到宿舍进行处理。没想到好景不常,2011年元旦,我的工作岗位突遇调整,使我有一段时间整理自己的思绪。在此期间,我萌生了到南方一所大学继续学习金融学的想法。2011年暑期与中南大学商学院邓超教授的相遇,使我的这一想法变成现实。

那次是邓老师到曹妃甸出差,我们谈了一个小时,也是他对我的一次简单面试！第二年春，我到中南大学参加进站面试，有十五六名教授参加。由于匆忙，是邓老师亲自指导我做幻灯片，才顺利通过了那次面试。导师为人谦和，经常督促我尽早完成博士后研究报告，甚至在深夜帮我逐字修改文章。而且时常告诫我工作要兢兢业业、严格要求自己，对我今后的工作寄予了很大希望，感谢邓老师的关心！

我要感谢湖南娄底学院的张卫明博士和中南大学的谭春桥博士，是这两位好友帮我联系了中南大学，现在还能回想起 2011 年 8 月我和爱人小孩儿在大连旅游时，卫明打电话时我在海边兴奋的情景。我经常回味起和这位哲学博士在南开一起学习，一起讨论哲学基本问题的那一刻！

感谢山西师范大学经管学院副院长肖黎明博士。黎明是我在南开时最好的伙伴，他一贯扎实的学风和深厚的经济学功底让我十分欣赏。在本书的形成过程中，我们经常就数学模型的选定、假设条件的分析、MATLAB 计算等问题进行深入地探讨，感谢黎明！

在这本书的形成过程中，我要感谢曹妃甸生态城投资公司的姜虹女士，作为吉林大学金融学硕士，她在本书初稿的写作中对我提供了很大的帮助。还要感谢北京理工大学的刘笑宇博士，去年国庆，我到学校专门就 MATLAB 软件的使用进行请教，受益颇多。

感谢我的同事，毕业于中山大学现工作在财政局的王淑伟女士。从今年年初开始，我们经常在一起讨论本书的研究视角、章节、财务指标等。淑伟在工作之余，投入很多精力帮我搜集文献、查找数据，甚至在创业板上市公司竞争力分析中帮我认真计算和分析每一组数据、每一个图表，具体而微，不胜感谢！

我要深深地感谢为我日夜操劳的父母，不知不觉中他们都过了古稀之年。我不敢也不能再象从前那样让父母帮我做这做那了，哪怕是陪他们散步、去商场，我走路都比较慢，他们真的老了！2008 年我在社科院读博士后期间，母亲突然面瘫，我带她往返于宣武医院与住所之间,清贫的我,克服了许多。母亲是一位很坚强、乐观的人民教师,早在1989年年底就经历重病,如今一切都平静了、快乐了。2012年春,我刚开始读第二个博士后,父亲就因脑梗住进安贞医院,我经常奔波在唐山和北京之间。2013年6月,父亲又得了一场大病,手术之前三个小时,我从西安飞回北京,看到父亲进手术室前轻松微笑的样子,我强忍住眼泪,深刻感悟着人生的喜乐与忧伤,任思绪在飞……

非常感谢人民出版社的侯俊智主任,在本书的出版过程中他经常往返于北京和曹妃甸之间,和我探讨书的前言、章节、目录、数学符号,哪怕一个标点,他都严格把关,力求不出纰漏,他严谨的工作作风值得我钦佩!生活中的侯主任非常谦和,在几年的交往中我们成了好朋友,他既是一位值得我尊重的兄长,又是一位能时常提醒我如何做事的良师,这份情谊我将珍惜在心!

感谢在曹妃甸工作期间所结识的同事和来自各地的朋友,是你们经常鼓励我、支持我、鞭策我,才使我有信心在工作之余完成这本书。同时,也深深地感谢你们在过去五年中给我生活上的关心和帮助,谢谢!

近三年的时间,我依然趴在床上坚持写这本书,和七年前写第一个博士后报告一样,痛并快乐着。我向往一种平静的生活,所以喜欢夜的安宁。静静的夜离喧嚣的尘世很远,我能够随手拿一本喜爱的书,独自享受那份清静和乐趣!从1998年萌生考研的想法到现在,我便很喜欢静静的夜了。尤其是有月的夜晚,如果是明净的天空,再能听到秋夜蟋蟀的叫声,那就再美不过了……

时间都去哪儿了,它在不经意间悄然而过,或学习,或工作,或嬉戏玩笑。其实,我们已经收获了很多,只是忽略了这个日积月累的过程。从步入领导岗位到现在,我改变了很多,由脾气火爆变得不为琐事而烦恼,也许这就是岁月的磨砺吧!不知不觉,自己曾经乌黑的头发已经显现出岁月的痕迹,眼底也有了浅浅的皱纹。我和妻子15年分居两地,聚少离多。她这么多年很不容易,一个人带着儿子,默默承担着家庭的重担,给予我精神上很大的支持。儿子刚过 8 岁生日,小家伙变得比以前聪明多了,以前我每次以暗语和他交流时,他都立刻回应"好爸爸"三个字。现在,这些基本不可能了,他有好多有趣的事要做。每次回家,要么看到他聚精会神地学习,要么是在看他喜爱的故事书或者摆一地玩具。记得我在 2008 年写财政学的博士后报告时,他经常在我身边跑来跑去,喜欢和我一起趴在床上听周华健的《我是明星》。上个星期我回家,他和我聊天时竟然说将来挣钱了给我买四合院,而且给我唱了一首非常有意思的歌曲《小苹果》。儿子长大了……

"未觉池塘春草梦,阶前梧叶已秋声"。感谢这久违的秋!从 2009 年 8 月在生态城工作以来,我亲眼见证了它每一天的发展变化,在感情上有一种深深的眷恋。在京津冀协同发展的过程中,我和所有的同事们共同编织着建设生态城市的美好梦想。此时,我深深地祝福这座几经起伏的未来之城,愿它的明天更加美好……

刘宏杰于丰润御邸世家

2014 年 9 月 4 日

责任编辑:侯俊智
装帧设计:徐　晖

图书在版编目(CIP)数据

中国创业板市场发展研究/刘宏杰 著. -北京:人民出版社,2015.4
ISBN 978-7-01-014437-5

Ⅰ.①中…　Ⅱ.①刘…　Ⅲ.①创业板市场-研究-中国　Ⅳ.①F832.51

中国版本图书馆 CIP 数据核字(2015)第 018756 号

中国创业板市场发展研究

ZHONGGUO CHUANGYEBAN SHICHANG FAZHAN YANJIU

刘宏杰　著

人民出版社 出版发行
(100706　北京市东城区隆福寺街 99 号)

北京市文林印务有限公司　新华书店经销

2015 年 4 月第 1 版　2015 年 4 月北京第 1 次印刷
开本:710 毫米×1000 毫米 1/16　印张:16.5
字数:200 千字

ISBN 978-7-01-014437-5　定价:35.00 元

邮购地址 100706　北京市东城区隆福寺街 99 号
人民东方图书销售中心　电话 (010)65250042　65289539